著：ヘレン・コールドウェル
　　ニール・スミス

TEACHING
COMPUTING
UNPLUGGED
in primary schools

監修：谷 和樹（玉川大学教職大学院教授）
訳：佐令利敏晴・柏木恭典・小倉定枝

ある日、クラスメイトがロボットになったら!?

イギリスの小学生が夢中になった
「コンピュータを使わない」プログラミングの授業

🌟 学芸みらい社
GAKUGEI MIRAISHA

日本語版序文

先生と子どもたちの役に立つ
「プログラミング授業の教科書」

谷　和樹（玉川大学教職大学院教授）

1　「必修」のはずのプログラミングの授業が実施されていない

　学習指導要領が改訂され、小学校では2020年から全面実施されます。その一部は2018年から前倒しで実施されています。この前倒しで実施されている内容の1つが「プログラミング」です。2018年の春から、全国の小学校では次の学習活動が始まっているはずなのです。

> 　児童がプログラミングを体験しながら、コンピュータに意図した処理を行わせるために必要な論理的思考力を身に付けるための学習活動
>
> 　　　　（小学校学習指導要領　平成29年3月告示版　第1章 総則 第3の1の（3）のイ）

　私は仕事柄、日本各地で先生方向けのセミナーに出かけます。先生方は休みの日に自分のお金を使って参加されるわけですから、そういったセミナーには、いわば教師としての意識の高い先生方も多く集まっておられると思います。

　それらの会場で、2018年春から、私は質問し続けてきました。

「先生方の学校では、プログラミングの学習は、どれくらい実施されていますか？」

「各教科の中に位置づけて、カリキュラムを作っていますか？」

「そういった相談を、職員会議等でなさっていますか？」

　いずれの質問にも、積極的に手を挙げる方は会場に1人か2人、いるかいないかです。

　一部の先進校を除けば、そういうセミナーに集まって勉強される先生方の学校でさえ、プログラミングのプの字も出てこない。提案さえされていない。それが、どうやら今のところの現状のようなのです。

2　「プログラミング的思考」と「コンピュテーショナル・シンキング」

　本書は、イギリスで出版されました。「コンピュテーショナル・シンキング」を育てるために学校ではどんな授業が必要なのか。低学年から楽しく学ぶにはどうしたらいいのか。そういった工夫が具体的に描かれています。しかも、たいへん系統的です。一読して大変素晴らしいと思い、ぜひとも日本の先生方に紹介したいと思いました。今回、原著者の方々の御快諾、そして出版社や訳者の方々のご努力が実り、日本の皆様にお届けできることを、本当に嬉しく思います。

　ただ、本書はイギリスの子どもたちのために設計されたものです。日本とはかなり事情が違います。

　第一に、イギリスは2013年から「コンピューティング」という新教科を作って、小学校低学年から週に1時間程度の指導をすでに積み重ねている点です。日本では、まだ始まったばかりですし、そもそも教科にもなっていません。教科になっていないから、なんとなくやらないで終わってしまっ

2

ている学校が多いのでしょう。

　第二に、日本で「プログラミング的思考」と呼ばれているものと、イギリスや諸外国で「コンピュテーショナル・シンキング」と呼ばれているものとは、少し、意味合いが違うと思えることです。「コンピュテーショナル・シンキング」はコンピュータ・サイエンスの面白さに触れさせ、創造性を培うためのもので、コンピュータサイエンティストの思考法そのものと言っていいものです。

　例えば、次のような要素があると言われています。

　1　複雑なものを分解する（デコンポジション）

　2　共通するパターンを見付ける（パタンレコグニション）

　3　重要なものを取り出して抽象化する（アブストラクト）

　4　問題を解決する手順を考える（アルゴリズム）

　これに対して、日本で言われる「プログラミング的思考」というのは、こんなふうに説明されています。

　　自分が意図する一連の活動を実現するために、どのような動きの組合せが必要であり、一つ一つの動きに対応した記号を、どのように組み合わせたらいいのか、記号の組合せをどのように改善していけば、より意図した活動に近づくのか、といったことを論理的に考えていく力

　　（文科省　小学校段階におけるプログラミング教育の在り方について　平成28年6月16日）

　これは、どちらかと言えば「プログラミングそのもの」というイメージであり、「コンピュータを動かすためのコマンドをどのように組み合わせるのか」という感じです。

　これも大切には違いありませんが、「コンピュテーショナル・シンキング」のほうが、少し大きな概念だと言えるでしょう。

　そうした違いをふまえておくことは必要ですが、それでも、本書は日本でプログラミング教育を進めようとする方々にとって非常に参考になり、かつすぐに役立つものと思います。

3　各章のポイント

　さて、本書の各章のページをざっとめくってみましょう。

序章　コンピュータを使わないコンピュータ教育へ

「コンピュータを使用しない」という考え方がとても魅力的です。そもそも、低学年からジーッとコンピュータの画面を凝視させて、ゲーム的なプログラミングのソフトを触らせることに抵抗感をもつ日本の先生方や保護者も多いことでしょう。

　でも、本書に示された指導例は、コンピュータを全く使うことなく、「コンピュテーショナル・シンキング」の基礎を幼い子どもたちに教えることができるのです。こうした指導法を「電気を使わない」という意味で「アンプラグド」と呼びます。

※ 日本語版序文

プログラミングをアンプラグドで教える本は他にもありますが、とりわけ本書には低学年の子どもたちに魅力的な内容が満載されています。それも思い付きレベルではなく、しっかりとした到達目標と教科への位置付けがあることも素晴らしい点です。

コンピュータを使わないでスタートするのですが、もちろん、いずれはコンピュータを使った学習へと移行していくのです。

コンピュータを使わないままで「コンピュテーショナル・シンキング」や「プログラミング的思考」の学習を完結させることはできません。日本の学習指導要領にも「コンピュータに意図した処理を行わせるために必要な論理的思考力」と書いてあります。コンピュータに命令するという学習へつなぐための入り口が「アンプラグド」なのです。

コンピュータを使わないのですから、コンピュータの設備があまりよくない学校にも福音かも知れません。いまだに10年も前の古い機種を使っていたり、子どもたちに1人1台のパソコンがなかったり、インターネット無線LANの設備が貧弱だったり……そういった学校も少なくないようなのです。

そのような問題をかかえる学校でも、本書は非常に役に立つことと思います。しかし、本書の内容だけで終わってしまうことには問題があります。

今回の学習指導要領には次のようにも書かれました。

> (3)第2の2の(1)に示す情報活用能力の育成を図るため、各学校において、コンピュータや情報通信ネットワークなどの情報手段を活用するために必要な環境を整え、これらを適切に活用した学習活動の充実を図ること。

学習指導要領に「コンピュータや情報通信ネットワークの環境を整えること」と明記されたのは、長い歴史上でも初めてのことです。国は各校に巨大な予算をとっていますが、そのお金が適切に使用されないまま、設備の充実が遅れている自治体があるのです。本書のような教育内容を実施しながら、早急に設備の改善も進めることが必要です。

第1章　ある日、クラスメイトがロボットになったら？

第1章を例にして、本書の典型的な使い方を考えてみましょう。

19ページの「到達目標」を見てください。

この学習活動では、「アルゴリズム」を教えることができるのです。アルゴリズムで大切な「シーケンス」と言われる順序性、「ループ」と言われる反復性にも触れることができます。

次にイギリスの教員育成指標(Teachers' Standards)、そして学習指導要領(National Curriculum Programmes of Study)との関連が示されています。5歳から11歳まで使えますから、日本の小学校の全学年に対応しています。もちろん、日本の教員育成指標や学習指導要領とは違いますから、これらの記述をそのまま使うことはできませんが、書かれている内容には汎用性があります。日本で研究授業を実施する際の目標記述の参考にすることは十分可能でしょう。

その後は、具体的な学習活動例が紹介されています。

「活動1　ロボットハムスターの遊ぶ道」では、位置、方向、動作を命令しながら、「アルゴリズム」「デバック」「エラー」「反復」「実行」「保存」などの各考え方に触れることができるのです。これは、日本の学習指導要領のプログラミング的思考そのものです。そして、引き続き、

「活動2　ロボットを撃て」

「活動3　ロボットのお食事屋さん」

このような魅力的な活動が紹介されています。Youtube動画等での解説もリンクされていて、先生方にとっても子どもたちにとっても大変わかりやすい組み立てになっています。

最後には、「プラグドな（コンピュータを用いた）活動」も紹介されます。

救助ロボットなど、現実社会でのロボットの操作にも言及されていて、キャリア教育との接続も考慮されていることがわかります。

ロボットの学習は、算数の時間でも、理科の時間でも、そして社会科の時間でも可能です。新学習指導要領の大切な考え方として「教科横断的」ということがよく言われます。この活動は、まさに「教科横断的」な実践として実施できそうです。

こうした各章の組み立てが、以下、どの章でもきちんと位置付けられています。それも本書の大きな魅力の1つです。

ここでは、各章と関係しそうな教科だけをざっと見てみましょう。

第2章　歌って踊って曲づくりするプログラミング　→　音楽、体育（ダンス）

第3章　プログラミングで芸術家　→　図工、算数（2進数・図形・表）、国語（述語）

第4章　体を使ってデータになって、インターネットを旅しよう　→　算数（並べ替え）

第5章　暗号を解読せよvs暗号を守れ　→　国語、算数、社会

第6章　マジックのタネはプログラミングにあり　→　算数、国語、理科

第7章　コンピュータを使わないゲーム遊び　→　理科、社会、国語、算数

第8章　料理のレシピもプログラミング！　→　家庭科、国語、理科、図工

第9章　科学者の「頭の中」を追いかけてみよう　→　理科、国語、算数

いかがでしょうか。

各章を、日本の学習指導要領や教科書とどのように関連付けて教えるかということについては、もう少し詳しく検討したいものです。近く、学芸みらい社のＨＰ等で情報を交流できればと考えています。

本書が、プログラミングの授業の垣根を低くし、多くの先生方、子どもたちのお役に立つことを願っています。また、アルゴリズム、シーケンス、デバッグ、プロシージャなど、本書の理解に欠かせない重要な用語については、訳者が作成した、巻末の「キーワード解説」をご覧下さい。

素晴らしい本を提供して下さった著者の皆様、分かりやすい翻訳をして下さった訳者の皆様、多くの交渉を進めて下さった出版社の皆様に、心より感謝申し上げます。

CONTENTS

目次

日本語版序文
先生と子どもたちの役に立つ
「プログラミング授業の教科書」 谷 和樹 2

著者と協力者 7

序章 コンピュータを使わないコンピュータ教育へ　　　　　　　10

第1章 もし、クラスメイトがロボットになったら？
ヘレン・コールドウェル＋ニール・スミス　　　　18

第2章 歌って踊って曲づくりするプログラミング
スウェイ・グランサム　　　　42

第3章 プログラミングで芸術家
スコット・ターナー＋キャサリン・チャイルズ　　　　64

第4章 体を使ってデータになって、インターネットを旅しよう
スウェイ・グランサム＋キム・カルバート　　　　84

第5章 暗号を解読せよ vs. 暗号を守れ
マーク・ドーリング　　　　104

第6章 マジックのタネはプログラミングにあり
ポール・カーゾン＋ピーター・マックオーワン　　　　126

第7章 コンピュータを使わないゲーム遊び
ヤスミン・オールソップ　　　　148

第8章 料理のレシピもプログラミング！
ジェーン・ウェイト　　　　166

第9章 科学者の「頭の中」をのぞいてみよう
ジョン・チッピンドール　　　　192

参考文献ほか 212

キーワード解説 220

訳者あとがき 232

+著者+

ヘレン・コールドウェルはノーサンプトン大学の教員教育部門の上級研究員である。彼女はこの大学の初等コンピューティングの教育課程主任であり、また上記課程の大学院の教育プログラム主任を務めている。彼女の教育分野は初歩的な課題に向けたコンピューティング技術の適用、コンピューティングに関するカリキュラムの実行、おおびSEND（Special educational needs and disability：特別支援教育）に及んでいる。彼女はこれらの分野を通して技術者認定制度（CPD）と教員向けの訓練入門を提供している。彼女の学位論文は職業的学習共同体（professional learning communities）内部での技術教育に関する革新的教授学の伝達法に焦点をあてた内容だった。

ニール・スミスはオープン大学（通信制の公立大学）のコンピューティングおよびコミュニケーション学科の上級研究員であり、学科の学校支援活動を主導している。彼の研究は、主としてコンピュータ・サイエンスの教育と人工知能に関するものであり、学部のコンピューティングおよびデータ解析の基礎を教えている。彼はコードクラブ（Code Club）、CAS（Computing At School）およびBCS（British Computer Society：英国コンピュータ協会）に勤務したことがあり、コンピュータ・サイエンスとコンピューテーショナル・シンキングを学校にいかに広めるかについて仕事をしてきた。彼はCASのマスター教師の訓練に携わり、またコンピュータ・サイエンスの教育について英国コンピュータ協会が発行する免許状の審査官の1人である。

+協力者+

スウェイ・グランサムは小学校の教師で、かつ、ミルトン・キーネス地域の教育分野の専門家リーダーである。彼女はNQT（Newly Qualified Teacher）になった年からICTとコンピューティングのリーダーであった。そしてこの間、新規のカリキュラムを作成し、初等教育の教室に1人に1台、iPadを導入したときの強いインパクトに関する調査を実施した。スウェイは生活のすべての分野で技術を利用してきた。同時に、最近の5年間は、コンピュータ技術を教育に活用することについて関わってきた。彼女は先駆的な学習者（lead learner）として第1回「ラズベリー・ピカデミー」（Rasberry Picademy）に招かれ、ラズベリー・ピカデミー認定教師となった。そしてこうした安価なコンピュータを提供する機会を喜んだ。最近は、グーグル認定教師の資格を得て、スウェイは児童に情報通信技術とコンピューティングを学ぶ機会を提供することの効果を確信している。長年にわたり、ブログ（www.swaygramtham.co.uk.）を維持・管理している。このブログは学びのアイデア、コンピューティングのための、またICT、さらに多領域のカリキュラムの教授学の情報であふれている。

スコット・ターナーは、現在、ノーサンプトン大学でコンピューティングと没入型技術の准教授でコンピューティングの主任研究リーダーを務めている。彼は高等教育でのコンピューティングの教授学に関する論文を30本以上、発表してきた。その中にはプログラミングと問題解析の教育法が含まれている。彼はSTEM

(Science, Technology, Engineering and Mathematics：科学・技術・工学・数学)アンバサダーであり、ラズベリー・ピカデミーの認定を受けた教育者であり、また、2つのコード・クラブ(Code Club)のボランティアである。2009年以来、ターナー博士は「Junkbots」と呼ばれるプロジェクトを実行してきた。このプロジェクトは「junk」(くず、がらくた)を機能する「bots」(コンピュータ)に変える作業をしている。

キャサリン・チャイルズは、現在、ラズベリー・ピカデミー基金によるコード・クラブの地域マネージャーを務めている。ここ15年ほどは、市立の教育的分野においてIT支援とネットワークのマネージャーとして働いてきた。その前には小学校でコンピューティングの教員として児童に知識を提供してきた。彼女は学士号をITおよびコンピューティングの分野で取得し、現在は修士課程で教育におけるコンピューティングをテーマとして研究している。キャサリンは児童が高品質のコンピュータ・サイエンスに接する機会をもつことを支持する立場を取っていて、2015年4月に「Code the Hairy Toe」(毛深い足指をコード化する)というタイトルでTEDで発表し、上述の内容の厳密なケースについて明らかにした。

キム・カルバートは小学校の教員で、現在は特別支援学校で仕事をしている。5年間、小学校に勤めた後、特別支援教育へ異動した。彼女はノーサンプトンのビリング・ブルッグ校のコンピューティング・コーディネーターとしてコンピューティングのカリキュラムの開発と改良に活発に関わり、カリキュラムを創造的かつ効果的なものにした。彼女は教室で学ぶコンピューティングの教科に限らず、創造性を生み出すような技術の利用に非常に熱心であり、また児童の学習の中でコンピュテーショナル・シンキングを育てるのにアンプラグド・コンピューティングに価値があると信じている。彼女はベアフット・プログラム(Barefoot Program)と協働して多数のアンプラグドの特別支援教育の教材を開発した。これらの教材は彼らのウェブサイトで入手可能で、数多くの訓練過程に普及し、アンプラグド・コンピューティングの利用を推進した。彼女はノーサンスのコンピューティング専門家リーダーであると共にCASのマスター教師であり、またラズベリー・ピカデミー認定教育者である。
kimcalvert@billingbrook.northants.sch.uk

マーク・ドーリングは教育省が設立したCASで、国の継続的職能開発(Continuous Professional Development：CPD)のコーディネーターであった。しかし、彼の名はおそらくラングリー・グラマー・スクールで行われた「デジタル校舎計画」(Digital Schoolhouse Project)の仕事でよく知られている。この仕事により彼は国内のみならず国際的にも認められた。マークは長年にわたる初等及び中等教育での教育や教員訓練、そして企業経験をもつ高いレベルで訓練された教員である。2014年のコンピューティング・プログラム研究、CASの教員のためのコンピュテーショナル・シンキングのガイド、および優れてポピュラーなCASコンピューティング発展方針の枠組などの展開において指導的役割を果たした。さらに最近では、「レベルをつけない評価」に関して教育省のコンサルティングに関わりをもち、現在はイアン・リヴィングストンアカデミーの設立チームの1員となっている。

ポール・カーゾンはロンドンのクイーン・メリー大学のコンピュータ科学の教授である。コンピュータ・サイエンスの教育、人間とコンピュータの相互作用および形式的手法などの研究に関心をもっている。彼は2010年に高等教育アカデミーのナショナル・ティーチング・フェローシップとして表彰された。また2007年には「イギリス工学・物理科学研究会議」(Engineering and Physical Sciences Research Council：EPSRC)が非専門家に与えるコンピュータ・サイエンス記者賞も得ている。彼は教員たちにCPD支援を提供する「Teaching London Computing」(www.teachinglondoncomputing.org)の協同設立者である。

ピーター・W・マックオーワンは同じくロンドンのクイーン・メリー大学のコンピュータ・サイエンスの教授である。彼の研究上の関心分野は、コンピュータ映像技術、人工知能およびロボットである。2008年に高等教育アカデミーのナショナル・ティーチング・フェローシップの表彰を受けた。そしてコンピュータ・サイエンスの改善の業績によって、2011年のIET (Institution of Engineering & Technology) マウントバッテンメダルを受けた。ポール・カーゾンとピーター・マックオーワンは国際的に知られている「コンピュータ・サイエンスを楽しむプロジェクト」(www.cs4fn.org) を協同で立ち上げた。2人はまた、「UK Computing at School network」の創設メンバーでもある。ポールは現在でもこの委員会のメンバーである。

ヤスミン・オールソップはほぼ10年間、ロンドンの小学校で情報通信技術のコーディネーターを務めてきた。2014年にマンチェスター・メトロポリタン大学のコンピューティング分野の上級研究員となった。また「マンチェスター・メトロポリタン大学STEM センター」のコンピューティング分野で展開中のCPD部門にも勤めていた。現在、ロウハンプトン大学のコンピューティング教育部門で上級研究員として勤務している。彼女の研究は、デジタルゲームをデザインするに際しての思考、学習、あるいはメタ認知を中心として進められている。彼女は「ICT in Practice」(www.ictinpractice.com) と呼ばれるオンラインマガジンの設立者で、かつ、共同編集者である。この中で、世界各国の教育関係者が教育にテクノロジーを用いる経験を共有している。「EUコードウィーク」のイギリス大使であり、雑誌「International Journal of Computer Science Education in Schools」の共同編集者である。ベン・セドマンとの近著に『Primary Computing in Action』がある。
www.yaseminallsop.me.uk.

ジェーン・ウェイトは経験豊かな一級教師で10年以上の経験を有する。彼女は教育分野に移る前は20年間、IT分野で過ごした。ジェーンはベアフット・コンピューティング・プロジェクトでカリキュラム横断的な活動を行い、コンピューテーショナル・シンキングとは何かについて、明快に説明した。「cs4fn」(前出)と「Cambridge International and Primary Computing」に論文を書き、CPDを提供し、国内各地での学会で発表している。またキングス・カレッジ・ロンドンとクイーン・メリー大学ロンドン校で、ロンドン地区のCASの地域プロジェクトマネージャーとして勤務し、コンピュータ・サイエンスの教育について研究を行っている。

ジョン・チッピンドールはマンチェスターのクランプソル・レイン小学校の非常勤教員である。この学校で彼は専門家としてコンピューティングと科学を教えている。ジョンは教育省が基金を出しているベアフット・コンピューティング・プロジェクトの教材の著者だった。この教材は国内全域で、数千の教員たちが自身の学校でコンピュータ・サイエンスを教える際の手助けとなった。ジョンはCAS のマスター教師であり、コンピューティングのブログ「www.primarycomputing.co.uk.」の管理者である。またマンチェスター大学の訪問研究員 (visiting academic) である。この大学で彼は、小学校における先端的なコンピューティングとエンジニアリング教育を牽引すると共に、コンピューティングを教える教員の訓練プログラムの支援もしている。

序章

コンピュータを使わない コンピュータ教育へ

COMPUTING UNPLUGGED

コンピューティングを教えることは今やイングランドの全学校において生活の一部であり、間もなく英国全体そして他地域においても同じようになるはずである。それは非常に高度な目的をもつ教科である。すなわち、児童にこの世界を理解し、世界を変えるためにコンピュテーショナル・シンキングと創造力を使えるよう、準備を授けることである (Programmes of Study, 2013, www.gov.uk/government/ publications/national-curriculum-in-england-computing-programmes-of-study)。

序

本書はコンピュータを使わずにコンピューティングを教えるための1つのやり方について書かれている。各章はコンピューティングとコンピュテーショナル・シンキングに関する主要な概念が、どうすればテクノロジーから離れて切り拓かれ、発展できるようになるかを示している。

各章は異なるテーマを取り上げ、コンピュータ・サイエンティストのような思考を日々の活動の中から実例を挙げて説明し、彼らの思考が多くの様々な状況における問題を解決する際、どうすれば私たちに役立てられるのかを示している。

このアプローチのやり方は児童と教師たちに、コンピューティングをより深く理解することを伝え、単にプログラミングだけでなく、それ以上の多くのことに応用するにはどうすればよいか、またなぜそうなのかを伝えるはずである。

授業のアイデアは、コンピュテーショナル・シンキングを各教科のカリキュラムを横断して児童に伝え、身に付けさせる方法である。

● ● ● ● ● ● ● ●

コンピュータ・サイエンス

コンピューティングは3つの構成要素、すなわちデジタル用語、情報技術、そしてコンピュータ・サイエンスを含む教科である (Shut Down or Restart, Royal Society, 2012, https://royalsociety.org/topics-policy/projects/computing-inschools/report/)。デジタルリテラシーとは、創造、評価、そしてデジタルの成果物の利用からなっている。情報技術は、コンピュータはどうやって動き、共に働き、

作動させることができるのかという要素からなっている。コンピュータ・サイエンスは、コンピューティングとは何かという本質的要素からなる。すなわち何が計算されうるのか、そして問題とその解決にコンピュータをどのように適用するか、ということである。

　この意味で、コンピュータ・サイエンスは実際はコンピュータという機械についての話ではない。むしろそれは、「いかに考えるか」なのである。つまり、コンピューティングを教える1つの鍵となる目的は、児童たちに、ある別の方法で世界について考えさせることなのである。

　こうした見方で眺めると、「コンピューティング」とはコンピュータという機械についての話ではない。それは「科学」が実験器具についての話ではなく、「美術」が絵筆についての話ではないのと同じである。コンピュータそのもの、実験器具、絵筆はいずれも私たちが別の領域で使う、なくてはならない道具である。そして私たちはそれらを理解し、それらを効果的用いる使い方を理解しなければならない。しかし美術や科学は、単なる道具よりはるかに多くの物事を含んでいる。そして、コンピューティングは、単にコンピュータという機械とプログラミングよりはるかに多くの物事を含んでいるのである。

　本書はコンピュータという機械から離れて、コンピューティングという学習領域へのアプローチを紹介するものである。

　コンピュータの難しさを取り去ることによって、私たちはコンピューティングの一番大切なものに集中し、広がりのある多様な問題に応用するやり方を学ぶことができる。

コンピュテーショナル・シンキング

　現在のコンピューティング・カリキュラムが紹介されたときは、すべての人がプログラムを設計し、それをコード化する訓練を非常によく受けていた。この方法は、新しいカリキュラムにおいて必要な鍵となるスキルだと人々は考えていた。しかし、特殊なプログラミング言語の特殊なシンタックス・ルールをただ理解することはそれだけでは面白くないし、特に役に立つわけでもない。

　プログラミングはレンガ積みにとてもよく似ている。何かを建てるためには、レンガ積みについてはほんの少々、知っている必要があるだけである。そして熟練した職人は目地を塗ることや、杉綾模様の多様なレイアウトの中でも、比較的優れたものについて、長々と詳細に会話することができる。

　しかし、壁は壁なのだ。面白いのはレンガ積みではなく、建築することである。建築学は、人々の必要とするものを理解すること、そして、レンガを特別な形に積み上げることが、いかにして人々の心に訴えかけることができるのかを知るための学問である。

　同じように、コンピュテーショナル・シンキングは問題を理解し、特殊な形に積まれたプログラムのステートメントが、その問題にいかにして訴えかけることができるのかについて考えるためのものである。

序章 コンピュータを使わない
コンピュータ教育へ

概念とアプローチ

図i コンピューテショナル・シンキングをする人

概念：思考の手がかりとなる思い付きと方法	アプローチ：近づき、取り掛かり、問題を解く
A 論理：規則に従って考えること。規則を状況に適応させること。そして結果を出すこと。	A′ いじくり回し：物事を試みる。何が働くのか見る。探求する。
B アルゴリズム：ある結果を達成するはっきりした一連のステップ。	B′ 創作：何か新しい革新的な、かつ目的に満ちたものを作る。
C 分解：1つの問題をばらばらにしてより小さなステップに分けて順次解いていく。	C′ デバッグ：誤りを見付けて直す。
D パターンの発見と利用：これまでの解決やアプローチがここでどう応用できるかを知ること。	D′ やり抜く力：最初の試みが失敗するときにあきらめないこと。
E 抽象化：何が重要か見出すこと。重要でないものを捨てること。本当に問題なのは何かに注目し続けること。	E′ コラボレート：共に働くこと。アイデアを分かち合うこと。そして一緒に何かを打ち立てること。
F 評価：何が働くかを決めるだけでなく、この状況では「働く」が何を意味しているのかを決めること。	

表i 6つの概念と5つのアプローチ

コンピュテーショナル・シンキングは前ページに示したように、多くの定義をもっている。

ジャネット・ウイングは「コンピュータ・サイエンティストのように考える方法」として2006年に「コンピュテーショナル・シンキング」という言葉を復活させ、定義した (Jeanette Wing; 2006, Computational thinking Communications of the ACM 49 (3) : 33. doi:10.1145/1118178.1118215)。彼女の考えは弾力性に富み、多くの定義へと拡げられた。

本書では、「ベアフット・コンピューティング・プロジェクト」（2014年）（http://barefootcas.org.uk/barefoot-primary-computing-resources/concepts/computational-thinking/）と「Computational thinking-A guide for teachers」（2015年）（Csizmadia et al. 2015, http://community-computingatschool-org.uk/resources/2324）によって定義されたコンピュテーショナル・シンキングの定義を使うこととする。

コンピュテーショナル・シンキングとは、6つの概念と5つのアプローチの組み合わせである。児童はこれらの概念とアプローチをマスターするにつれて、問題の広がりをつかみ、問題に対して力強く効果的な解決法を発達させることが、よりよくできるようになる。よくあることだが、これらの解決法はコンピュータを含まず、科学が、特殊な事実よりも「考え方」や「理解の仕方（科学的方法）」であるのと非常に似ているのである。

これらの概念とアプローチを一見するだけで、コンピュテーショナル・シンキングが多様な教科と活動に対して全面的に有用で応用のきくものであることを示しているのが分かる。コンピューティングはこれらのアイデアが前面に出てくる場である。

本書はコンピュテーショナル・シンキングについて書かれている。そしてこの思考のスキルに児童が習熟し、カリキュラムを横断する様々な状況に、そのスキルを応用するのに役立つよう書かれたものである。

アンプラグドに至るまで

コンピュテーショナル・シンキングがコンピューティングにおける主要な活動になると、コンピュータそのものは、私たちがどこか別のところですでにデザインした、プロセスを実行するための1つの道具に過ぎないものになる。

この観点からすると、コンピュータは「邪魔者」にもなりうる。作動させるための技術を手に入れることは、時間浪費の過程になりうるのである。すなわち、何か生産的なことを行うより、むしろ、文書のレイアウトの修正に時間をかけすぎて、長い時間を浪費してしまうようなものである。

慣れておらず手に負えないテクノロジーを扱う一方で、コンピュテーショナル・シンキングのような新しいスキルを覚えるのはさらにずっと難しい。私たちはコンピュータの装置を操作しようとするのと同時に、新しいスキルを身につける精神的努力に時間をかけなければならない。この組み合わせは私たちが最善を尽くすことを、簡単に上回るものだ。

児童のためにもっとずっと役に立つのは、テクノロジーから一歩離れて、別のやり方でコンピュテーショナル・シンキングを練習することである。新しいやり方で、身体で使ってその思考を練習す

る際に用いるものが、紙と鉛筆、お手玉とフラフープのような単純でよく知られたものであるなら、私たちは児童たちに行わせるために力を注ぐ必要がない。その上、私たちが発展させようとしている新しいスキルと知識に焦点を当てることもできる。

　一度新しい能力を手に入れてしまえば、私たちが成し遂げようとしているのは何なのか、それについてどうやって進めて行くかを確信して、その新しい能力をコンピュータ技術に適用することができる。唯一の難しさは、テクノロジーに内在するのであって、私たちに内在するものではないのである。

　コンピュータを使わないアンプラグドな活動はまた、児童を別の形態に引っ張り込む。私たちはいつも、じっと座ってスクリーンを見つめ、キーボードやマウスを指で扱い、またスクリーンを指で操作することによって、コンピュータと相互に影響し合っている。

　このことは、多くの他のやり方を置き去りにして、考えることの視覚的、論理的そして数学的様式ばかりに重きをおくことになる。児童、とくに年少の子どもたちは、長時間、じっと座っていることはむずかしい。ほんの少しの相互にやりとりするやり方に拘束されるときはなおさらである。

　本書で紹介する活動は、音楽的、運動知覚的、美術的で、そして個人の、また人間相互の活動を含むはるかに広い範囲における探求である (Gardner, 2011を参照)。この多様さは、あなたのクラスのすべての児童を引き付け、それを維持しようとする際にあなたの助けになるだろう。

教授学

　これらのアンプラグドな活動の多くがもつ遊びに満ちた性質は、このアプローチの根底にある構成主義的な教授学に由来する。コンピュータから離れ、それが原因の心配とストレスからも解放されて、児童はその活動と、このアプローチに重点を置く思考を自由に試みたり探求したりするようになる。これは児童がトピックを自分自身で理解する力を打ち立てるのに役立ち、教師たちが与える適した足場によって補助される。

　アンプラグドな活動の多くの身体的性質は、児童が物を書き出したり、アルゴリズムのちょっとした間違いを修正 (デバッグ) したり、一皿のフルーツサラダを作るといったように、彼らの学習したものを具体化し、表現する成果となって現れる。このことは、パパートの構築主義とピアジェの構成主義との両方を支持している (Ackerman, 2001)。

　多くの活動における共同的な特質は、子どもたちがクラスの中で共に成長し合い、試行し、彼らのアイデアに磨きをかけて、社会的構成主義を助長するものである (Vygotsky, 1980)。

　コンピュータを使わないコンピューティングは、アンプラグドという状況の中でスキルを上達させる。そしてそのスキルはプラグを入れ、テクノロジーを使うもう1つの状況に対しても適用されるにちがいない。

　同じ状況の中で適用されるために、新しいスキルをただ単に学ぶことよりもっと多くを児童に求めることになる。が、児童が生きた学びを新しい状況に適用するにつれて、自分たちの中にさらにメタ認知の気づきを発達させるべきなのである。

コンピューティングは、抽象的で数学的基礎をもつにもかかわらず、全く、実践的な活動である。

先ほどの例で言えば、人は単に文章を読むだけでは有能なレンガ積み職人にはなれない。能力は直接それをやってみることからしか得られない。コンピューテーショナル・シンキングのアプローチはすべて、活動を通したアプローチであり、児童による強い関心と共同作業を求めるものである。本書で紹介する活動のほとんどは経験的な趣が強いものである。児童は「コルブの経験的学び」(Kolb's, 2014)のサイクルを、活動の中で少なくとも1回はやることになる。

教科横断的な学習

すでに述べた通り、コンピューテーショナル・シンキングとは問題について考え、取り組むための一般的アプローチである。このアプローチがコンピューティングに向かうとき、それは最も明らかとなり際立つようになるが、一方、同じ概念とアプローチは多くの分野と科目にも存在する。コンピュータやスマートデバイスがフィットネス・アプリや写真撮影から、小説や自動輸送に至るまで、多くの領域で機能している通り、私たちはもっと広い世界でこれを目撃している。

コンピューティングは2つの異なる、しかし相互に補完し合う方法で他の領域に応用することができる。コンピューティングのデジタルリテラシーの構成要素は、イメージを描き、手を入れる新しい道具のような、日常的な活動を手助けするためのテクノロジー・ツールを使う能力に関連している。これは人々がコンピューティングは世界に応用されうると考える1つの方法である。

しかしコンピューテーショナル・シンキングは、別のアプローチをもたらす。アートを創作することができるアルゴリズムを手作りすることによって1つのアート作品を理解すること、あるいは現存するレシピの中の共通要素や個別の要素を見出すことによって、フルーツサラダの新しいレシピを創り出すといったような、課題の新たな見方を可能にするレンズとして使うことができるのである。

以下に、関連する教科の例を挙げる。

- 算数：多くの標準的計算（たし算とわり算）はアルゴリズムとして表現することができる。形の特性を関連付けるときにパターンが見付かる。連係動作は「ロボット」の動き（第1章参照）を作ることによって図示することができる。
- 国語：アルゴリズムはしばしば一連の命令で書かれる。正音法（phonics：はっきりと正確に発音する方法）は、発音がいかに綴られるか、そして文字はどんなふうに発音するかという規則をもっている。
- アートとデザイン：アートはしばしば生活から離れて細部を抽象化し、表現する。複雑なものを創るときには、いくつかのシーケンスに分解することができる。
- 科学：実験を行うことは次のようなアルゴリズムを必要とする。すなわち、実験から予測したり、推論を引き出したりすることはパターンを作ることであり、論理的思考を含んでいる。
- 地理：アルゴリズムは、方向を見付け、伝え、それに従う方法として現れる。地図上の網目

は調和のとれたもので、その上で周辺の人や物体を動かすためにアルゴリズムを再度使うことができる。

・歴史：歴史の細部を、「○○時代」といった具合にグループ化して見るように、実態から離れて抽象化する。

・体育：スポーツのルールはアルゴリズムと、次々と決断していくプロセスにあふれており、アルゴリズムとして書くことができる。ダンスは一連の動きであり、歌と同じように分析できる（第3章参照）。

・人格、社会性、保健の教育（日本の「道徳教育」にあたる）：私たちは皆、健康に暮らすためのアルゴリズムに従い、学校の登下校など、日課に従っている。何かが起きたときには、事態をより良くするために良くない点を正したり（デバッグ）、問題の発生したところを見付け出すことができる。

本書について

本書の各章では、コンピュテーショナル・シンキングがどんなふうに様々な活動と関係しているかを探る。トピックはコンピュテーショナル・シンキングの適用範囲を示すため、そしてその思考の重要点を引き出すために選ばれたものであり、特に面白く、没頭できるものになることを目指している。

全章を通して扱う活動は、コンピュテーショナル・シンキングを、教科横断的に活用する多くの方法で示している。それは、ドラマ、アウトドア活動、アート、音楽、パズル、ゲーム、そして具体的な実地活動を通して行うような方法である。

ロボットや音楽家、アーティスト、検索、暗号解読者、マジシャン、ゲーマー、料理人、科学者の役をやることにより、共同作業でコンピュテーショナル・シンキングの概念に取り組む方法を提案している。これは、コンピュテーショナル・シンキングのテクニックが、教科を横断して適用することができ、その結果、それらが創造的な問題解決のテクニックであることを示している。

各章はほぼ同じ様式に従っている。まず初めに、使われている鍵となる用語や概念を含め、その章の中で作られ、探査される鍵となるコンピュテーショナル・シンキングの様相を概説する。

授業計画案として3つの教室活動を提示する。それら3つの活動は、教室を準備するときにどうすればその概念を探求することができるのか、その具体的な事例になっている。

各章の「議論」のところでは、コンピュテーショナル・シンキングの特徴についてより詳しい話をしており、その内容を教師の教え方へと取り入れることができるよう、授業を振り返るための、これまでとは違った方法を紹介している。

多様な年齢層で、多様な能力をもつ児童に対する活動を行うための、教授学的戦略に関する議論についても紹介している。

また、応用された活動や、ここで紹介された活動の次に行われる、ネット上にある無料の多様な教材を用いる「プラグド」な、つまりコンピュータを用いて行う活動も提案している。

Introduction

　どのようにすればコンピュテーショナル・シンキングの概念が現実世界の状況に関わるのに価値あるものとなるのか、医療機器や天気予報のような実用例を挙げて説明してある。このことは、コンピューティングの一連の授業を行おうとするとき、アンプラグドな活動を通してその概念を紹介し、教えることができる、というアイデアを強める。さらに、アンプラグドな活動はいくつかのプラグドなデジタル・メイキング（コンピュータ上で何かを創ること）にこの概念を適用し、その現実世界の文脈における使い方についての熟慮を促している。

✦第1章✦

もし、クラスメイトが
ロボットになったら？

Robots

> コンピュータにおける良いニュースは、あなたが命じたことを、それらがするということだ。
> 悪いニュースは、あなたが命じたことを、それらがするということだ。
>
> ──テッド・ネルソン（Ted Nelson）

序

　この章で書かれているのはすべて、行動から学ぶことについての話である。ここでは、児童が彼らの身体と声で、飛び跳ね、スキップし、登り、這い回り、叫ぶことを指示するプログラムを作り、実行することについて述べる。コンピュータのディスプレイの中に閉じこめられるプログラミングの代わりに、児童は、実際の、自分の相手や先生が演じるロボットと一緒に作業することを通して、基本的なコンピュテーショナル・シンキングを学ぶ。

　ここで紹介する活動は、児童に命令のシーケンスを作るためにチームを組んで作業することと、ロボットの動きをロールプレイすることでそのシーケンスを互いに実際に試すことを促す。楽しい実践を行い、身体を動かして感じ取る経験を通してコンピュテーショナル・シンキングを強固にするというアイデアは、この実践で体験したことをコードに書かれたシナリオへ変換することを手助けするものとなるだろう。

　プログラミングとは、明確な命令を与え、何かが、あるいは誰かがそれを実行するものである。ロボットはプログラムを組むには良い例である。というのは、コンピュータの外のこの世界でプログラムが実行され、「ロボット」役の誰かがそれに文字通りに従って動くのを見ることができ、アルゴリズムの有効性を評価できるからである。人は誰でも自然言語の命令をプログラムに翻訳、あるいは誤訳できるため、良いロボットになることができる。プログラマ役の児童が誤ったプログラムを書き、それをロボット役がコミカルに演じることは、授業に多くのユーモアを与え、デバッグを楽しく記憶に残りやすい経験にする。また、誰かが演じるロボットは、追加の費用をかけずに、学級内にすぐに使える状態で用意されている。

　コンピュータの外にあるこの世界は、書かれたコードで遊べて、間違えることができ、命令のシーケンスを組み直せる、児童にとって安全で簡単に行ける場所である。これらの特色をもったこの

世界には、児童の前に立ちはだかるテクノロジーがない。そのため、児童がコンピューテーショナル・シンキングのスキルを身に付けることを容易にする。互いにプログラミングをすることで、児童は協力して支え合い、コードを書くことが問題解決活動に繋がりうるという事実を確信できるようになる。この活動は、校庭で行うこともできるよう計画されている。

　児童が自分でプログラムを組むとき、彼らは、異なっていながら関連がある状況に対応するための十分な柔軟性と、適切な段階の細やかさをもつ、明白で正確な命令が必要なのだ、ということがわかるだろう。教師は、コンピューテーショナル・シンキングが論理的で創造的な問題解決の方法であることを児童が理解することを支援できる。また教師は、児童にとって、上手く働く解決法を考え出すための、コンピューテーショナル・シンキングの技を使う方法について話し合う能力を養う存在となる。

　児童は、この世界で彼らのルーチンがどのようにして機能しているかを理解すると、反復や選択といった、より複雑なアルゴリズム構造を自発的に作り直す。これはしばしば起こることで、重要なことである。児童は、自然に、彼らが操るロボット（役をしている者）に、反復するループ（反復文）や、If-then文（条件文）を用いた意思決定をさせる、命令のシーケンスを導入するかもしれない。児童にとって、自分たち自身で上記にあるような、より複雑なアルゴリズムを創る論理的プロセスを発見することは、ただ教師からそれらの方法を教わるよりも強力な学習の機会となる。児童が彼らのアルゴリズムを作るときにこれらを発見すれば、彼らはプログラミングの概念をより深く理解し、他の問題解決状況へそれらを転用できるようになってゆくだろう。

到達目標

本章を読み終えると、以下のことができるようになる。

- 課題を達成するのに利用できる命令を特定し、それをアルゴリズムという機械語に翻訳することができる。
- 児童が、プログラマは正確な命令のシーケンスを書く必要がある、ということを理解するのを支援するように、コンピューテーショナル・シンキングの学習のためのアンプラグドな活動を設計し、指導する。
- クラスメイトが演じる「人型ロボット」をプログラミングする文脈上で、ループや意思決定といったコンピューテーショナル・シンキングを児童が自然に使っていることを見出し、利用する。

教員育成指標とのつながり

以下の部分が特に本章では当てはまる。

TS2d　知識を実演し、児童がどう学習したかを理解する。

TS2e　児童に、彼らの仕事に対し、責任感と誠実さのある態度をもつよう促す。

TS3a　関係のある課題と教育課程の領域に関する確実な知識をもち、児童の学習目標への興味を維持し、育む。

第1章 ◈ もし、クラスメイトが
　　　　ロボットになったら？

TS4a　児童の学習への愛着と知的好奇心を促し、育む。

TS4e　魅力的なカリキュラムのデザインと提供に貢献する。　　　　　　（DfE〔教育省〕, 2011）

（イングランドの）学習指導要領とのつながり

低学年

・アルゴリズムとは何か、デジタル機器上でそれらはどのようにプログラムとして実行されるか、そして、正確で間違いのない命令によってプログラムが実行されることを理解する。

・単純なプログラムの作成とデバッグを行う。

・単純なプログラムの挙動を予測し、論理的な理由付けを用いる。

高学年

・特定の目的を完遂するプログラムを物理的なシステムでシミュレートし、制御することを含め、デザインし、書き、デバッグする。

・変数や様々な形での入力と出力と共に機能するシーケンス、選択、反復をプログラムで使う。

・どのようにして単純なアルゴリズムが機能しているか、また、どのようにしてプログラムとアルゴリズムの間違いを検知し、修復するかについて、理由をつけて論理的に説明できる。

知っておくべきこと

　ここで、本章に関係する主題の知識について考える。

　まず、コンピュータが以下の命令のセットで問題を解決すること、そして、コンピュータは正確に命令に追従することを理解することは、児童にとって重要である。問題を解決し、課題を達成する命令のセットが、アルゴリズムである。アルゴリズムは、演算処理の段階的な過程によってでき上がっている。1つのプログラムは特定の方法でアルゴリズムを記述したものであるため、人も、コンピュータも、それを理解できる。プログラムは異なる言語で記述できる。例えば、「自室に行ってバナナを食べなさい」と、「Go to your room and eat a banana」は、同じアルゴリズムを他言語で書き表したものである。

　コンピュータ言語は様々あるが、それらはすべて、明快で間違いのない命令を与える必要性に基づいている。プログラミング言語は、限られたコード（データや命令の表現規則）表と記号言語を用いて行動をコード化する方法である。

　コンピュータのプログラムにある誤りはバグとして知られているが、このバグという名称は1947年に計算機の中から取り出された1匹の蛾から名付けられた（図1.1「蛾と計算機」参照）。コンピュータのプログラムにおける誤りは破滅的な結果をもたらしうるので、ソフトウェアは手順通りにテストされる必要がある。アルゴリズムを評価し、改善するこの過程が、デバッグとして知られているものである。

　アルゴリズムは、ときに選択を含む。条件文（コンディショナル・ステートメント：「IF文」として

知られる命令)はコンピュータに、分岐するアルゴリズムのうち、どれを実行するかを選ぶよう指示する。これらの命令は、そのときの状況において、プログラムに書かれている条件が当てはまる(「真」:True)か、当てはまらない(「偽」:False)か、という考え方に基づいて、コンピュータが決定を下すことに役立っている。

コンピュータの使用においては、これら真か偽かの選択はブーリアン型として知られる。毎日の生活の中に、似たような出来事は山ほどある。例を挙げると、「もし(IF)雨が降っているならば(THEN)コートを着る」というようなことである。これら条件文の例は、休み時間のために出席を取るか整列させるか、というように、学校の日常でも簡単に見つけることができる。

私たちはまた、アルゴリズムの項目を反復(ループ)させることができる。命令の反復は「REPEAT文(命令を反復する文で、条件に合致するかの判定は最後に行われ、条件が真になると次へ進む)」「WHILE文(一定条件の下で指定された命令を反復する文で、条件が満たされると繰り返しを止め、次へ進む)」「FOR文(回数を指定して指定された命令を反復させる文)」として知られている。これらはコンピュータに同じ命令のセットを反復するよう指示する。

時折私たちは、プログラムを単純にするためだけの目的で反復を用いる(「前へ進め、前へ進め、前へ進め、前へ進め、前へ進め」と、「REPEAT 5(5回反復せよ);前へ進め」のように)。また別の場合、私たちは、状況に応じて異なる回数だけ命令を実行させるよう、アルゴリズムの一部に反復を用いる。繰り返すが、私たちはこのロジックを描写するための実生活上の例を考えることができる。

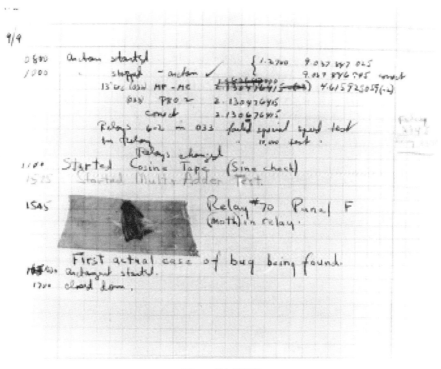

図1.1　蛾と計算機

「印を付ける本があるとき（WHILE）；　本を取り出し（DO）；　印を付ける」のように。

　アルゴリズムそのものはしばしばとても単純である。プログラムを書くとき挑戦しなければならないようなことになりうるのは、私たちが解決しようとしている問題の理解が不十分なときである。アルゴリズムを技巧的に組むためには、それらの問題に対してにじり寄るように作るという、以下のような強力な方法がある。

write a program to solve just the first bit of the problem
（まず問題の一部分だけを解決するプログラムを書く）
run the program
（プログラムを実行する）
WHILE the program isn't fully working
（プログラムが十分に機能しない場合）
WHILE there are bugs
（バグがある場合）
fix the bug
（バグを修復する）
run the program
（プログラムを実行する）
add some more program to solve the next little bit
（問題の次の一部分を解決するいくつかのプログラムをさらに組む）
run the program
（プログラムを実行する）

　そう、これはアルゴリズムを書くためのアルゴリズムである。この、「実行する―試行する―直す―書き加える」という反復は、コンピュテーショナル・シンキングを超えて、さらに創造的で探求的な性質をもつ。このやり方は、扱っている問題をより小さなカタマリに分解することで、一度にすべてのプログラムを試して解決しようとするよりも簡単に、問題を解決する。このソフトウェア開発過程は同時に、プログラムの小さな部分をチェックしている。プログラマは思い通りに働くシーケンスを作り上げるまで、いくつかのステップを書き、実行し、修復し、また実行し、ほんのわずかだけ付け加えることを繰り返す。コンピュテーショナル・シンキングの文脈では、評価とは、プログラムを改良するためにプログラムを判定することを意味する。

　コンピュテーショナル・シンキングについて、また、アルゴリズムとプログラミングが（イングランドの）学習指導要領にどのように当てはまるかについては、さらに多くの議論ができる。

　コンピュテーショナル・シンキングに関する追加の情報として、2つの良い資料がある。CAS（Computing at school）の教員のためのコンピュテーショナル・シンキングガイドと、Barefoot

Computing resourcesである。両方のガイド共、無料でウェブサイトにログインすることができる。

　小学校の学級で、クラスメイトや教師がロボット役になって進める「人型ロボット」を使う場合の授業のアイデアを、以下に挙げる。
　・ロボットハムスターの遊ぶ庭：記号的な表示に基づくアルゴリズム作成を学ぶ。
　・ロボットを撃て：目的を達成するためのアルゴリズムを作るとき、定義された命令を用いる。
　・ロボットのお食事屋さん：問題解決のためにアルゴリズムを組むことをやり抜き、デバッグすることを学ぶ。

アンプラグド活動1：ロボットハムスターの遊ぶ庭

◎ 概要

　この活動では、児童がロボットのハムスターのための遊び場をデザインし、そのロボットを遊び場で動かすことを目的として、交代しながらプログラムを組む。彼らは、シンボルと行動の間の繋がりを作るのを手助けするように、この活動のために記号化されたコマンドを用いる。

　授業の開始時に、児童は、すでに自分たちが知っている方法を探る。このとき利用する質問は、「コンピュータは考えることができるか」というものである。児童はこの問いについてじっくりと考える。そして、どのようにすればコンピュータが自分の思った通りに動くのかについて、自分が何を知っているかを調べる。

　コンピュータが賢いと考えてしまうのは、当たり前なことである。そのため、「コンピュータは命令のセットに従って動くこと」と、「その命令をアルゴリズムと呼ぶこと」に対する理解を築き上げるために、時間を取るのが有効である。

　児童はまた、同じアルゴリズムを異なる方法で書くことができ、それらはそれぞれ異なるプログラムなのだ、ということも学ぶ。彼らは命令のシーケンスの有効性を評価する。そしてコンピュータそのものはコンピュータ自身について考えることができないため、非常に特別な命令によるプログラミングを必要とすることについて、理解を深める。最終的に児童は、デバッグすることを通して、彼らが組んだアルゴリズムを改良する。この授業には、およそ60分かかるだろう。

◎ 教科横断的な学習

⊗ 数学

低学年
・位置、方向、動作を記述するために、数学にのっとった言葉を用いる。
・方向転換としての回転と、直角ということの意味を区別する。

高学年
・角度を転回の表記として認識する。

23

デザインと技術

低学年と高学年

・児童がアイデアを生み出し、制作し、モデル化し、情報交換する。

高学年

・児童がアイデアを生み出し、制作し、モデル化し、情報交換する。
・コンピュテーショナル・シンキングに対する理解を適用する。

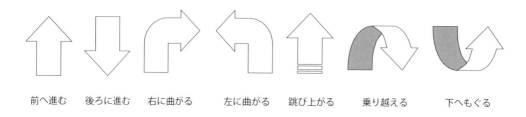

図1.2　進路上に障害物がある場所を動くために使える表記

対象年齢

本活動は2～4年生を主な対象としているが、小学校の課程の全体にわたってそれぞれにふさわしい形に作り替えることもできる。

授業計画

学習のねらい

問題解決のために記号的表記に基づいてアルゴリズムを創る。
アルゴリズムを改善するためにデバッグ技術と評価技術を用いる。
「ぼく（わたし）には～（が）できる」という言い方を使えば、以下のようになる。

・「わたしは、プログラミングの問題を立てられる」
・「わたしは、1つにつながっている動きを、いくつかの部分の組み合わせに分けることができる」
・「わたしは、記号を使ってアルゴリズムを創ることができる」
・「わたしは、より良く動くように私のコードをデバッグできる」
・「わたしは、わたしが創ったコードを変えたこと（変更）について、良くなったかどうか言うことができる（評価できる）」

キーワードと質問

アルゴリズム、デバッグ、コード、プログラム、不具合、反復、プログラムの実行、保存され

たプロシージャ、プログラム上の反復、ループ、条件実行（If文）

・コンピュータは考えることができる？
・どうしたら私たちは、記号として動きを表せる？
・どうしたら私たちは、私たちが作ったアルゴリズムを評価できる？
・どうしたら私たちは、点検する手順を作り、私たちが作ったアルゴリズムを直せる？
・私たちは、自分で作ったアルゴリズムを改良したということを書き表せる？
・コンピュータが問題を解決する方法について、私たちは何を学んだか？

◎ 活動

時間	教師がすること	児童がすること	教材
10分	「コンピュータは考えることができる？」という質問を投げかけることから始める。「ハムスターの遊び場」（hamster playground）をGoogleで画像検索し、クラスに示す。	私たちがコンピュータについて**シンクペアシェア**する。どのようなものが「ハムスターの遊び場」を良いものにするか議論する。小さなグループに分かれ、いくつかのアイデアを**ピクコラージュ**（PicCollage）のフリップに貼る。ハムスターの動きを記述し、言葉で注釈を付ける（跳ぶ、登る、くぐる、穴を掘る、落とす、回る、曲がる、しゃがむ、振る、かじる、急いで走る、など）。一方で、iPad上にピクコラージュを使って、Googleで拾った画像の1つに注釈を付ける。	紙とペン、またはタブレットと画像。ピクコラージュのような、注釈を付けるアプリ。
10分	児童のアイデアを再検討する。「ハムスターの遊び場」を作るためのアイデアとして、単純な資料を使い、プログラミングを互いに組み、ハムスターの動きをロールプレイする。	上向き、下向きの矢印や、カーブする矢印、円などの標準的な形のような記号を使って、命令のための記述を作る。児童は、彼らが使った記号の鍵となるものを作る。	さらなる支援を提供するための、ラミネート加工した命令カード1セットを用意する。
25分	ハムスターのロールプレイをさせる。	グループに分かれた児童は、「ハムスター」が動くコース上に障害物を置く。パートナーとなった児童は、障害物があるコースのための命令を書く。交代でハムスターのロールプレイをしながら、プログラムを実行する。	机、椅子、毛布、三角コーン、体育用具など、コース上の障害物になるもの。
10分	コードをデバッグするアイデアを紹介する。	コードをデバッグし、役割を交代し、再びプログラムを実行する。	
5分	どの改良が上手くいったか評価する。この活動がどのようにプログラミングに関係しているか議論する。	シンクペアシェア：コンピュータについて今、私たちは何を知っているかを考え、共有する。	

25

第1章 ❄ もし、クラスメイトが
ロボットになったら？

❂ バリエーション、展開と応用

❯ 展開

　児童のなかには、適切な範囲の記号を作ろうとして、細かな部分で不適切な記号を作ろうとじたばたする子どもがいるかもしれない。例えば、「1段上れ」の代わりに「障害物があるコースを行け」、または「左足を前へ動かせ」といったように。このようなとき教師は、ラミネート加工されたカードを使って言葉を見せることで彼らを手伝うべきだろう。教師はまた、異なる能力をもった別の児童と組ませることで、児童を手助けするとよいだろう。

　能力のある児童は、例えば「5歩前進せよ」「次の障害物まで前へ進め」といった反復する動きでループを作ることで、より短く、より効果的なコードの作り方を考えることができるだろう。彼らはまた、「もし縁に乗ったら跳び上がれ」のように、場所の境界を越えて動くためにIf文を使うだろう。

　コース内の異なる場所に、同じ障害物がいくつも置いてある場合、能力のある児童に対しては、特定の障害物に対するコマンドを、障害物に出くわしたときに呼び出せるプロシージャにまとめ上げるよう促すこともできる。「またいでから這って避ける」障害物がコースの始めと終わりにあるとき、アルゴリズム全体の中で、その障害物を乗り越えるための命令はプロシージャ内に埋め込むことができ、それを適切な場所で呼び出せばよい。コンピュータのアプリケーションは、それらを実行できるように保存されたプロシージャを「呼び出す」よう、プログラムされている。

❯ 応用

1. 「LiteBot」というアプリ（http://lightbot.com）は、障害物があるコースをロボットが動き回るときの、単純な命令のセットを使っている。
2. 障害物のあるコースを動いていかないやり方を採用するなら、Code-it.co.uk（http://code-it.co.uk/ks1/crane/humancrane）の「人間クレーン」のような、色付きのブロックで塔を建てるという命令群を使えるだろう。

❯ コンピュータを用いる（プラグドな）活動

　児童はこの活動を、トンネルをくぐり敵を避けて進む「ロボ蜂」（BeeBots）のための障害物コースを作ることへと、アンプラグドな活動からコンピュータを使う活動へとつなげていくことができるだろう。

　そうすれば、児童は「ハムスターの遊び場」あるいは「迷路」から、Scratch環境下で彼らのスプライトを制御するために矢印キーを使う、プラグドな（コンピュータを用いる）環境へと移行できるだろう。

　Scratch環境で「hamster playground」を検索すると、作り替えが可能ないくつかの例が得られる。類似問題を解くために誰かが書いたScratchのコードを分析することが、児童がもつ、一般化とパターン認識に関するコンピュテーショナル・シンキングの技術を伸ばすのを助けるだろう。

矢印キーやマウスを使ってどのようにスプライトを制御するのかについて、Scratch環境下で使いやすいヘルプカードがある (https://scratch.mit.edu/help/cards)。それらはScratch環境下で児童が、ペットの写真からスプライトを作ることや、遊び場をデザインするために準備されている。教師は、ペットのスプライトを作るために、彼らがもっている写真から要らない部分を取り除くため、Scratchの「ズームする」ツールと「消す」ツールの使い方を、児童に見せる必要がある。

また別のプロジェクトの主題として、「あなたの作るクレイジーなゴルフコース」を、実際に（アンプラグドで）作ってScratchに落とし込む、というようなものが考えられるだろう。

◉ 評価基準

- ・すべての児童が、創作された記述を用いて命令のシーケンスを書く。
- ・ほとんどの児童が、彼らの作った命令のシーケンスをデバッグする。
- ・一部の児童が、何が良い命令のシーケンスなのか評価できる。

教師は、児童が障害物をどれほど上手くすり抜けたかを見るよりも、彼らが作成した命令を見ることで、どの児童が、どれだけ学んだ成果を出せたかどうかチェックする。命令の質を確かめるもう1つの方法は、グループ間でアルゴリズムを交換するよう指示し、どれほど上手く彼らがコースを通り抜けたかを見ることである。

児童は、どのようにしてそれをデバッグしたか示すため、組んだコードに注釈を付ける。彼らは、人々は常識を使うが、コンピュータは命令に正確に追従するのだ、ということを説明できるようになっているだろう。

アンプラグド活動2：ロボットを撃て

◉ 概要

この活動は、ロボットを使ってチームで行うゲームの形になっている。参加者は、目隠しされた人が演じるロボットに対して「前へ行け」「曲がれ」「撃て」という命令を叫び、ロボット役にボールを投げさせ、相手に当てさせる。これは「学校でのコンピュータ利用 (CAS)」の活動としての「ドタドタ歩くゾンビロボ」（「Stompy Zombie Robots」）を作り替えたものだ。児童は体の動きを命令に「翻訳」し、命令の限られたセットを使ってコード化する。

◉ 教科横断的な学習

◎ 数学

低学年

- ・場所、方向、動きを言い表すのに数学的用語を使う。
- ・曲がるときに「転回すること」と「直角に曲がること」を区別する〔訳注1〕。

高学年

・角度を転回の記述として認知する。

◎ 対象年齢

本活動は小学校の課程の年齢層すべて (5〜11歳) に適用可能である。

◎ 授業計画

◎ 到達目標

命令群の定義されたセットでアルゴリズムを作ることができる。

目的を達成するための正確な命令のシーケンスを作るために、コマンドの利用を改良する。

「わたしは、ぼくは〜できる」で言うなら、以下のようになる。

- ・「わたしは、簡単なプログラムを組める」
- ・「わたしは、小さなセットで命令を与えることができる」
- ・「わたしは、目的を達成するための論理的意味づけを使うことができる」
- ・「わたしは、試行錯誤 (トライアルアンドエラー) を通して自分の思いつきを改良することができる」

◎ 知っておくべきこと

　ロボット役をしている児童は、動こうとするときにじたばたすることがある。これは、与えられた命令を「正しいにちがいないもの」として解釈し受け取ろうとしたときに、混乱する場合があるからだ。児童は、注意深く聞くことと、与えられた通りに命令に従うことを練習する必要があるだろう。

◎ キーワードと質問

　アルゴリズム、コマンド、シーケンス、分解、プロシージャ、自動化、意思決定、フローチャート、論理

- ・私たちはどのようにロボットに話しかければよいか？　また、どのようにしてロボットに私たちがして欲しいことをわからせるのか？
- ・ロボットはゲームができるか？〔訳注2〕
- ・私たちは、上手くいくようなゲームの戦略を表すコマンドのシーケンスを上手く作れるか？

◎ 活動

時間	教師がすること	児童がすること	教材
5分	ロボットについてのいくつかの印象を共有し、ロボットと交流できる人はいるか質問する。 どのようにすれば私たちはロボットに話しかけられるか。どのようにしてロボットは私たちを理解するのか。	私たちがロボットと交流することについて、すでに知っていることについてシンクペアシェアする。	スライドショー、またはラミネート加工されたイメージ画。
15分	ゲームの説明をする。 児童は小さなグループを作り、目隠しされた「人型ロボット」を制御する。目指すのは、ロボットにまずボールを取らせること。次いで、的、あるいは相手チームのロボットに当てること。	児童はまず、ロボット役を決める。残りのグループは命令を出す役割を負う。ロボット役が「撃てる」距離に入ったとき、命令する児童は、「撃つ」コマンドを使う。彼らはロボット役にまずボールを取らせ、標的に当てさせるか、箱の中にボールを投げ入れさせる。ロボット役は1回撃たれると、次の弾を込められなくなる。最初に標的にボールを当てられたグループは、第1ラウンドの勝者となる。 第2ラウンドで、チームは相手のロボットを撃つことを目指す。	紙を丸めたボール、または軽いプラスチックのボール。 目隠し。 箱、または標的。
10分	チームに秘密のコマンドを作ることを許可し、ゲームを再び行う。	秘密のコマンドによって、以下のような動きができるようになる。 しゃがむ、立ち上がる、後ろへ動く、別の場所に突進させる、防御シールド（盾）を使う〔訳注3〕。	
20分	何が最も上手くいった戦略か、議論する。	児童は、彼らがゲームで用いた戦略の中で、最も上手くいったものを表現するコマンドのシーケンスを実演するための、フローチャートを発案する。	フローチャートの例。

◎ バリエーション、展開と応用

≫ 展開

　ゲームの際には、目隠しはしてもしなくてもよい。難易度を調整するために，ボールの大きさや箱の大きさを変えることもできる。

　ゲームは、使えるコマンドの幅を増やすことで、より複雑なものにできる〔訳注3〕。

　本章のアンプラグド活動1のように、教師は、児童が自力で、自然に、彼らが作るコマンドのシーケンスに選択や反復を取り入れているのを見付けられるだろう。この事実は、選択や反復の考え方を教えるための文脈を、教師に与えてくれるだろう。

≫ 応用

1.　児童は、障害物があるコースを作り、2人1組になって、1人が目隠しされたロボットになり、

もう1人がロボットを誘導するプログラマになって、障害物コースを踏破する命令を書くことができるだろう。

2. ベアフット・コンピューティング（Barefoot Computing）に、ロボ蜂を動かすためのコマンドを紙に書いていくという実践がある（「BeeBot 1,2,3アクティビティ」を参照。https://barefootcas.org.uk/wp-content/uploads/2014/09/Bee-Bots-1-2-3-Activity-Barefoot-Computing2.pdf）。これを使って、児童同士で互いにプログラムを組むことができる。これは実際のロボ蜂をコンピュータ上で動かすための、アンプラグドな予行演習となる。

3. 教室内で、ロボットを使って宝物を探し当てるゲームへと展開できる。

4. ゲームのテーマを継続するバリエーションを用意できるものとして、人間「ヘビとはしご」ゲーム〔訳注4〕がある。これはコマンドのセットを創り、利用して、校庭で行うゲームである。

⑨ コンピュータを用いた（プラグドな）活動

1. コンピュータを用いる活動へと導くアイデアとして、コンピュータの中の世界で、ゴミ箱の側に据え付ける段ボール製のロボットアームを作る、というものがある。ロボットアームを制御して物を拾い上げるためのプログラムを作るために、コマンドのシーケンスを、児童が発明するのである。
   この活動の次に、児童はScratchを使って、ロボットの腕の動きをシミュレートするプログラムを組むことができるだろう。この活動で用いる命令、資料、サンプルとなるScratchのプロジェクトは、CBiS Educationで無料で手に入る（www.cbis.education/cardboard2code_module1.aspx）。

2. Scratchのウェブサイトには、アイデアをリミックスするための示唆を与えてくれる、初心者のための研究課題用ゲームのセットがある（https://scratch.mit.edu/starter_projects　このページ最下部で言語を「日本語」にすると、日本語版が表示される）。このサイトから探っていくと、アンプラグドなロボットゲーム活動を追いかけることができる。
   Scratchのプロジェクトは、挙げられている例の改変を非常によくサポートしているので、児童はそれぞれ個人で作業できるだろう。

図1.3　人型ロボットのプログラムを組むために、紙に書かれたコマンド

評価基準

- 児童全員が「人型ロボット」を制御するために、1つの連なったコマンドを使ったか？〔訳注1〕
- ほとんどの児童が追加のコマンドを創作し、ゲームにそれらを組み入れたか？
- 一部の児童がフローチャートとしてゲームの戦略を書き表したか？

授業の始めと終わりには、焦点を絞った質問を彼らに投げかけてみよう。それは、「児童が前もって知っていた知識や誤解」、さらに「ロボットの動きを制御するためのアルゴリズムを創作することに関する、児童の理解の伸び」を評価するためである。児童が書いたフローチャートは、彼らの論理的な理由付けの能力を示しているはずである。

アンプラグド活動3：　ロボットのお食事屋さん

概要

この活動では、児童は彼らの「ロボット先生」に料理を作らせるためのプログラムを組み、彼らが選んだ軽食を作らせるためのアルゴリズムを創作する。軽食は、例を示すなら、トースト、ゆで卵、サラダ、お茶1杯、おやつ麺、アイスクリームフロート、シリアル1皿、フルーツサラダ、フルーツケバブ、シェーク、スムージー、サンドイッチなどである〔訳注5〕。

児童は、「ロボット」が読んで従い、動く命令を呼び出すことで、「ロボット」に料理を作らせる。このとき、コンピュータが書いてある通りにコマンドに従うという考えを強化するため、時折わざと間違った命令を作る。これがこの授業を面白いものにする。

この活動の目標は、ロボット、ひいてはコンピュータとは誠に単純な機械であり、役立つ作業をさせるためには非常に明確な命令を必要とすることを、児童に理解させることである。このことは、コンピュータが文字通りに命令に従うこと、また、結果が意図しないものであっても意味を推し

量ることも認知することもできない、ということを児童が理解する手助けとなる。

　児童はまた、コンピュータのプログラマは、プログラムを書くために限られた単語で作っていること、そして、それを実行させたとき初めて結果がわかることを学習する。このことが、デバッグ過程を通してプログラムを改善する必要があることの理由である。バグは愚かな誤りではなく、むしろプログラムを組むときの試行錯誤の一部なのである。

　この活動はフィリップ・バッジ（Philip Bagge）によって創られ広められた、ジャムサンドイッチを作るアルゴリズムを転用したものである〔訳注6〕。この活動には、第8章「料理のレシピもプログラミング！」へのつながりもある。第8章では、アルゴリズムの観点からレシピを分析することに焦点を当てている。

　第8章で紹介されている考え方は、現実世界での、自動化された食べ物の調理の例と結び付けられるだろう。

◉ 教科横断的な学習
　・文脈、目的、聴衆の範囲の中で、それらが使う言語と様式に合わせ、明確に、正確に、首尾一貫させて書くこと (DfE, 2013)。

◉ 対象年齢
　低学年および高学年の初期

◉ 授業計画

◈ 到達目標
軽食を準備するという目的をもって、それを成し遂げるアルゴリズムを作るために、力を合わせる。
アルゴリズムの有効性を評価する。
プログラミング言語が限られた単語しかもっていないことを理解する。
「わたしは、ぼくは……できる」で言えば、以下のようになる。
・「わたしは、問題を解決するために、他の人と力を合わせることができる」
・「わたしは、連続している動きを分解できる」
・「わたしは、問題の効果的な解決法を見付けることをやり抜くことができる」
・「わたしは、プログラムをデバッグする論理的な理由付けをすることができる」

◉ キーワードと質問
　精度、アルゴリズム、命令、ロボット工学、効率、いじくり回し、シーケンス、自動化、擬似コード

　・どのようにすれば、ロボットが理解できる命令を提供するために、言葉を単純にできるか？
　・より短い、あるいは、より長い命令は、より効果的なのか？

・どのようにすれば、ロボットが全く同じ軽食を作ることを確信できるか？

・ロボットが材料を使い切ってしまったとき、何が起きるか？

◎ 活動

時間	教師がすること	児童がすること	教材
10分	もし人が、与えられた命令に正確に従うとき、何が起きるのか話し合う。例えばこのようなことである。"play on the computer"、"shake hands with your friend"〔訳注6〕。 コンピュータは、実用的な応答と、おバカな応答の違いがわからない、ということを理解させることを狙う。	児童は、文字通りでは意味をなさないいくつかの命令についてシンクペアシェアを行い、それが何を意味するか、ロボットはそれらにどう応答するか考える。例としては「目を回す」「頭が回る」「あぐらをかく」「机にかじりつく」「足を棒にする」「胸が躍る」「胸が膨らむ」「鯖を読む」「すねをかじる」「油を売る」、「空気を読む」など〔訳注7〕。	言い習わし、ことわざ、慣用句の例を集めたセット。
10分	軽食を作るために「ロボット先生」のプログラムを組むアイデアを紹介する。 「ロボット先生」は、文字通りに解釈した命令を面白く演じて見せる。 長い命令のセット、短い命令のセットのどちらが良いか考えさせる。それは誰にとって「より良い」ものなのか？	児童は「ロボット先生」に順番に命令する。	トースト、ゆで卵、サラダ、1杯のお茶、サンドイッチなどのような軽食を作るための材料と道具。
20分	児童に、これから軽食を作るために、彼ら自身で命令のセットを創作するよう説明する。	児童はそれぞれ軽食を選ぶ。彼らはまた、ロボットに軽食を作らせるプログラムを組むための用語リストを作る。 児童は、彼らが作るアルゴリズム、またはその一部のための用語リストを作る。そして、互いにロールプレイしながらアルゴリズムを試験する。	選んだ軽食のリスト、およびその写真数枚。 ロールプレイを支援する調理器具をいくつか。
15分	バグを除去することの重要性、大切さを議論する。バグが重大な帰結をもたらす事柄をいくつか挙げて説明する。例としては、ロケットの発射、鉄道の信号機の制御などがある。 どのようにすれば、ロボットに全く同じ軽食を何度も作らせることを確かなものにできるか考える。また、ロボットが、材料がなくなったときにどのようなことが起きるか考える。	児童はアルゴリズムを試験し修復する。そして、デバッグの過程について話し合う。 児童同士で、交通信号機システムを例に取り、指針として「私は〜ができる」の形を用いて、評価しあう。 児童は彼らが行った活動について、それを現実世界の状況下でのことと結び付ける。	「私は〜ができる」文のリスト。

バリエーション、展開と応用

展開

命令を作る前に、ピクコラージュ（PicCollage）のようなアプリを利用し、関連する写真を順序よく並べて見せ、追加の支援を提供する。

児童には、特定の軽食を作るためのコマンドを作り、単語を繋ぎ合わせることによってアルゴリズムを組む必要があるため、用語を教えておくこともできる。ここでは、フィリップ・バッジがサンドイッチを作るために用意した単語を挙げる（http://code-it.co.uk/wp-content/uploads/2015/05/writesandwichalgorithm2.pdf）。

さらに高度な課題に挑戦したい者に対しては、ロボットに対する命令を複製するために、食べ物、右手・左手、ナイフといった名詞を「オブジェクト」「グリッパー（つかみ具）」「ツール（道具）」といったような言葉に置き換える、という活動を用意できる。

発展的内容として、自分が操るロボットが理解できるコマンドは何かを決めさせよう。その上で、首を振ったり、エラーメッセージを返したりなど、ジェスチャーを通して混乱していることを伝えるロボット役の児童と一緒に、活動させるのだ。児童は「ロボットの言語」と調和するために、

図1.4　ピクコラージュ（PicCollage）を用いたシーケンスを表す連続写真。チャンテッレ・ジェームス（Chantelle James）による。

Robots

いくつかのシンタックス・エラー（プログラミング言語の構文上の誤り）の例を探せるようにし、彼の扱うロボットがより実際的な反応を返せるようにすることができる。

右手	塗り広げる	バター	素早く
左手	すくい取る	容器	繰り返す
取り上げる	袋	パン	強く
押し下げる	ナイフ	薄く切る	弱く
切る	刃	皿	前へ
下ろす	もち上げる	回す	後ろへ
つかむ	ジャム	てっぺん	置く
蓋を回し開ける	びん	底	テーブル
どける	ふた	ゆっくりと	表（表面）

表1.1　サンドイッチをロボットに作らせるための命令用語のセット

⊗ 応用

　もし軽食の作り方の一部に、特定の行為が繰り返されるシーケンスが含まれているとき、児童に、プロシージャを創作し保存するよう促すこともできる。このプロシージャは、それが必要なとき、プログラムに呼び出せるものとしておく。例えば、「薄く切る（スライスする）」「注ぐ」「かき混ぜる」などを命令の1つのセットとして表すプロシージャがありうる。

　児童は、プログラムが選択を含むとき、If/Else条件文を加える、あるいはdo/untilループを加える機会を探すこともできる。例えば以下のようなものである。

IF（sugar is required）;	もし、（砂糖が要求されたとき）;
THEN add sugar;	砂糖を加える;
ELSE do nothing;	でなければ、何もしない;
ENDIF;	If文を終わる;
WHILE（kettle is not full）;	やかんが満たされていない間ずっと;
DO keep filling kettle;	やかんを満たそうとし続ける;
ENDWHILE;	While文を終わる;（訳注8）

　コード化を始める前に、プログラムを設計する方法の1つとして、いつもの言葉で命令のセットを書くという擬似コードの考え方を紹介し、そのいくつかの例を児童に見せることもできる。

35

第1章 ◈ もし、クラスメイトが
ロボットになったら？

⟫ プラグドな（コンピュータを用いた）活動

この章のすべてのアンプラグドな考え方に続く当然の活動として、本物のロボットを操作するプログラムを創ることが挙げられる。これは、デジタル世界と現実世界間のギャップを橋渡しするための、ロボット工学の現実世界でのいくつかの例を考えるための良いアイデアである。

またこれは、学校でロボットを操る活動に着手することを、より適切なものとする。例として、救助ロボットについて考えることや、津波や地震などの大災害のシナリオの中で、ロボットやドローンを用いる利点について考えることが挙げられる。

児童は、シミュレートした救助場面を創作し、災害現場を事前に見ることや、生存者に救援物資を運ぶなどの目標を達成するために、彼らが操るロボットの能力を試すことができる。

彼らは、彼らが見付け出した問題を解決するため、追加の特徴を付与する目的で彼らの操るロボットをカスタマイズし、最終的に救助ロボットをデザインする前に試験することもできるだろう。このとき、デザインアプリケーションとして、オートデスク123D（Autodesk 123D）を用いることを考慮しておく。

◎ 評価基準

- ・児童全員が命令のセットを組む。
- ・ほとんどの児童が彼らの作ったアルゴリズムをデバッグし、なぜそれが改善されたものなのかを説明する。
- ・一部の児童がバグのないアルゴリズムを書く。
- ・一部の児童がプロシージャ、反復、選択を彼らの作ったアルゴリズムに用いる。

自由に考え、答えることができる質問（オープン・クエスチョン）などを含め、児童の学ぶテクニックの評価を行うための質問は、以下のことを知るために使うことができるだろう。

1) 授業の最初にクラス全体に投げかけ、授業をする前に児童がもっている知識を測る。
2) 授業前の段階での児童間の知識の差や、学びの結果、生じたギャップを測る。
3) クラス全体に対して、次の段階をどのようにするかを判断する。

児童が一緒に作業している間に、彼らに「なぜ」「どのようにして」といった質問をするように促す。児童個々人の進歩を評価するため、また、児童自身が自己評価、仲間の評価ができるように、「私は〜できる」の形の文章を使うことができる。児童が使う一連の語彙は、学ぶ目的に対してまとまった評価をするための根拠を与えてくれる。また、この一連の語彙は、コンピュータの利用で得られた成果のプロファイルに加えることができる。

授業をふり返るための質問

- ・ロボットのための命令のシーケンスを作るとき、なぜ彼らが使う言語の種類について注意深く考えることが児童にとって重要なのか？

・児童にデバッグの概念をどのようにして紹介するのか？
・どのようにすれば、児童が独立してコンピュータを利用するときに起きる問題を解決するのを支援できるか？
・現実世界でのロボット工学の例を児童に示す価値についてどう考えるか？

議論

アルゴリズムとプログラム

　本章でのキーワードは、タスクを完遂する明確な処理のセット、すなわち「アルゴリズム」である。言い換えれば、命令のセットである。しかし、私たちはまた、しばしば同義語として「プログラミング」や「コーディング」ということについて取り上げてきた。
　「プログラム」と「アルゴリズム」の違いとは何だろうか。アルゴリズムとは、誰かが（あるいはコンピュータが）実行する命令のセットである。プログラムとは、ただ単に、アルゴリズムを正確に書く方法である。例えば、本章のアンプラグド活動1で用いた記述が、児童が考案したであろう、図1.5に示すような4つのプログラムである。

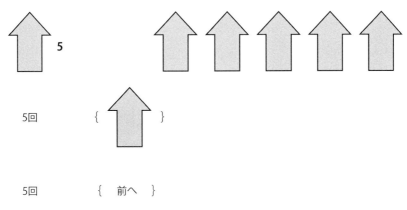

図1.5　アルゴリズムを表現する4つの方法

　これら4つのプログラムはそれぞれ異なるが、すべて同じアルゴリズム「5歩前へ進め」を表現している。プログラマたちは異なるプログラミング言語を用いる。なぜなら、それぞれのプログラミング言語は、ある事柄については簡単に組め、また別の事柄については組むのが難しくなるが、彼らが使っているアルゴリズムは異なる言語のすべてにおいて同じだから、である。「コーディング」は「プログラミング」の、「コード」は「プログラム」の純粋な同義語として扱える。
　プログラムが変わってもアルゴリズムは同一のものとして保たれるために、コンピュータ・サイエンティストはプログラムよりもアルゴリズムにより強く興味をもっている。そして、本章では、コンピューテーショナル・シンキングのための技術について述べるとき、もっぱらアルゴリズムを扱ってきたのであって、プログラムを扱ってきたのではない。

第1章 ◈ もし、クラスメイトが
　　　　ロボットになったら？

　本章でのそれぞれの活動は、アルゴリズムの定義、試行、デバッグを扱ってきた。アルゴリズムを例に挙げるプログラムの詳細は、実のところ問題ではない。

　17世紀にまでさかのぼると、最初の「コンピュータ」は、様々な目的のために定義された計算を実行してきた人々、例えば航海士たちが用いた、数を表にした（コンパイルした）ものであった。1936年に、アラン・チューリングは「チューリング・マシン」（Turing Machine）として、現在の私たちが考える「コンピュータ利用」を定義した。これが現在のすべてのデジタル・コンピュータの基礎的概念となっている。彼はチューリング・マシンを抽象化の道具——命令の正確なセット、目下の命令を覚える技術、そして即座に得られる結果を記録するノートパッド、鉛筆、消しゴム——として定義した。

◉ 論理と制御

　最も単純なアルゴリズムは、単なる命令の連続（シーケンス）であり、料理のためのレシピによく似たものである。「これをこうして、これをこうして、これをこうすれば、最終的においしいビスケットが作れますよ」というものである。

　児童がアルゴリズムを理解したら、これから行うことを分解して、ステップのシーケンス——正確に定義され、それに従って手順通りに行うことができるシーケンス——を創るよう促そう。この分解の考え方は、児童にとって十分に挑戦ができるものである。

　しかしながら、ステップのシーケンスだけでできることは、そこまでのものでしかない。より複雑なタスクは、いくつかの命令の反復や1つ以上の命令のグループの選択を含む、より複雑なアルゴリズムを要求する。これら3つ（シーケンス、選択、反復）を創るだけで、今あるいずれのアルゴリズムをも記述することができる。

◉ 精度と抽象化

　アルゴリズムは方法論的な過程の中で実行される演算処理の集まりとして記述される。コンピューテーショナル・シンキングの大部分は、要求される結果を得るためのこれらの処理をどのようにして構造化するか、ということに関するものである。

　しかしこのことは、どのようにしてこれらの演算処理が起こるのかという疑問をもたらす。「前へ進め」と「乗り越えろ」といったレベルの命令を与えることで、障害物のあるコースにいる人を誘導することに関する本質的に正しい答えはない。舗装された道路の割れ目をまたぐことなしに歩かなければならない誰かに対し、「障害物」をよけるタスクが増えるかどうかというときに、これらの演算処理はどのように適用されるのだろうか。

　児童は、「単純な」演算処理の異なるセットを使って「誰か」をどのようにプログラムするか、

ということについて考えることになるだろう。ロボットは、実に、実にバカでありアホであり、自分の腕とは何か、それらを動かすにはどうするか、教えなければならない。また、片足を前に出すときやボールを蹴るときには腕を使わないように、動かさないように教えられなければならない。

YouTubeで「Darpa robotics challenge fail」で検索して、動画を見ておこう (www.youtube.com/watch?v=g0TaYhjpOfo)。「robocup fail」でも同様に検索して動画を見ることをお勧めする (www.youtube.com/watch?v=j9arXtrhZBo)。どうすれば立てるのか、どうすれば歩けるのか忘れてしまったロボットを見ることができるだろう。これらの動画にあるロボットの「動きの失敗」は、乳児が歩き、話すのを学ばなければならないことと比較できる。

プログラミング言語でも同じことが起こる。「高レベル」のプログラミング言語は特定のアプリケーションに最適化されている基本的な演算処理をもつことにより、ある部分ではプログラミングを簡単にしている。

一方で、「低レベル」なプログラミング言語はしばしば、より高い柔軟性をもつが、より長いプログラムを必要とする。Scratchはアニメーションを作ることや単純なゲームを作ることには非常に長けている。同等のプログラムをPython（プログラミング言語の1つ）で書くと、より長くなることが多いが、PythonはScratchと比較して柔軟性が高い。

要旨とキーポイント

本章では、児童がコンピュテーショナル・シンキングを学ぶ手助けとなるよう、ロボットのたとえを用いた。私たちはロボットをより効率良く動かすために、正確なアルゴリズムを書く技術とデバッグの技術に焦点を当てた。

- アルゴリズムは、特定のタスクを実行するために正確に定義された命令のセットである。
- 1つのアルゴリズムは、命令を翻訳できるコンピュータまたは人のいずれによっても実行でき、要求された行動をすることができる。
- いくつかのアルゴリズムは、順次進むステップのシーケンス（連続）である。
- より複雑なアルゴリズムは、条件文 (IF-THEN-ELSE)、反復 (FOR, WHILE, REPEAT-UNTIL) を用いる。
- プログラマが誤り、コードをデバッグすることは通常のことであり、プログラミングの過程の重要な部分である。

【訳注】

〔1〕 ロボットをプログラムで動かすとき、命令の用語を少なくするため、「右に曲がる」「左に曲がる」といった、あいまいな命令をもとよりプログラミングには盛り込まない。ロボットは人がやるには面倒に感じるような方法で「曲がる」。

例えばロボットが「右に曲がる」とき、人ならば周囲を見て、どの方向に行けば良いか自分

で判断し、その方向へスムーズに進んで行ける。しかしロボットはそうはいかない。どの方向へ曲がるかをプログラミングしたり、命令したりしない限り、プログラムを組む者の意図に沿うような曲がり方をしてくれないのである。そして、すべての曲がり角に対応するため、「右へ直角に曲がる」「左へ直角に曲がる」「右へ30度曲がる」「右へ60度曲がる」と命令を増やしていくと、どこまで設定しても終わらず、膨大な、無限とも言える命令を、容量の小さなメモリーに入れなければならなくなる。

このような事態を避けるため、ロボットの曲がり方は、少なくとも4つの命令で成立している。「前へ進む」「止まる」「X度回転する」「前へ進む」という方法である。こうすれば、「前へ進む」「止まる」「X度回転する」の3つの命令で、どのようにも曲がることができる。回転方向は右でも左でもどちらでもよい。右に回ることしかできないロボットであっても「X度回転する」で「270度回転する」「前へ進む」という命令をプログラムしたり、コマンドとして用意したりしておけば、私たちから見れば「左へ直角に曲がる」ことができる。このようにして、ひと連なりになった命令を抽象化し、「曲がる」というコマンドをプロシージャとして組み、プログラムに入れて、「曲がる」ことを命令できる。だから、「曲がるために一連のコマンドを使ったか」という質問が、達成すべきことにつながるのである。

〔2〕「ロボットはゲームができるか?」という一文の意味するところは、「人はコンピュータでゲームを遊べるか」ではなく、「ロボットはコンピュータでゲームを遊べるか」である。

〔3〕格闘ゲームで言えば、「しゃがみ」「立ち」「バックステップ」「ダッシュ」「ステップ」「ガード」コマンドを作り、使えるようになる。このとき呼び方はそれぞれ勝手に決めさせるのがよいだろう。班による用語の違いがある方が、コマンドとして受け取りやすい。また「ガード」(盾の使用)時の当たり判定には注意を払う必要がある(「立ちガード」と「しゃがみガード」を区別する場合など)。審判を入れてもよいだろうが、誰が審判になるか、誤審のチェックなど、様々なことに対応できる方が望ましい。このようなことに詳しい児童が班にいる場合といない場合で、戦術に大きな差が生まれる可能性もあるため、使えるコマンドの数を決めておく方がよいかもしれない。ただし、生身のヒトがロボット役をしているので、「空中ダッシュ」「2段ジャンプ」「キャンセル(「硬直時間」を消すこと)」等、不可能なことも多い。ただ、これら不可能なコマンドや、実際の「硬直時間」(動いた直後に次の行動をとれない、コマンドを受け付けられない時間帯)があることに気付かせるのは重要なことでもある。

〔4〕欧米で古くから親しまれている子ども向けの、2人以上で遊ぶボードゲーム。サイコロを振って遊ぶ、すごろくの一種。下から順に番号が振られた格子状のマス目に、蛇と梯子が描いてある。梯子のあるマス目に行くと、格子に描いてある数の小さい方から大きい方へと移動できる。蛇が描かれているマス目に行くと、数の大きい方から小さい方へと移動させられてしまう、といったもの(「ウィキペディア」参照)。

ここでは、校庭にマス目と蛇と梯子を描き、ロボットの役目をする児童を選んで目隠しをさせ、プレイヤーとなる児童がサイコロを振り、出た目の数や絵に従って「前へ動いて、そこで止まっ

て」「前へ動いて、左に動いて、そこで止まって」「後ろへ動いて、右に動いて、止まる」といったように、「ロボット」に駒の役目を、プレイヤー役の児童はサイコロを振って指示を出す、といった応用ができるものと考えられる。

〔5〕比較的簡単に作れる、間食程度になる料理なら何でもよい、ということ。

〔6〕http://code-it.co.uk/unplugged/jamsandwichを参照。ここには授業後に児童に見せるためのYouTubeの動画へのリンクもある。「ロボット先生」は4〜5学年の児童の「言う通り」に動いて、笑いを誘っている様子もわかる。日本でのコンピュテーショナル・シンキングの養成を目的としたアンプラグド授業にも活用できるだろう。

〔7〕「play on the computer」は「コンピュータを使う」という意味だが、直訳すると「コンピュータの上で遊ぶ、演奏する」となる。「shake hands with your friend」は「あなたの友だちと握手する」という意味だが、直訳すると「あなたの友だちと一緒に手を（バーテンダーがカクテルを作るときのように）振り動かす」となる。

〔8〕原文では英語の慣用句が並んでいたが、ここで1つ1つ訳すのでは意味が伝わらないため、「目を回す」「足を棒にする」「鯖を読む」「すねをかじる」「空気を読む」など、文字通りにするとおかしくなる日本語の慣用句を挙げた。

〔9〕日本語を擬似コードとして用いることができるよう、翻訳を付した。

第2章
歌って踊って曲づくりする プログラミング
Musicians

> 私は、子どもたちに音楽と物理、哲学を教えたい——とりわけ重要なものは音楽である。なぜなら、音楽にある形式とすべての技巧は学習の鍵であるからだ。——プラトン(Plato)

序

音楽は、誰もが関わりをもち、浴びるように触れることが出来る事柄の1つだ。バスの中での誰かの貧乏揺すりであろうと、車の中で聴くラジオであろうと、学校で歌う馴染みあるお気に入りのわらべ歌であろうと、音楽から逃れることはできない。さらに言えば、音楽は、考えていることや感じていることを表現でき、異なるやり方でも共感できるものだ。教えるということの概念として、ここに挙げた音楽の性質を捉えることは、新しいアイデアではない。

しかしながら、ここで私たちが探索しようとしているのは、ただ音楽を通して学習の経験を共有することでもなければ、音楽を授業の雰囲気を盛り上げるのに使うことでもない。私たちは、ふれあいを盛り上げることや堅苦しい雰囲気を和らげるといったことによる利益を超え、音楽をコンピュータ教育を行う基本として用いることを探る。

・・・・・・・・

楽曲を聴くことは、脳の様々な領野を励起し、反応させる (Alluri et al., 2012)。この効果は、個人であっても、楽器を用いて音楽を演奏するとき、さらに大きくなり、脳の働き方を長期的にも変化させる (Gaser and Schlaug, 2003)。学習に利益をもたらすように音楽のもつ力の利用方法を作成するに当たって、本章では複雑な音楽の性質を踏まえてこれをなそうとするものである。このとき利用される事柄は、以下の通りである。

1) 核となる楽曲について、反復などを分解する。
2) 低音部のビートなどを含む異なる要素を1つずつ抽出する。

これらを行うことにより、私たちにとって馴染みある文脈で、コンピュータ教育の鍵を探ることができる。

本章では、音楽の活動の筋にのっとり、どうすれば児童が論理的な理由付けの方法や問題解決

技術を身に付けられるのか、ということを探る。ここでは3つの活動を提示する。

1) ダンス：形式の認知、楽曲の分解、反復を、よく知られているダンスルーチンを分析し、再構成することによって学ぶ。

2) ヒューマンビートボックス：児童が、自分自身の身体を使って作ることができる異なる音を用いて歌を作ることを通し、反復と並列処理を学ぶ。

3) 曲作り：歌曲を例に取り、それを骨組みにまで還元することで、曲の分解と抽象化を学ぶ。

到達目標

本章を読み終えると、以下のことができるようになる。

・音楽を通して、コンピュータ教育を受けたときにより広い利点を理解できる。

・核となるコンピュータを使うときの考え方が、音楽の文脈でどのように示せるかを認識する。

・コンピュテーショナル・シンキングを教えるために音楽を活用する方法を理解する。

教員育成指標とのつながり

本章の活動は、特に、以下の指標と関わっている。

TS1　児童がより良い発想、動機付け、挑む心を身に付ける可能性について、大きな期待をもてる。

TS2　優れた課題とカリキュラムの知識を実践する。

TS3　構造化された学習を計画し、教える。

アンプラグド活動1：ダンス

◉ 概観

児童を2人1組にする。1人がよく知られているダンスを踊り、もう1人は注意深くその動きを見るよう促す。このとき、動きを観察する児童は、反復されるパターンを認識する。

児童は、相手に対する命令のセットを使えるようにするために、どのようにルーチンを記録するかを考える。最終的には児童はアルゴリズムを創作する。そのアルゴリズムは、取り上げているダンスにあるすべてのルーチンを、より小さなステップ、足の動きに分解する。

◉ コンピュテーショナル・シンキングがどう育つか

児童がこの活動を終えるとき、彼らは、アルゴリズムとして自分たちが作ったものを記録できるようになる。彼らはパターン認識の技術を使って、ダンスの類似点とルーチンがあることを見付ける。さらに児童は、そのダンスがどのように創作されたかについて注意深く考えられるようになる。これは分解の過程であり、単純な動きを組み合わせて最終的な形を作ることに焦点を当てる。アルゴリズムのすべてを試すことにより、単純かつ非常に視覚的なデバッグの方法を身に付け、もともとの刺激に合致する最終的な成果を得る。

第2章 ❋ 歌って踊って曲づくりする
　　　　プログラミング

教科横断的な学習

》体育

低学年

・単純な動きのパターンを用いてダンスを踊ること。

・協調を含む基本的な動きを身に付け、活動の領域内でそれらを当てはめること。

高学年

・単純な動きのパターンを用いてダンスを踊ること。

・前に作ったダンスのパフォーマンスと今踊ったものを比較し、児童の最高のパフォーマンス
　を得るための進歩を示すこと。

対象年齢

　この活動とダンスの低学年にふさわしい曲として、「ホーキー・コーキー」(Hokey Cokey) がある。
ただしこの活動は、異なる年齢層および身体の機能に合わせて容易に変えることができる。

　児童のための身体遊びとして他に挙げられるものとしては、「ヘッド・ショルダー・ニーズ・ア
ンド・トーズ」(Head, Shoulders, Knees and Toes) や「ウインド・ザ・ボビン・アップ」(Wind the
Bobbin Up) があり、これらは低学年にふさわしいものとして考えられる。高学年の初期の児童に
は身近なパーティーソングが使える。高学年の後期では、流行しているポップスが使える。ただし、
その歌詞とダンスが学校にふさわしいものである限りとする。

授業計画

学習のねらい

》コンピュテーショナル・シンキング

・問題を部分に分解する。

・パターンを認識し、これを説明するために反復を用いる。

》コンピュータ・サイエンスとの関連

・的確なやり方 (アルゴリズム) を書く。

・単純なプログラムを作成・デバッグする。

》体育

単純な動きのパターンを用いる。

キーワードと質問

アルゴリズム──順番通りに実行する命令のセット。

分解──問題を小さな段階にバラバラにする。

繰り返し──プログラム内でループを用いる。

Musicians

・どのアクションが最初になるか？
・1つのアクションを1回以上行うときがあるか？
・連なった1つのアクションを順序立てて作れるか？
・次の命令は何か。何かを行った後、次に何をする必要があるか？

🔆 活動

学習を通して異なる段階にある児童は何をするか？

時間	教師がすること	児童がすること	教材
5分	ホーキー・コーキーの歌詞を読み、動きを作る。	歌い、踊る。	
5分	一連の写真として動きの命令を記録する考え方を紹介する。	どの動きが最初に来るかを共有する。	動きの写真を共有するためのiPadなどのタブレット端末。機材が限られている場合には、児童は動きを棒人間で描く。
15分	間違いに注目させ、グループでデバッグさせるためにそれを取り置く。	児童は「右腕」のシーケンスのすべての写真を撮影し、完全性を確保するために反復して、歌をチェックする。	
10分	右腕の動きを行わせ、実際に一緒に歌って順序を適切なものとなるようチェックする。	一度完遂したら、児童は撮影した写真をクラスで共有する。	
5分	先頭へ戻る矢印を書き、「左腕」の写真を含め作らせる。児童に、他のときにこのループがあるか尋ね、ホーキー・コーキーに反復する必要がある部分があるか尋ねる。	グループに分かれ、児童にカメラロールやブッククリエイターなどを用いて、動きの写真を反復させる。そして、彼らが作ったアルゴリズムをデバッグする。	
10分		児童が歌の次の部分を記録する方法を議論する。反復される写真や絵と共に矢印を書かせ、アルゴリズムの中に反復を加えていき、「フロー」を示す。	
5分		児童が次の部分を歌ったときのそれぞれのステップを指摘するために、彼らが作ったアルゴリズムを共有する。	

🔆 評価基準

もし、児童が学習の成果を得ているなら、以下のようなことができるようになっているだろう。
・ダンスを壊し、小さな部分に分ける（分解）。
・ダンスのルーチンに反復を見付ける。
・一連の命令を視覚的に示す（アルゴリズム）。

45

第2章 ✿ 歌って踊って曲づくりする
　　　　プログラミング

　児童の理解は、どの部分（パーツ）がダンスのそれぞれの部分に調和するかを教師に示しつつ、彼らの（作成した）アルゴリズムについて発問し、訊ね、話を聞くことによって確かめるのが良い。児童のフローチャートはまた、どのようにしてより大きなアイデアを分解し、どの部分を直す必要があるか、児童の理解を洞察することを可能にする。

◉ 展開と応用への展望
◈ 支援
　クラスの児童が、どのようなものであれ歌を知らない場合、この課題はより難しくなることを念頭に置いておかなければならない。教師は、このような心構えをした上で、児童が必要に応じて記録と再生ができるような装置、デバイスを用意しておくこと。このデバイスは、より簡単に、ダンスの他の部分（セクション）を見ることができ、注目している部分の動画を再生して観察できるものとする。

　記録オプションを用いることで、この学習にSEN（special educational needs：特別支援教育を必要とする児童）とEAL（English as an Additional Language：英語を母国語としない児童）を含め、より多くの児童が参加しやすくなる。ピクコラージュ（PicCollage）のようなアプリで写真を撮影するなどの他の記録方法は、課題をよりわかりやすいものとすることができる。

◈ 応用
　自信のある児童に対して発展的内容を用意する場合には、教師が考えていたものとは違う歌を選択し、その児童に対して、間違いを含む、いくつかの完全なアルゴリズムを与えたい。こうすると、児童は、アルゴリズムのそれぞれのステップに存在するいかなる間違いもデバッグし、系統立てて注意深く課題をこなさなければならなくなる。

アンプラグド活動2：ヒューマンビートボックス
◉ 概観
　この活動では、児童は自分の身体と声を使って、リズムに乗ったビートで1つの音楽を作る。彼らは彼らのミックスにそれぞれの音を付け加えつつ、一貫性を失わないように反復を用いて、彼ら自身で作った音楽のアルゴリズムを作成する。

　この課題の最後には、いくつかのスレッドで同時に実行すること（並行処理）について話し合い、これを使って彼ら自身の音楽を作り上げる。コンピュータにおける並行処理の根底には、大きな問題を小さな部分に分ける考え方があり、その考え方によって問題を同時に解く。

　この活動は言葉を必要としない。そのため、言葉を読み書きするのに困難がある児童が参加しやすくなる。これは、言語能力や文章力を学ぶときの障壁なしに、概念の評価と理解のための、良い学習となる。

Musicians

◉ コンピューテーショナル・シンキングがどう育つか

　児童は音楽を再構成するためのアルゴリズム作成を記録する。音楽は、多くの特徴的な反復を含んでいる。その音楽は、異なっていながら調和しているビートのために、「入れ子になっている反復（ループの中のループ）」を直感的に用いている部分を含んでいる。私たちがいくつかの分離した命令のセットを同時に制御するとき、「入れ子になっている反復」は、並行処理の概念へと私たちを導く。

◉ 教科横断的な学習

◈ 音楽

低学年

- 歌を歌う、あるいは詠唱、詩を読むことで、印象深く創造的に声を使う。
- 楽器で音楽を奏でるように演奏する。
- 音楽の相互に関係している側面を用いて、音を試し、想像し、選んで組み合わせる。

高学年

- 児童の声を用いて、あるいは楽器を使って、より精確に、速く、制御して、印象深く独唱（独奏）または合唱（合奏）する。
- 音楽の相互に関係している部分を使い、狙いの範囲で音楽を即興または作曲する。

◉ 対象年齢

　この活動およびダンスとの組み合わせは、高学年の後期の児童にふさわしい。高学年のより早期の児童には、歌の異なるヒントを見付けるための支援が必要だろう。教師は、低学年の児童に対しては、異なるリズムで手拍子を打ち、それを重ねることから始めればよい。

◉ 授業計画

学習のねらい

◈ コンピューテーショナル・シンキング

- アルゴリズム内で入れ子になっているループを使う。
- 並列処理の利用を認識する。

◈ コンピュータ・サイエンスとの関連

- 特定の目的を達成するプログラムをデザインする。
- シーケンス、繰り返し、あるいは変数をプログラムに組み込む。

◈ 音楽

- 滑らかに、精確に、制御して音楽を作曲する。

第2章 ✳ 歌って踊って曲づくりする
　　　プログラミング

・合奏の一部を演奏する。

◉ キーワードと質問

アルゴリズム——シーケンス内で実行される命令のセット。

入れ子になっているループ——他のループ内で動くループまたは繰り返される部分。

並列処理——同時に複数の異なる命令のセットを実行すること。

・コンピュータで実行される命令内で動く命令は何か？

・次に行われる命令が何であるかを私たちが知ることはできるか？

・良い歌を作るときに必要とされる要素は何か？

・私たちのコード（符号）を開始するために私たちが与えられる命令は何か？

・楽器を演奏している人が演奏を始めるとき、いつそれを始めるのかをどのようにして知っているのか？

◉ 活動

異なる年齢層の児童は、この授業においてどのようなことをするだろうか？

時間	教師がすること	児童がすること	教材
5分	拍手でリズムを取り、クラスでそれをコピーさせる。段々と複雑なものにしていく。	児童はリズムをコピーする。	
10分	クラスを2グループに分け、それぞれ異なる（ただし、単純な）パターンをコピーさせる。異なるリズムと音のグループを反復する。	児童は、アルゴリズムとして、彼らが行ってきたことをどのようにして描写するか議論する。	
5分	児童全員が自信をもって行えるようになってから、児童に、リズムをアルゴリズムとして記録する方法を訊ねる。		フローチャートを描ける、十分に大きい紙を用意する。
10分	このアプローチがどのようにして形作られるかを描写するため、ウェブツールの1つ、インクレディボックス（Incredibox）を紹介する（www.incredibox.com）。	児童は基礎的なリズムの拍手をアルゴリズムとして記述し、例を共有する。	必要なら、フローチャートの例を作る。
5分	全員参加で、単一スレッドのフローチャートに従って、どのように同時に演奏するか訊ねる。		

48

時間	教師がすること	児童がすること	教材
10分		グループに分かれ、児童は、最初に作った拍手の仕方と他の音のコンビネーションを含むアルゴリズムを作る。 1つの拍手（ビート、拍）を付け加えることから始めるよう勧める。1つ目が並んだら、次の音を付け加え、以後も同様に付け加えていく。 児童は、人が立ち上がる引き金を含ませつつ、グループごとに彼ら自身でアルゴリズムを引き続き作っていく。 児童は、彼らの作ったアルゴリズムをクラスで共有する。壁のシートを棒で叩いてもよい。	オーケストラの指揮者のビデオまたは写真。 アルゴリズムをクラスの児童が共有するための視覚化装置を使う。この活動で得られる成果、つまり音楽のアルゴリズムが、この授業だけにとどまらないことを伝える。

◎ 評価基準

もし児童が学習の成果を得られたなら、以下のことができるようになる。

- 入れ子になったループを含む反復を使いながらアルゴリズムを記述する。
- 同時に2つ以上のアルゴリズムを実行することで、彼らが作るアルゴリズムをより複雑にする。
- アルゴリズム内で並列処理を用いる必要性を説明する。
- 彼らが作ったアルゴリズム内で、他のパートにいつ拍手を始めるか命令するために、記述したメッセージを伝える。

児童が、自分で行ってきたことの背景にある概念を理解しているか確かめるために、質問をすることができる。

このフローチャートは、アルゴリズムのどの部分をどのくらいの長さで繰り返す必要があるのか、そして、いつどのように異なるスレッド（音楽の曲の筋）を使い始めるのか、ということを理解している児童の背中を押すことができる。

◎ 展開と応用への展望

≫ 支援

学習障害のある児童は、リズムとシーケンスを維持するのが難しいように感じるかもしれない。多感覚教育を採用すると、以下の事柄の助けとなるだろう。

1) リズムをモデル化し、児童が（聴覚的に）それをコピーする。
2) （視覚と聴覚を繋いで用いて）リズムをモデル化しつつアルゴリズムにのっとってステップを披露する。
3) （運動知覚的に、身体を動かして覚えるように）そのパターンで豆袋を叩く、触る、あるいは投げる。

もし、児童が曲の要素を順序よく並べることや、同時に曲を弾くことで悪戦苦闘しているなら、それらのアルゴリズムを、音と一緒に動きを付けて、あるいは音だけで実際に演奏してみせるのがよいだろう。このように児童を支援することで、デバッグし、やり抜く力を使って協力して問題に取り組むといった、コンピュテーショナル・シンキングへのアプローチを育むのである。

拡張

　より能力のある児童には、より複雑な歌（コマーシャルソングでもよいかもしれない）をモデル化し、どこに反復の変化や停止があるのか見付け出させる（同定する）という問いに挑戦させてもよい。ある曲では、歌の繋ぎの部分で、コーラスのある場所まで戻る前に一時的に反復が止まるものもあるだろう。また別の曲では、リズムはずっと同じでも、もとのパターンに戻る前に楽器や調が変わるものもあるだろう。

　これらの種類のバリエーション（多様性）をもつアルゴリズムを作ることは、ループが無限に繰り返されることがないように、それぞれのループに違いを作らなければならない、という考え方を、児童が深く理解していることを表している。

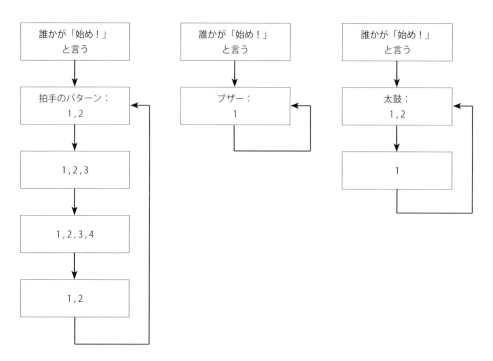

図2.1　ヒューマンビートボックスで3人が同時に役目を始める場合のアルゴリズム

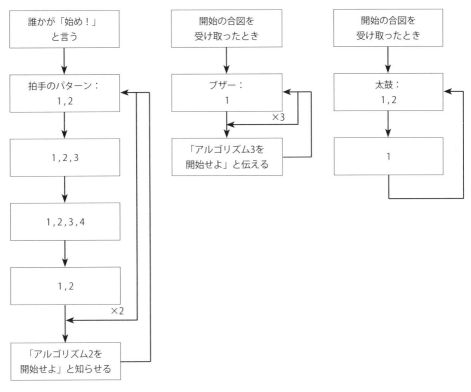

図2.2　3人の役目が並列し、それぞれ異なるときに開始されるアルゴリズム

アンプラグド活動3：楽曲作成装置

概観

　流行歌はしばしば節回し（音韻）や歌詞、曲のフレーズのような多くの段階で反復される。これらのパート（部分）の反復を見付け（同定し）、曲のフローチャートを描くことで、コンピュテーショナル・シンキングにおける反復と抽象化の考え方に対する、児童の理解を援助できる。こうすると、児童は彼らのアルゴリズムの内容を少し変化させるだけで、個々人の曲のバージョンを作るために、彼ら自身が作ったアルゴリズムを使えるようになる。

コンピュテーショナル・シンキングがどう育つか

　この活動は、反復を見付けるために、曲の断片に注意深く耳を傾け、パターン認識を使うことを児童に要求する。そのようにして、彼らは異なるレベルでの反復を示すために、ループを用いて、フローチャートにその構造を再現する。このことは、児童が曲のどのパートを固定するのか、また曲全体に影響しないようにどこを変えられるかを見出すことで、抽象化の利用へと発展する。

　この授業は児童にとって、自分のバージョンの曲を作るときに利用可能な、彼ら自身の曲のアルゴリズムを作り出すためにこれらの技術を用いることで達成される。

第2章 ❈ 歌って踊って曲づくりする
　　　プログラミング

◉ 教科横断的な学習

◈ 音楽

低学年

- 児童は、自分の声を表現豊かに創造的に使って、歌を歌い、短く節のある詩や音韻のある詩を調子よく朗読する(誦する)。
- 高品質の生演奏や録音された音楽の一部分を集中して聴き、理解する。

高学年

- 聴覚の記憶を増強させつつ、細部に注意を向けて聴き、音を思い出す。
- 異なる伝統や偉大な作曲家、音楽家によって作られた、広い範囲の意味での音楽の生演奏と録音された音楽を、認識し、理解する。

◉ 対象年齢

　ここで取り上げる音楽の例は「アイ・アム・ザ・ミュージック・マン」(「I am the Music Man」)(https://youtu.be/22kqia2ibVU)である。これは高学年の初期にふさわしいものである。より単純な曲として「トゥインクル・トゥインクル」(Twinkle, Twinkle)や「オールド・マクドナルド」(Old MacDonald)を、より年齢が下の児童に使える。年長の児童は、その曲が明確な反復する構造をもっている限りにおいて、特定の流行歌を分析するのも好ましい。すべての児童、特にEALの児童(英語を母語としない児童)は、馴染みのある歌を用いることでその恩恵を受けられる。

◉ 授業計画

学習のねらい

◈ コンピュテーショナル・シンキング

- 歌を分解するためにパターン認識を使う。
- 抽象化の利点を理解する。

◈ コンピュータ・サイエンスとの関連

- どのようにしていくつかの単純なアルゴリズムが働いているかを説明するために、論理的な理由付けを用いる。
- プログラムにシーケンス、繰り返し、変数を用いる(ための作業をする)。

◈ 音楽

- 注意深く、詳細に楽曲を鑑賞する。
- どのようにして歌が作曲されているか考える。

◉ キーワードと質問

パターン認識──似たもの(曲の一部)に焦点を当て、作成する。

分解──問題を小さな部分に切り分ける。

抽象化──不必要な詳細な部分を取り除く。

・良い歌を作るために、どのような要素が必要か？

・あなたには曲のどの部分が1回以上聴き取れるか？

・同じものを毎度書くことを必要としているか？　代わりにどのようなことができるか？

・どのようにしてこの曲をより単純にできるか？

・毎回同じものにできるか？

◎ 活動

この授業を通して異なる段階にある児童は何をするだろうか？

時間	教師がすること	児童がすること	教材
10分	課題の歌を児童に歌わせ、パターンに耳を傾けて聴くようにさせる。歌詞のコピーを児童に渡す。歌詞をフローチャートに書き起こさせる。	児童は、歌の中に反復される言葉、節（ふし）、モチーフについてノートに書き出す（あるいは考える）。	歌を録音する。歌詞のプリント。フローチャートを書くための大きな紙。このアプローチに児童が慣れていない場合、異なる歌のフローチャートの例を作っておく。
10分	抽象化と単純さの概念を紹介し、ループを作る矢印を使って歌にある反復を書かせる。	児童は、彼らの表に、歌詞を切り刻んで断片化したものと、それらを並べ整えたフローチャートを作り、そこに必要な反復を作成する。	児童に、歌に登場する楽器の名前が1つだけ違っているために、反復がなくなっているアルゴリズムを見せる。
15分	児童に、細かな部分（単語）が違っていても反復される構造に注目するよう促す（例えば、異なる節が同じパターンで続くこと）。	児童は、歌から単語を取り除き、どこかに、脇のリストなどにためておく方法について考える。彼らのフローチャートを修正する。	
20分	児童に、彼らが歌のアルゴリズムを作成していたことを説明する。ほんのいくつかの部分を変えるだけで、歌が編曲される方法をモデル化する。例えばここでは、歌詞を"I am the builder man, I come from far away and I can use…"として、ツールのリストを変える、などである。	児童は、クラスでリストを作ったツールを使って、修正された歌を歌う。彼らは機能する他のバージョンを考えることができるか。	完成したフローチャート（アルゴリズム）を示し、どれほど簡単にこれを改変できるか編集して見せる。
5分		児童は5分で彼ら自身のバージョンを作り、パートナー（クラスメイト）とそれを見せあい共有する。	

◎ 評価基準

児童が到達目標を達成したら、次のようなことができる。

・歌を部分に分ける。

・フローチャートを作り、それを用いて命令のシーケンスを示す。

・どの部分が何回反復されるか示す。

・メインの命令から部品の分離したリストを作る (最も単純な形に歌を還元して)。

・歌詞を知るために使える歌のアルゴリズムを作る。

・いくつかの単語を変えることで、彼ら自身のバージョンを作ることができる。

　ここで紹介した質問は、児童が、この活動の背景にある概念について確かに理解したかどうかを知るために使うことができる。例えば、言葉を使うときの即興性や簡潔さ、抽象化されたアルゴリズムに対する適応力や再利用する能力を評価するために使える。ここに提示したフローチャートは、どの児童が繰り返しを理解したか、そして、どの児童が「繰り返しはどのような制御を必要とするのか」(例えば「この部分」を何回繰り返せばよいのか、ということ) について理解したかを示すだろう。

展開と応用への展望

支援

　児童は、ここで取り上げた歌の全体を一気に図にしようとして、じたばたするだろう。そうしたとき教師は、最初のコーラスだけに、あるいは最初のコーラスと節だけに焦点を当てるよう指導することで、彼らを手助けできるだろう。それができたら、次の部分へと作業を進めていくように指導する。こうすることで、児童は彼らのフローチャートを作っていけるだろう。

拡張

　もし児童が反復を簡単に見付け出すことができるなら、教師は、歌の主立った部分から呼び出されるプロシージャの中にまとめる (バンドルする) 代わりに、コーラスの反復される命令を抽象化し、削る方法へと導くのがよいだろう (図2.4参照)。

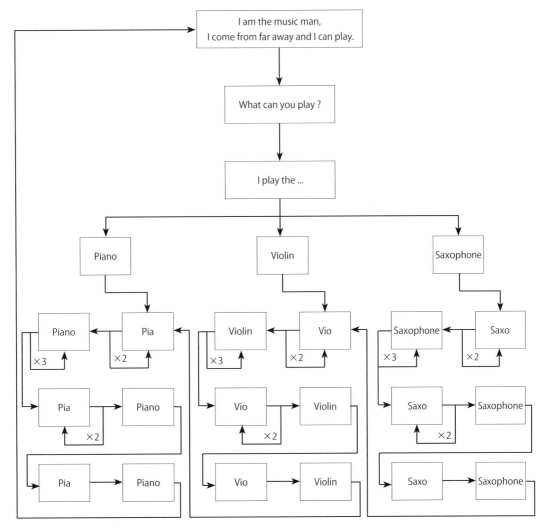

図2.3　"I am the music man" の最初の3つの節（ヴァース）のためのアルゴリズム〔訳注1〕

教師は、反復されるフレーズと異なるビートに注意を払いつつ、楽器の演奏に耳を傾けるよう指導できる。これは「ヒューマンビートボックス」の活動へと自然に導くことになる。

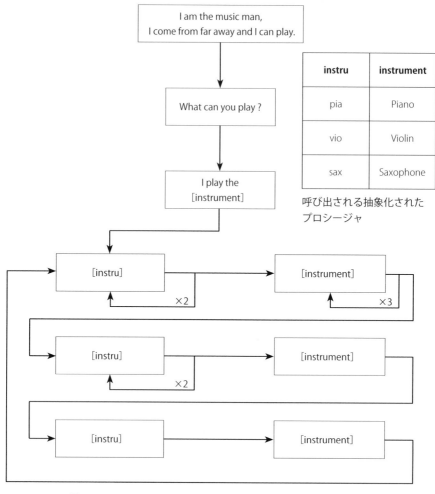

図2.4　"I am the music man"を抽象化したアルゴリズム（訳注2）

授業をふり返るための質問

- あなたの授業の学び手たち（児童）について考える：児童を引き込むために音楽を使うことによって、誰が恩恵を受けるのか？
- 日常の作業について、どれが反復の例となるか？
- コンピュテーショナル・シンキングの音楽的な考え方を強化することを、輪唱のような音楽の概念を教えることと、どのように組み合わせることができるか？
- コンピュテーショナル・シンキングを使うことで、概念の確実な理解のために、教師は何ができるのか？

議論

音楽教育の恩恵は、よく知られている。言語記憶の発達の統計的に有意な改善 (Ho et.al., 2003) から、母国語の読解力向上と語彙の増加 (Kraus and Chandrasekaran, 2010)、視覚的・聴覚的発達の増加 (Degé et al., 2011) まで、総合的な音楽教育は多くの扉を開いてきた。他の考え方を教えるときに媒体として音楽を用いることは独特な方法ではなく、経済学のような教科における教授学として試され、検討されてきた (Tinari and Khandle, 2000)。しかし、本事例では、私たちは2つの主題に適用できる鍵となる考え方を教えている。音楽とコンピュテーショナル・シンキングである。

音楽は誰もが例外なく関わりをもつ、強く心を揺さぶるものだ。特別な歌に特別な記憶が結び付いていない者がいるだろうか。この意識をもつことで、プログラミング教育に音楽を用いることは、コンピュータとは自分は関係ないと決めつけてきたであろう児童にも届くものになる。

音楽を通してプログラミング教育を教えるアンプラグドなアプローチは、コンピュータと関わるときの障壁を打ち破り、「わたしが、ぼくが使っても動かない！」という感覚をもつことを阻止する。ここを乗り越えることで、音楽は、児童が世界を違う方向から眺め、何かをするときに「正解」と「間違い」だけで物事が決まっていくのではなく、そのかわり、ただ単に「異なる」方法があるだけなのだ、ということを認識することを支援する。

コンピューティングの創造性

世界には、コンピューティングは創造的なことではない、という一般に広まってしまった誤った考え方がある。これは、コンピュータあるいはプログラミングはルールに従わなければならず、制約されたもので、創造性を伸ばすことはできないという誤った理解に由来している。マコーマックとディンヴェルノは、コンピュータはユーザから独立して、コンピュータそのものに創造性があるかないかの意見を調査している (McCormack and d'Inverno, 2012)。その中で彼らは、コンピュータの使い手たちには「コンピュータが彼らにひらめきと創造性を与えてくれる」という同意が広まっている、と論じている。

プログラムのバグフィックス担当者や、ネットワークが働かない原因を突き止める担当者に訊ねてみれば、彼らはこう説明するだろう。その作業をするとき、人はクリエイティブに、創造的になる必要がある、と。実際、「creativity」（創造性）の『オックスフォード英々辞典』(Oxford Dictionary) の定義はこうなっている――the use of imagination or original ideas to create something: inventiveness（「何かを作るためにひらめきや独自のアイデアを使うこと：独創性」）。この創造性と創作することは、技術とコンピュテーショナル・シンキングのすべてである (www. oxforddictionaries.com/definition/english/creativity)。

コンピュテーショナル・シンキングが創造的であるということは、テクノロジーやハードウェア（コンピュータの本体などの機械そのもの）を発明すること、さらに言えば、ソフトウェア開発を通した問題解決法を発明することについても当てはまる。いずれにしても、コンピューティングは創

第2章 ◈ 歌って踊って曲づくりする
　　　　プログラミング

造的であり、デジタル・メイキング（コンピュータ上で何かを創ること）は、コンピューティングの教育課程において特筆に値することである。

　それにもかかわらず、コンピュテーショナル・シンキングと創造性の結び付きを児童が認識するのを手助けするのは難しい。そのため、これらの結び付きを音楽で作ることを、これらの考え方を統合し始めるのに使うのは、非常に良い方法である。教育上では、児童が発見した、人の楽しませ方と自分の楽しみ方、例えば音楽の魅力と娯楽が、コンピュテーショナル・シンキングと創造性を結び付ける。これは、バラブら（Barab et al., 2010）が、コンピュータゲームを通じて児童を楽しませながら学ぶ機会を創り出すことに成功したという、以前から説明されてきたことだ。

教授学

　プログラミング教育を行うにあたり、教師は、コンピュータをもってくるか、コンピュータのある場所まで出向き、ログインし、主な教材を整えることに無駄な時間を費やすことになる。これは必要なことであり、避けられない。

　しかし、アンプラグドな、コンピュータを使わない授業のアイデアを使うことで、教師は苦闘することも、データやアプリケーションの読み込みを待つことすらなく、プログラミング教育を直接行える。このことは、テクノロジーが教師を落ち込ませることがないことを保証し、技術的支援よりも鍵となる概念を教えることに焦点を当てられることを意味する（Bell et al., 2012）。

　ベルらはさらに、テクノロジーを使わないことが児童の気が散る要素を減らし、自分の間違いで機械を罵ることを防ぐ、と説明している（Bell et al., 2012）。ウイングはこのことを、「私たちは概念を理解するために道具が欲しいのではないのだ」と、上手くまとめている（Wing, 2008, p.3721）。

　学級経営の利点を超えて考えると、アンプラグドな活動は本質的に運動知覚的である。このことは、コードを読むのが簡単ではないと思っている、より広範な児童に訴えかけることができることを意味する。ベルとニュートンは、これらの活動に児童自身がアプローチするとき、教師は一歩引いて、彼らが独力で探求することを許容するのがよい、と述べる（Bell and Newton, 2013）。ここで取り上げている授業は独力探求的である。

　児童は、彼らの作った音楽のアルゴリズムが間違っていることに気付くようになり、注意深く質問することで、彼らの学びの土台を作ることに時間をかけるだろう。このことは児童に、彼ら自身の理解と解決法を作り上げる時間をもつこと、そして最後には、鍵となる考え方について、彼らの理解の深さ、しなやかさを確かめることを促すだろう。

　バラブら（Barab et al., 2010）は、「変身プレイ」（Transformational play）と呼んだ学びの理論を示した。これは、科学者、医師、研究者、数学者など、秀でた知識やスキル、能力をもつ1人称の人物、つまり主人公になって行うコンピュータゲームの、教育における利用を探るものだ。そのゲームの中で、プレイヤー（ユーザ）は、その主人公に成り代わって意思決定をしなければならない。これは、教える方法としての、また、ユーザたる学ぶ者が現実世界の状況下に当てはめて「遊ぶ」のを見守る方法としてのコンピュータゲームである（以下を参照のこと。http://sashabarab.org/

projects/transformational-play/)。

　彼らは、単にテレビゲームを遊ぶだけの関わり方（それでも十分に強いが）では、変身プレイを確かな方法とするには不十分だということを発見した。そうではなく、このゲームをプレイするということには、ユーザが主要な登場人物として、ゲームの世界における概念の理解を当てはめ、ゲームに影響を及ぼす選択ができる、ということを含んでいなければならないのだ。この方法を採っているとき、ユーザは、社会的に重要な問題を解くのを手助けするための知識を用いて、ゲームを変化させてゆく。この理論の原理は、私たちがこの章で要点を述べている授業にも適用される。児童は、音楽を作る役目を主役として務める。彼らは反復の概念の理解を用いる。彼らの選択は彼らが作った曲に影響し、最終的にはクラスで共有される社会的に重要な問題に取り組むのである。この、より形式張らない個人的な学習へのアプローチは、児童により強く結び付き、心に訴えかける考え方を形作る。

　アンプラグドな活動を、コンピュテーショナル・シンキングの概念を教える方法として考えるとき、児童にとって最も適した教育サイクルはいつなのかを考えることが重要である。より巧妙な概念を教えるためには、私は直前に行ったすべての授業を費やしたい。そこでは私は、児童に、彼らがコンピュテーショナル・シンキングの概念についてすっかり理解したということを確実なものとするように、彼らにその概念をその場で使って欲しいのだ。しかし、もし教師が前もってこの概念を児童に紹介し、彼らがそれを単に思い出すだけの状態になっているなら、コンピュータを起動し、すでにログインした状態にしておき、素早く始める活動を行うのがふさわしいだろう（Bell and Newton, 2013）。

　その一方で、クラスの児童全員で行うための、注意深く選ばれたアンプラグドな活動を用いることは、考えるに値するものだ。児童は、異なる文脈上で、ここで用いた概念を使うだろうか？　先述した、ダンスを教えるということについてはどうだろうか？　この活動を終えるとき、歌の中の繰り返しに注目しようと挑戦した児童は、この概念を使っただろうか？　このような見方は、教師に、評価するための重要な機会を提供する。この見方を使うと、ここで使った概念を非常に狭い範囲でしか理解できていないのは誰なのかを、素早く見付け出すことができる。同様に、より自信をもってこの概念を理解した児童も、素早く見付けることができる。

概念：反復——何を知る必要があるか

　プログラミングに反復を用いるのは、反復が、児童が理解する必要がある、プログラミングの原理の鍵の1つだからである。それがたとえ高学年のカリキュラムの中にのみはっきりと含まれているものでしかないとしても、プログラム全体、またはその一部を実行できるようにする反復という基本的な概念を理解していることは、低学年の児童が「単純なプログラムを組み、デバッグする」ことに成功する以上の意味をもつ。

　本質的には、プログラミングには、「while」と「for」の2つの異なるタイプのループがある。「whileループ」は、特定の状態に至るまで反復される。例えば、「スプライトが特定の色に重なるまで」

〔訳注3〕ループを反復する、というものである。"forループ"は、「do × 4（doを4回）」というように、あらかじめ決められた回数だけループを反復する。

　音楽とダンスの文脈でこれらの概念を考えると、歌が歌われている間、特定のダンスを反復する必要があるということにつながる。whileループの場合には、歌が歌われている間に動くことを何回反復するか、ということを知らなくてもいい、という利点がある。一方で、私たちは次の節に行く前に4回曲を反復して歌う必要がある、というときにも使える。後者は「forループ」の利用である。「whileループ」を使うとき、プログラムは「ブーリアン型」（Boolian）条件、すなわち何かが「真（True）：Tと表記」か「偽（False）：Fと表記」のどちらであるかを確かめている。「スプライトは赤色に接したか」の答えは常にTかFのどちらかである。同様に、私たちは得点（スコア）を変数として「loop while score < 10」のような数学的ステートメント（指示）を使える。

　もう一度述べておくと、scoreが10より小さいか否か、という条件は、TまたはFの回答を得る。この「whileループ」は、「repeat while x True（xがTrueである限り反復する）」と書くことで、これはFになり得ないため、永久に反復させることができる。これは無限ループと呼ばれるもので、プログラムが終わるまで続けて実行される。音楽での文脈で言えば、ベースに、メロディと共に多様性を与えることができるまで、最初から終わりまで同じ伴奏のビートを反復させたいときに使えるだろう。

　つまるところ、ほとんどのプログラムは単なるループだけでなく、入れ子になったループを使っている。これは、任意のループの中にさらにループがある、ということだ。アンプラグド活動では、ディスプレイ上では複雑に見えるこの何かを、概念として単純に共有できるようにするやり方で描き出せる。本章のアンプラグド活動3では、私たちは「アイ・アム・ザ・ミュージック・マン」の節を反復している。これはさらに多くの節が演奏されるまで反復される。この中で、私たちは歌の中で機能するよう定義された回数だけ、例えば「piano」の前に「pia pia」と、歌の言葉を反復している。これが入れ子になっているループである。

　入れ子になったループを使うとき、どの部分がどこでループするかを見ておくために、コードを分割することは非常に重要なことである。テキストベースのプログラム言語では、1つのループの中にどんなことであれインデント（字下がり）を使うことで行われる。Scratchでは、コード（命令）のまわりを色の付いた「囲い」でくるむことで行われる。この考え方をアンプラグドに教えるときには、何がどこで反復されるか児童にしっかりと明確にさせるために、色分けされた異なる部品を使うことを推奨する。

◉ 転用

　音楽を用いて、反復や並列処理といった鍵となる概念を紹介するのは、たとえわずかな関係しかないように見えても、児童を熱くさせる強力な方法である（Settle et al., 2012）。音楽の学習法を通して学ぶことは、単にコンピュテーショナル・シンキングの概念の知識を学ぶだけでなく、その概念は児童がそれを全く別の問題解決に利用したり、同じようなことに使うこともできるもの

である (Saavedra and Opfer, 2012)。

しかし、このようなことが起こるので、音楽とコンピューテーショナル・シンキングは、最も効果的な学習になるよう、両者の関連は簡潔に作られている必要がある (ベル&ニュートン, 2013)。

このことはアンプラグド活動の紹介に沿って、コンピュータ上で反復を使うのを見せることと同等に単純なことである。例えば、信号機の映像を児童に見せ、これらが一度実行され止まると何が起きるか質問する、という方法がある。このような例を用いることは、この概念の利用法を見せることを可能にする。このことは、彼らがもつアルゴリズムについての概念を、彼ら自身の理解を形づくり始める前に、実際の使い方と共にこのトピックを即座に基礎づける。ウイングの道具の比喩に立ち戻れば、児童がコンピュータの知識を適用できるようになると、道具（コンピュータ）は彼らがすっかり理解しているはずの概念の理解をさらに深める (Wing, 2008)。

◎ 評価と進展

コンピューテーショナル・シンキングのスキルを評価することは難しいだろう。なぜなら、その上達はわずかなものだからだ。しかし、そのスキルは多くの領域に関する理解を確かなものとするため、教科を横断して用いられるべきものである (Settle et al., 2012)。その一方で、注意を払うべきことは、より複雑なプログラムを創作する高いスキルをもつ児童の、さらなる向上である。この向上してゆくスキルには、アンプラグド活動を通して教師がこの活動で学ばせてきた考え方が含まれている。そのため、児童が理解していることは、これまでに学んできた考え方を適用する、制限のない研究活動による創作を通して評価されるべきである (Brennan and Resnick, 2012)。

本章で扱ってきた音楽の文脈を考慮すると、児童は、既存の歌の中から見付け出してきた反復を、彼ら自身が練り上げる歌の中に含ませることができるかどうかが問われる。

概念について児童がどれほど理解しているかをチェックする最も良い方法の1つは、それを他の事例に当てはめられるかどうか質問することである。例えば、音楽の文脈で並列処理について一度でも熟考したら、彼らは他の過程にそれを当てはめられるだろうか、ということである。氷で冷やした、層が重なってできているケーキを作るとき、どの過程が並列してできるか、何人が役立つように参加できるか、というように考えていく。

これはアンプラグドな文脈だけでなく、児童がディスプレイ上でコードを書くようになったときにも当てはめられる。もし、とある1人の児童が概念レベルで何かを理解したなら、彼はそれをいかなるプログラミング言語にも当てはめられる。例えば、「Pro-bot」「Lego Wedo」「Scratch」「Python」「Java」といったプログラミング言語には、すべてループの概念が含まれている。もし教師がいつ、どのようにそれらを使えるか知っていれば、教師はどのプログラミング言語でもそれを使えるよう、シンタックスをチェックできればよいのである (Repenning et al., 2010)。

過程をつかまえ、児童の理解をチェックするには、様々な方法がある。先述した例で言えば、児童の、アルゴリズムを書いたフローチャートを通した概念の理解の記録を事例として見ることができる。しかし、これはすべての児童に対しては機能しない。特にフローチャートを構成する

ことが難しいと感じている児童に対しては使えない。過程をつかまえ、根底にある概念を理解しているか確かめる別の方法は、成果を達成できているかということだけでなく、考えやアイデアを文章として書き留めたノートを作ったり、彼らの書いたコードにコメントし、彼らが何をプログラムに入れ、それをなぜ入れたかを議論する様子を動画として記録することである。彼らの経験のプレゼンテーションを作ることもまた、評価の対象となる (Brennan and Resnick, 2012)。

支援とチャレンジ

児童の概念理解の足場として、教師の役目は極めて重大である。教師は、児童自身が解決法を発見できるよう、活動を通して指導しなければならない。この過程は、児童が、動かないアルゴリズムを作るのに費やした時間は無駄に過ぎたのではなく、将来の状況において使える概念の理解を築き上げるためのものだったと認識するようになることを含んでいる (Bell and Newton, 2013)。

この支援は、要求された支援が最も利用価値があることを保証するため、教師によって注意深く運営される必要がある。例えば、彼らが組むプログラムに入れたい特徴は、ゲームの得点 (スコア) のように、共通するアイデアをもっているはずだ。彼らは特徴について理解している。しかし、彼らには、データや変数の理解といった概念がしばしば欠けている。もし教師がScratchを使って作業しているなら、その教師は、その背後にある概念と共に、役立つであろうブロックを強調することで、児童を支援する必要があるだろう (Brennan and Resnick, 2012)。

コンピュテーショナル・シンキングの概念を理解する上で児童を支援するときに極めて重要なことがある。それは、期待されているのは、結果よりも過程にこそあることを明らかにしておくことである。最もふさわしい支援のあり方としては、それは彼らが作成したアルゴリズムの一部分を、仲間と一緒になってチェックするよう示唆したり、彼が何をしたのかを教師に話すよう指導し、質問を投げかけることから始まる。

児童に対する支援の別のやり方として、途中まで創られているアルゴリズムを提供することや、修正が必要な、バグがあって動かないアルゴリズムを与えるなどの方法がある。この方法はアルゴリズムを書き込むための白紙をわたすよりも不安になりにくいものでありながら、児童にとっては自力で学ぶことを発見し、創造することをできるようにする。

挑戦するということに関する話としては、コンピュータを扱うプロの女性たちに取材した研究報告がある。それによると、彼女らがコンピュータを用いることを楽しめた主な理由は、「問題が解けたときに感じる達成感があること」だったという (Almstrum, 2003, p.52)。このことは、コンピュテーショナル・シンキングを教えるにあたり、問題解決アプローチを採用する恩恵に光を当てる。ここで示しているアンプラグドな作業が無制限であることが、彼らのチャレンジを自由に追求できるようにしている。これにより、児童は自分で設定した概念的なチャレンジを解くことができるだけでなく、他の文脈での彼らの理解を明示できるようになる。

Musicians

要旨とキーポイント

本章で紹介した活動は、教師に対し、音楽がコンピュテーショナル・シンキングに結び付きやすいものであることを示している。これらは低学年・高学年と一貫して、いくつかの微調整を含めてふさわしいものとなっている。そしてこれらの方法は、教師が関連する教科とつなげながら音楽を利用する着想を得ることを狙っている。音楽を用いることで、焦点は、テクノロジーが万能であることから、創造性のある選択について考える児童へと移っている。

本章は、特に、プログラミングでの利用の目的と異なるタイプのループを含ませつつ、コンピュテーショナル・シンキングにおける反復の概念に焦点を当てている。これは、音楽がコンピュテーショナル・シンキングの概念を説明できる、ということを示すことに狙いを定めている。それぞれの概念は、それはどのようなものなのか、そしてそれは音楽によってどのように理解されるのか、といったことと結び付けられて説明される。また、この概念は、ここで得られた知識が1つの文脈から別の文脈へと単純に移行できることを示すことで、プログラミングの文脈にも結び付けられて説明される。

さらに、抽象化、並列処理、分解とデバッグのようなコンピュテーショナル・シンキングの概念もまた、音楽との関係の中で明確に示されており、それらは、新規の概念の紹介により他の概念を縫合していくことができるようになっている。これは、ディスプレイ上での文脈にも適用可能な範囲の技術を横断し、概念の知識の発達を促している。

最終的には、アンプラグドな音楽に基づいた概念をどのようにして作るか、という教授学的選択について、「なりきりプレイ」や構成主義的学習、そして「学習の効果的な転移の理論」と共にオンラインで最も強力な衝撃をもつための方法が考察されている。最も恩恵を受けるべき学び手である児童にとって、概念についての話にどれだけの時間をかけるのがよいのか、そして、この概念をいつ紹介するかについても議論されている。

【訳注】

〔1〕理解のためには52ページで紹介されているYouTubeの動画を見ることが欠かせない。日本語に訳すと、言葉の違いから全く意味のないものになってしまう。意味はわからなくとも、言葉の響きや使い方で、ここでは理解してほしい。

〔2〕英語の歌を抽象化しているため、日本語にすると意味がとれなくなる。ここでは、歌詞の法則性をつかみ、抽象化してアルゴリズムを単純化できることがわかればよい。

〔3〕スプライトとは、固定された背景から独立して動く図形のこと。「スプライトが特定の色の領域に重なるまで」とは、スプライトが動くとき、またはコマンドを使ってスプライトを動かしているとき、例えば赤い領域にスプライトが1点でも重なり、あるいは隣り合ったとき、プログラムは反復を止め、反復を指示している「WHILE-UNTIL」構文以降の命令を実行していくのである。

第3章
プログラミングで
芸術家
Artist

> コンピュータのプログラムを準備することは、経済的、また科学的にやり甲斐があるだけでなく、歌や音楽の作曲のように美的な経験であるために、特に魅力的である。
>
> ——クヌース (Knuth, 1968)
>
> 科学はコンピュータを説明するには十分なほどに理解されているものだ。芸術は私たちがするそれ以外のすべてのことだ。 ——クヌース (Knuth, 1996)

序

本章では、データの表現方法の探索のために、また芸術作品を制作するためにコンピュテーショナル・シンキングを当てはめるために、クラス内で、実践的な芸術的技術を用いて芸術とコンピューティングの活動を互いに結び付けるための方法を提供したい。

● ● ● ● ● ● ● ●

芸術とプログラミングはまさにその最初から結び付き、互いを触発してきた。いくつかの議論で指摘されていることでは、最初にプログラムが可能だったデバイスは、音楽の自動演奏機だった。これに続いてジャカード織機のような自動織機が登場した (Koetsier,2001)。これは、保存できるパンチカードを用いて織物のパターンを複製できるようにしたものだ。チャールズ・バベッジ (Charles Babbage) がこのパンチカードに触発され、次いでIBM社が1900年代から1960年代初頭までパンチカードをデータストレージの主な手段として使っていた。

小さな点を用いて図像を作り上げる点描画法のアイデアは、私たちがこれらの点を画素あるいはピクセルと呼ぶようになるまでは、コンピュータがディスプレイに画像を映す基礎的な方法だった。アルゴリズムで芸術作品を作る方法として、アルゴリズミック・アートやジェネレーティブ・アート (Pearson, 2011)もまた存在した。

図3.1は、サイクロイド・ドローイング・マシン (Freedman, 2015)と呼ばれるデバイスを用いた、物理学的な(同時に複雑な)シミュレーションを用いて描いたものだ (Menegus, 2016)。

真円の登場と共に、ニューヨーク近代美術館は、ゲームを含めたアートを作るためのコンピュータの利用例を含むコンピュータアート部門を設けた (MoMA, 2012)。コンピュータ利用とアートは密接な関連をもち続けている。グーグル社はジャカード計画 (Project Jacquard, Google, 2016) を

Artist

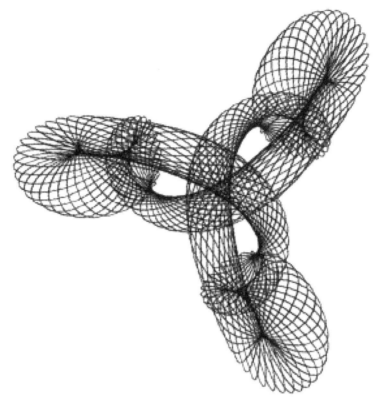

図3.1　アルゴリズムで描いたアート

立ち上げた。これは繊維に電気伝導性をもつ糸を織り込むためにコンピュータを使うものである。これらの製品には、衣服や家具のようなものと接続できるための小さなコネクタと回路が付加されている。

到達目標

本章を読み終えると、以下のことができるようになる。
- 実践的なアートと、コンピューティングを統合した、アンプラグドな活動をデザインし指導する。
- ジェネレーティブ・アートの文脈で、シーケンス、選択、ループといったコンピューティングの概念について、児童の理解を築く。
- アートとデザインを通して、2進法表示（バイナリ表示）とデータ表示を紹介する。

教員育成指標とのつながり

以下の指標が、特に本章に関わっている。

TS1b　背景、能力、意欲のすべてをもって、児童はその能力を発揮し挑戦する目的を作る。

TS2d　児童の学習の仕方や、このやり方で教えることのインパクトについて知識と理解を明示する。

TS3a　適切な主題と科目の領域における確固たる知識をもち、児童のこの科目における興味を

伸ばし、維持し、同時に誤解に取り組む。

TS4a　授業時間を効果的に利用することで、知識を伝え、理解を深める。

TS4b　学ぶことへの愛好心と児童の知的好奇心を促す。

TS4e　適切な目的の領域内で、強く関わるカリキュラムのデザインと準備に貢献する。

TS5b　どれほどの範囲の因子が児童の学習能力を阻害しうるか、また結果を最大化するかについて、確固たる理解をもつこと。

(DfE, 2011)

（イングランドの）学習指導要領とのつながり

芸術とデザイン

低学年

・広範な芸術とデザインのテクニックを身に付ける。

・様々な芸術家の作品について学ぶ。

高学年

・児童がもつ芸術とデザインの熟達を改善する。

・歴史上の偉大な芸術家、建築家、デザイナーについて学ぶ。

アンプラグド活動1：ソル（Sol）の解決法

概観

ソル・ルウィット（Sol Le Witt, 1928-2007）は芸術家であるが、彼自身の芸術作品を作っていただけではない。彼は、芸術作品とはどのようなものか、ということについてアイデアを思い付き、芸術作品らしい芸術作品を作る方法を人々に説明するための説明書と図表を記した。

この活動では、私たちはルウィットが示した芸術作品の特定の型の1つ、着色された、あるいは黒と白の縞模様（ストライプ）でできているものに焦点を当てる。

児童は、芸術作品の創作方法を他の誰かに教えることができる一揃いの説明書を作ることを目指す。これは価値ある記述である。というのは、ルウィットは芸術的な制作過程に焦点を当てるために、いくつかの制作方法について記述をわざと曖昧にしたためである。そのため、この活動において、児童はコンピューティングの教科が要求することを満たすために、精確で正確であることが必要なのだ〔訳注1〕。

コンピュテーショナル・シンキングがどう育つか

1つのアート作品を創り出すために、自分以外の児童に曖昧さのない正確な説明文を書くことは、児童にアルゴリズムを作ることを要求するだろう。彼らは、最初に下書き版の説明書をテストし、あいまいさにも注目することによって、アルゴリズムをデバッグする必要があるだろう。

図3.2 「スポレート」（ソル・ルウィット）

　児童はまた、そのアルゴリズムを作ることができるようにするために、アート作品を、それを構成している部分にまでバラバラに壊す必要もある。これは分解と呼ばれるコンピュテーショナル・シンキングの中にある重要なスキルである。これは、大きくて複雑な問題を、より小さな、私たちが取り扱うことのできる大きさにするスキルである。この用語を使うことは、児童が正しく語彙を発達させるのに役立ち、その結果、児童は自分たちの学んでいることを話し合うことができるようになる。分解はまた、算数の問題を解くための体系的な作業のアイデアへとつなげることも可能である。

教科横断的な学習

アートとデザイン

　児童はアートを創作するに当たって、ソル・ルウィットのアプローチについて学び、また、作品を完成させるためにアートの材料を使うことになるだろう。

算数

　児童は、形を正確に描くための測定をする道具として、定規を使うだろう。また形をより小さ

い色の塊に分けることができるようにするために、分数の知識を応用するようになるだろう。

》国語（読み書き）

児童は説明書の中で命令的な動詞を使うだろう。

◎ 対象年齢

低学年と高学年。

◎ 授業計画

》到達目標

「私はできる」声明を用いれば、以下のようになる。

・私はアート作品を創作するために1セットの説明書を書くことができる。
・私は自分の説明書を改良することができる。
・私はアート作品を見て、それをより小さな部分にバラバラに壊すことができる。

◎ 知っておくべきこと

　アルゴリズムはルールの過程、もしくはセットになったルールで、それはフローチャートとして書かれたり、言語として書かれたり、疑似コードとして書かれたりすることができる。疑似コードはプログラミング言語の構造を使う通常の記述でありながら、人が理解できる方法で書かれたものである。

　上手く書かれたアルゴリズムは、以下のようなものである。

・曖昧でない。従って誤訳の余地がない。
・正確である。ステップを説明するために正確な言語、または図を使う。
・効果的である。例えば、命令を何度も書くより、むしろ、あるパターンの命令を繰り返すためのループを使う。

　この活動の中では、正方形を描くことは、1本の線を引くことと90度回転させることを繰り返すパターンを含んでいる。正方形の辺を書くときには、長さが正確であることが必要である。また、最初に筆記用具を紙の上に置くときには、それらの要求が曖昧でないことが必要である。

◎ キーワードと質問

　メジャー、分割、センチメートル、色、直線、直角、正方形、長さ、1/2、1/4、水平、垂直、アルゴリズム、デバッグ

・ロボットはこれらの命令をどう実行するのか？
・あなたは、誰かに説明書に従ってもらうために、それをより明確に作ることができるか？

Artist

◎ **教材**
- ディスカッションの口火を切るものとして、ソル・ルウィットによるアート作品群。
- 求められるアートの材料。
- 再現するための、ソル・ルウィットの様式をもつ独特のアート作品。例えば図3.3のようなもの。

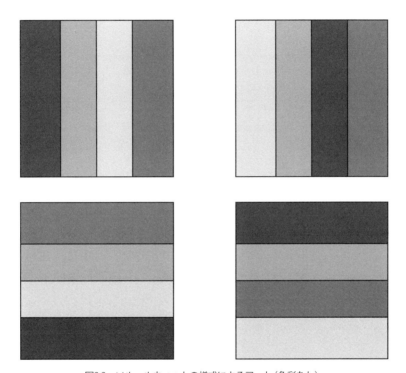

図3.3　ソル・ルウィットの様式によるアート（色彩なし）

◎ **活動**

時間	活動	教材
10分	導入。 ・ソル・ルウィットのアートの紹介。彼の作品の例を見せる。 ・児童を小さなグループに分け、「このようなアートの鍵となる特徴は何か」と質問する。 ・クラス全員で、直線、カーブのある線、色の付いた縞模様、正方形、正三角形といった用語について話し合う。 ・ソル・ルウィットはそれらの絵全部を自分自身で創作したのではなく、代わりに他の人がそれらを創るための説明書を書いたことを説明する。 この活動の中で、私たちはソル・ルウィットのように作業し、アートを創作するためのアルゴリズムと呼ばれる説明書を書くことを児童に伝える。	ソル・ルウィットのアートの例。

第3章 ◈ プログラミングで
　　　　芸術家

時間	活動	教材
10分	始めの活動。 ・児童に2人組になって作業するように指示し、そして他の誰かが従うことができるような、10cmの直線を2本引くための簡単な説明書を書くように伝える。 ・児童は（命令的に）「描け」「置け」「取れ」など、「ボスのような」動詞を使う必要がある様子を見せる。 ・クラス全体に戻って、モデルとなる説明書を創るためのいくつかの答えを使う様子を見せる。 例えばこのように。 1.　鉛筆と紙と定規を取れ。 2.　定規の0cmのところから書き始め、10cmのところで終わるよう、鉛筆で1本の線を引け。 ・アルゴリズムが十分正確でないと何が起きるのかを話し合わせ、説明書をより明確にするためにデバッグする必要のあるところを引き出す。	鉛筆と紙、あるいはホワイトボードとホワイトボード用のペン。 もし児童が、自分たちのアルゴリズムを試すために必要なら、利用できる定規を作る。
15分	説明書を書く。 ・ソル・ルウィットがデザインした作品を基礎にした小さなアート作品を、児童それぞれに1つ与える。 ・児童がこのアート作品を別の人が創るために渡すことができる1冊の説明書を作るように伝える。	鉛筆と紙、またはホワイトボードとホワイトボード用のペン。 個別の小さなアート作品。1人1作品（下記の「展開と応用への展望」参照）。
20分	説明書をテストする。 ・児童を能力差のある2人組に分ける。彼らが創った説明書をテストできるようにするためである。この段階で、色の縞模様は色鉛筆でうすく色づけすることもできる。 ・説明書をもっと正確にするために、自分たちの説明書を改良するよう、児童を励ます。できれば、別の色鉛筆で変える部分を書くように促す。	鉛筆と紙。 定規。 色紙。
5分	全体会。 ・デバッグされたアルゴリズムの説明書の例をいくつか選び、クラス全体でこれに注目する。 ・どんな種類の改変がアルゴリズムをより正確にするのか、議論する。	児童の作品の例。

◉ 展開と応用への展望

　ここの活動は、より少ない縞模様で白黒だけを使うアート作品を使うことで単純化されうる。あるいは、より複雑なパターンを使ったアート作品を使うことで、より挑戦的な実践になりうる。

　年少の児童には、いも版の説明書を書くこともできるだろう。また、事前に紙に印刷された正方形の内側に縞状に色を塗ることもできるだろう。

　アート作品のサンプルには、不揃いの縞より、繰り返しパターンのある縞が使われているものの方がよいだろう。アルゴリズム中に反復を使うアイデアを発達させるためである。

　この活動を拡大させ続ければ、ルウィットの様式の作品のアート・ギャラリーを創設することも可能になるだろう。それは、教室での展示のために用いることもできる。あるいは、学校のウェブサイト上にヴァーチャル展示することにも利用できる。

　このことを行うために、児童は2人1組になって、次のような役目に従って活動する必要があるだろう。

Artist

図3.4　単純なアート作品の例

- 一方の児童がアーティストの役をやり、彼らの説明書を読み上げる。
- もう一方の児童はクリエーターの役をやって、その説明書を実行し、1つのアート作品を創り出す。ペアとなっている2人の児童は、説明書を読み上げた通りに正確に、アート作品を作るためのアルゴリズムを実行する必要がある。
- 2人の児童は役を交代して、その活動を繰り返すことができる。

　読者は以上のことを、ペア・プログラミングの過程と関連づけて考えるかもしれない。ペア・プログラミングとは、運転に例えれば2人のプログラマのうちの1人はドライバーとなり、もう1人はナビゲーターとして共に働く方法である。この場合、片方はコードを書き、もう片方はプログラムとして書かれた各行を再検討する。

　この活動のための色付きブロックを素早く創ることのできる、アートの材料を選ぶことが重要である。良い素材選びは、教室外の空間で良い効果を上げるだろう。例として、大きな紙を床にテープで止めて広げ、そこに絵を描く、というものが挙げられる。また、ターマック（砕いた石とタールでできた通路の舗装材料）上にチョークを使って絵を描く、という活動もある。アート活動はまた、より小さなスペースである教室の中でも、ペンキ、チョークを使ったり、紙上にプリントされたものを使って作品を制作することもできるだろう。

第3章 ✼ プログラミングで
　　　　 芸術家

アンプラグド活動2：ロケットを描く数字と画像

◎ 概観

　この活動はピクセル（画素）の1つ1つを使って巨大なイメージを作り、2進数を用いてイメージの表現を探るものである。この方法は、美術の点描画法の概念と関連づけることができる。点描画は、1つの画像を作るために色の付いた小さな点を用いる。コンピュータのスクリーン（ディスプレイ）は、本質的に同じ手法を使っている。

　児童は、図3.5のような格子表（グリッド）のコピーを使って活動を始める。児童は、ロケットを描くために、黄色のような明るい色を用いて四角いマス目の中を塗り潰していく。その後、塗ったマス目の上に1と記した色付きのブロックを上に置いていく。代わりに、色付きブロックが置かれていないマス目は0となる。

　児童は、シーケンスを動かして（アニメートして）ロケットが発射される場面を表現するために、追加の図を描く。

　もしあなたが、高学年の児童と一緒に活動しているなら、あなたは2進法を使って、彼らのイメージした画像を表現するもう1つのやり方を探ることができる。

　児童は、それぞれ横一列にある1と書かれたコラムの数字を合計する。すなわち、図3.6で、上から3番目の列なら、1と書かれたブロックが置いてあるコラムは16と8と4で、合計すると28となる。

128	64	32	16	8	4	2	1
0	0	0	0	0	0	0	0
0	0	0	0	0	0	0	0
0	0	0	0	0	0	0	0
0	0	0	0	0	0	0	0
0	0	0	0	0	0	0	0
0	0	0	0	0	0	0	0
0	0	0	0	0	0	0	0
0	0	0	0	0	0	0	0
0	0	0	0	0	0	0	0
0	0	0	0	0	0	0	0
0	0	0	0	0	0	0	0
0	0	0	0	0	0	0	0
0	0	0	0	0	0	0	0
0	0	0	0	0	0	0	0
0	0	0	0	0	0	0	0
0	0	0	0	0	0	0	0

図3.5　格子表1

128	64	32	16	8	4	2	1
0	0	0	0	1	0	0	0
0	0	0	0	1	0	0	0
0	0	0	1	1	1	0	0
0	0	0	1	1	1	0	0
0	0	0	1	1	1	0	0
0	0	0	1	1	1	0	0
0	0	0	1	1	1	0	0
0	0	0	1	1	1	0	0
0	0	0	1	1	1	0	0
0	0	0	1	1	1	0	0
0	0	0	1	1	1	0	0
0	0	0	1	1	1	0	0
0	0	1	1	1	1	1	0
0	0	1	1	1	1	1	0
0	1	1	0	0	0	1	1
0	1	0	0	0	0	0	1

図3.6　格子表2

128	64	32	16	8	4	2	1
0	0	0	1	1	1	0	0
0	0	0	1	1	1	0	0
0	0	0	1	1	1	0	0
0	0	0	1	1	1	0	0
0	0	0	1	1	1	0	0
0	0	0	1	1	1	0	0
0	0	0	1	1	1	0	0
0	0	0	1	1	1	0	0
0	0	0	1	1	1	0	0
0	0	0	1	1	1	0	0
0	0	1	1	1	1	1	0
0	0	1	1	1	1	1	0
0	1	1	0	0	0	1	1
0	1	0	0	0	0	0	1
0	0	0	0	0	0	0	0
0	0	0	0	0	0	0	0

128	64	32	16	8	4	2	1
0	0	1	1	1	1	1	0
0	0	1	1	1	1	1	0
0	1	1	0	0	0	1	1
0	1	0	0	0	0	0	1
0	0	0	0	0	0	0	0
0	0	0	0	0	0	0	0
0	0	0	0	0	0	0	0
0	0	0	0	0	0	0	0
0	0	0	0	0	0	0	0
0	0	0	0	0	0	0	0
0	0	0	0	0	0	0	0
0	0	0	0	0	0	0	0
0	0	0	0	0	0	0	0
0	0	0	0	0	0	0	0
0	0	0	0	0	0	0	0
0	0	0	0	0	0	0	0

格子表3　　　　　　　　　　　　　　　　格子表4

図3.7　ロケットが発射されることを表している格子表3および4

列（上から何番目の列か）	使われた（ブロックが置かれた）コラムに対応する数字	左記の数字の合計
1	8	8
2	8	8
3	16+8+4	28
4	16+8+4	28
5	16+8+4	28
6	16+8+4	28
7	16+8+4	28
8	16+8+4	28
9	16+8+4	28
10	16+8+4	28
11	16+8+4	28
12	16+8+4	28
13	32+16+8+4+2	62
14	32+16+8+4+2	62
15	64+32+2+1	99
16	64+1	65

表3.1　格子表2を10進数の合計で表したもの

　次の段階では各列を1つの数に変換する。それぞれの列に、児童は1をもつ区画を見付ける。彼らは「1」のある一番上のコラムに書いてある数字を書き留める。例えば、3番目の列には3箇所に1があるが、私たちはそれらの上にある16と8と4の数字を書き出すのである。次に、これらの数字を全部足し合わせ（この例では16＋8＋4＝28）、その列を表す唯一の数字を発見するのである。

　これらのことは、ある1つの画像が、数字のセットに変換できることを示している。図3.6にある1と0の数字の列は2進数であり、表3.1では同じ列のコラムに書かれた位置が10進数で表された数と、1のコラムがある位の数の合計が一番右の列に10進数表記で書いてある。追加の活動としては、児童は、自分たちの作ったロケットの発射を表す短いアニメーション映画を創ることができる。

◎ コンピュテーショナル・シンキングがどう育つか

　アルゴリズムを使って、ある画像を1セットの数字に変換してみよう。1つのアルゴリズムは活動の正確なシーケンス（順序よく並んだ、正確な命令群）であり、問題解決の方法を描写している。

　これは本質的にデータ表現に関するものであり、ある画像を1セットの数字で表す2通りの方法

を示している。表3.1は、図3.6のロケットを表す数字が、もとは2進数だったことを表している。

抽象化：私たちは1セットの数字でその画像を作ることができる。

シーケンス：同じ順序の別のもの従うような、ひとまとまりの活動のことである。

◎ 教科横断的な学習

≫ 算数

児童はある画像を数字のセットに変えるために足し算を使う。発展形として、2進数表記の数に対応するものだというアイデアを、図3.6の格子表に0を加えることによって探ることができる。

◎ 対象年齢

低学年と高学年。

◎ 授業計画

≫ 到達目標

「私はできる」のかたちで書くと、以下の通りである。

・私は何か別のものを表すのに数字を使うことができる。

・私はある画像を数のセットとして表すために、アルゴリズムに従うことができる。

・私は2進法表示の表現を使うことができる。

◎ 知っておくべきこと

2進数は、コンピュータ機に貯蔵されている情報を、1と0で私たちが表現する方法である。各々の0または1は1ビット（2進数（Binary）の数字（digit）の略）である。1ビットはコンピュータの中では、データの最小単位である。8ビットのブロック、すなわち1バイトを1つの数字として表す方法は、コンピュータにとってはより簡単であることがしばしばである。1バイトはほとんどのコンピュータが文字や数字のような記号を表すために使う単位である。コンピュータのメモリーはキロバイト（1,024バイト）、メガバイト（1,048,576バイト）、ギガバイト（1,073,741,824バイト）、そしてテラバイト（約1兆バイト）という用語で記述される。ピクセルとは「Picture Element」（画素）のことである。

◎ キーワードと質問

足し算、2進数、データ、表現、シーケンス、アルゴリズム

・コンピュータはどうやって画像を表すのかについて、あなたは何を知っていますか？

・コンピュータはどうやって情報を蓄積するのですか？

・他の画像は数字ではどう表せますか？

第3章 ◈ プログラミングで
　　　　芸術家

◎ 教材

・空欄の格子表（グリッド）

・必要なアート材料

・オプションとして：デジタルカメラとソフトウェア付きの装置

◎ 活動（低学年用）

時間	活動	教材
10分	導入。 ・データ表現について児童がすでに知っていることは何かを探る。 ・1つの画像を作るために格子表（グリッド）を使う考え方を説明する。 ・ここでの課題（タスク）は、数字を通して画像を表す方法を探すこと、そして発射されるロケットを描写し創作することである。	スクリーン上の空欄の格子表、または埋められた格子表。
20分	始めの活動。 ・3人1組で活動させる。児童にはロケットの画像を創る格子表で、同じものになるように空欄を埋めていくように指示する。児童はそれぞれ格子表2、3、4のように、別々の格子1枚を色づけ用にもつ。	鉛筆と空欄の格子表、またはホワイトボードとホワイトボード用ペン。色鉛筆も使えるようにしておく。
15分	第1のアニメーション。 ・児童は自分たちだけで、格子表の並び順を決める。 ・格子表の順番を示しながら、「発射の場面の図案」を描かせる。 デジタルカメラが用意できた場合は ○埋められた格子表それぞれが写るよう撮影する。 ○それらの写真を並べて、発射のスクリプトに基づき、ロケット発射をアニメーション化する。 デジタルカメラが用意できなかった場合は ○格子表を一緒にして並べ、ロケットを創る。発射場面のスクリプトに基づいて、ロケットを発射させる。	デジタルカメラ付き装置。 画像を組み合わせてアニメ化するためのソフトウェアまたはアプリ（アプリケーションソフトウェア）。
15分	第2のアニメーション。 ・アニメーションの質を高めるために、発射場面のスクリプトと格子上の画像を改良する。 アイデアの実例； ・ロケット型を描いた格子表にフレームを加える。 ・ロケットがそのページのところからすでに発射されたことを示すために、格子表に空欄を入れる。 ・格子表3と4の間に、動きがなめらかになるように、さらに1枚の格子表を加える。	デジタルカメラ付き装置。 画像を組み合わせてアニメ化するためのソフトウェアまたはアプリ。
20分	クラス全員での活動。 ・発射のスクリプトは、1つのアルゴリズムであり、命令のシーケンスであることを強調する。 ・アニメーションをどうやれば改良できるか。また、デバッグできるだろうか。	

Artist

活動（高学年用）

時間	活動	教材
5分	導入。 ・1つの画像を作るために1枚の格子表を使うというアイデアを説明する。	スクリーンに映された空欄の格子表。 スクリーンに映された画像作成用の格子表。
20分	始めの活動。 ・2人1組で行う。児童に、ロケットの格子表と同じになるように、格子表に色を塗るよう指示する。	鉛筆と空欄の格子表。 またはホワイトボードとホワイトボード用のペン。 可能であれば色鉛筆も準備する。
25分	イラストレーションを描く。 ・最初の横2列を完成させる。このとき、数字をはじき出すために、コラムに当てはまる数字を足していくというアイデアを説明しながら、色塗り用格子表の色を付けるべき場所を塗り潰す。 ・残りのすべてで同じ作業をするよう、児童に指示する。	鉛筆と紙。 またはホワイトボードとホワイトボード用のペン。
3分	クラス全体での活動。 ・0か1の表記は（スイッチの）オン(on)とオフ(off)と同じ考え方であることを議論する。 ・上記のことを2進法表示のシステムと関連させる。	ホワイトボード。

展開と応用への展望

シンプルな顔といった別の絵を使って同様の活動を試みる。

あなたは図3.5にある表を使って、次の数字を1枚の絵に変えることができるだろうか？

255、129、129、129、129、129、129、255〔訳注2〕

アンプラグド活動3：トーマスの「ぐちゃぐちゃ」

概観

　この活動では、児童はアルゴリズムの範囲内でランダムになっているもの（ランダムネス）を使って、抽象的なパターンを探り出すであろう。

　クレヨン、鉛筆またはペンを使って、児童はランダムドローイング（乱数に従って描かれる絵）を創作するために、アルゴリズムに従うだろう。

　これは正方形の紙を使って、2人1組で実行できる。

　　人物A：サイコロをころがして、命令を読み上げる。

　　人物B：ロボットとしてその命令を実行する。

　スタート地点、または中央の正方形がブロックされたとき、そして新しい中央の正方形が必要になるとき、AとBの役は交代する（そこでAはロボットになり、Bはサイコロを振って、命令を読み上げる）。このような状態になるとき、役目は次々と交代していく。

77

ここにそのアルゴリズムを (疑似コードを使って) 示す。

1枚のランダムな正方形を置いたところから始める。その正方形を中央の正方形と呼ぶ。
ゲームの最後まで繰り返す。
サイコロを振って出た目の数＝1の場合
　　　動かす数を決めるためのサイコロ振りをする
　　　ブロックされているかどうかチェック
　　　もしそこがブロックされていなければ
　　　今出たサイコロの目の数だけそのページの上に向かってブロックを動かす
サイコロを振って出た目の数＝2の場合
　　　動かす数を決めるためのサイコロ振りをする
　　　ブロックされているかどうかチェック
　　　もしそこがブロックされていなければ
　　　今出たサイコロの目の数だけそのページの下方にブロックを動かす
サイコロを振って出た目の数＝3の場合
　　　動かす数を決めるためのサイコロ振りをする
　　　ブロックされているかどうかチェック
　　　そこがブロックされていなければ
　　　今出たサイコロの目の数だけブロックを左に動かす
サイコロを振って出た目の数＝4の場合
　　　動かす数を決めるためのサイコロ振りをする
　　　ブロックされているかどうかチェック
　　　そこがブロックされていなければ
　　　今出たサイコロの目の数だけブロックを右に動かす
サイコロを振って出た目の数＝5の場合
　　　サイコロを振る
　　　再度のサイコロ振りで出た目＝1のとき：　色を赤に変える
　　　再度のサイコロ振りで出た目＝2のとき：　色を青に変える
　　　再度のサイコロ振りで出た目＝3のとき：　色を黒に変える
　　　再度のサイコロ振りで出た目＝4のとき：　色を赤に変える
　　　再度のサイコロ振りで出た目＝5のとき：　色をオレンジ色に変える
　　再度のサイコロ振りで出た目＝6のとき：　色を黄色に変える
　　再度のサイコロ振りで出た目＝6のとき：　その時点での中央の正方形へ戻る
ブロックされているかどうかチェック
　　　もし通り道がブロックされていたら、そのときは動かさずに

> 再度サイコロを振る
>
> 動かす方向にあるスペースの数>出たサイコロの目の数の場合
>
> ブロックされるところまで動かす
>
> 全ての通り道がブロックされた場合
>
> 新しい中央の正方形の場所を選ぶ

◎ コンピューテーショナル・シンキングがどう育つか

ランダマイズされた絵を作るためにアルゴリズムを使う。

アルゴリズムを洗練する。

シーケンス、選択、ループのような、コンピューティングの構成概念を発見する。

◎ 教科横断的な学習

⟩ アートとデザイン

児童は、アルゴリズムに基づいて仕上げた作品を創り出すために、アートの材料を使って、生成力のあるアート（ジェネレーティブ・アート）について学ぶようになるだろう。児童はさらに、（プログラミング言語の1つである）Scratchを用いて、生成力のあるアート（ジェネレーティブ・アート）作品の例をさらに探ることも可能であろう。

◎ 対象年齢

高学年。

◎ 授業計画

⟩ 到達目標

「私はできる」のかたちで表すとき、以下の通りである。

- ・私はアルゴリズムに従って絵を制作できます。
- ・私はランダムネス（乱数）を使うアルゴリズムに従うことができます。
- ・私は私自身のアイデアを使ってアルゴリズムをデバッグしたり、細部を改良したりすることができます。
- ・私はシーケンス、選択、そしてループといったアルゴリズムの中にある、コンピューティングの構成概念を発見できます。

◎ 知っておくべきこと

アルゴリズムは、ランダムネスをもちうるものを中に含むことができる、命令のシーケンスである。アルゴリズムは「If-then」文（ステートメント）のような「条件文」（conditional statement）を使って選択を行うであろう。それは、条件が真（True）か偽（False）による選択であり、それによって様々

なアクションを起こすことになるだろう。アルゴリズムは、「repeat-until」（〜までずっと繰り返す）
といったループを含むこともあるだろう。

◉ キーワードと質問

ランダム、抽象化、選択、シーケンス、ループ、条件文

・あなたはアルゴリズムにどんな変更をすることができますか？
・あなたはそのアルゴリズムの中に、条件文の例を見付けることができますか？
・あなたはそのアルゴリズムの中に、ループの例を見付けることができますか？

◉ 教材

・2人1組の児童のペア各々に、アルゴリズムのコピー1枚。
・各ペアに1個のサイコロ。それらは各ペアのものとする。
・正方形の紙と色鉛筆。

◉ 活動

時間	活動	教材
15分	導入。 ・ランダムネスの考えは絵を描くのに使われる予定であることを説明する。 ・選択、シーケンス、ループ、条件文という用語を使って、アルゴリズムを初めから終わりまで実行する。	最終の絵のコピー1枚。 各グループに対しアルゴリズムのコピー1枚。
40分	始めの活動。 ・2人1組で活動。児童に2つの役を交代で行うよう指示する。 ・人物A：サイコロを振り、アルゴリズムを使うために、命令を読み上げる。 ・人物B：その命令を実行する「ロボット」になる。 ・活動の最初に、また、今まで利用していた中央の正方形がブロックされ新しいものが必要なら、AとBの役の人は交代する（よって、Aは「ロボット」になり、Bがサイコロを振り命令を読み上げる）。	アルゴリズムのコピー1枚。 少なくともグループに1個のサイコロ。 正方形の紙と6色の色鉛筆。
30分	全体会。 ・児童の作品の例を挙げる。 ・児童は何の変化をアルゴリズムに創るだろうか。	児童の活動の例を示す。

◉ 展開と応用への展望

次に続く「プラグド」（コンピュータを用いる）活動へとつなぐために、教師は（プログラミング言語の）
Scratchを用いてこの部分を創らせることを目指せるだろう。1つの提案として、1色で「1重らせん」
を1つだけ創らせてみよう。

Scratchでのコーディングとアート・プロジェクトの例は次で見ることができる。

Artist

http://uk.pinterest.com/helencaldwel/coding-art/

議論

　コンピューティングのカリキュラムを教えることは、初めはおじけづくのではないかと思われるし、児童の何人かは教師よりこの教科をしっかり理解する力をもっているということがわかるかもしれない。しかしながら、美術と比較すると、同じことが言える。それでも、多くの教師は、線を引いたり、色を塗ったりすることが上手くできなくても、美術の授業を行うのに十分成功している。このような教室の中という場面では、教師の役割は、すべてのスキルと答えをもつエキスパートであるより、児童が学ぶためにふさわしい状況を作り出す、まとめ役となることである (Papert, 1993)。コンピューティングのカリキュラムへの導入は、児童をテクノロジーの消費者からクリエーターへと変えることを目指している。この考え方は、教えるときに幅広い良い実践と連携している。実践の中で、児童は受け身で情報を受け取るよりも、むしろ熱中して活動を行うことによって最善の学びを得るのである。

　21世紀の最初の10年で、ジャネット・ウイングは、誰にとってもコンピュテーショナル・シンキングは欠かせないスキルだと認識するようにと、コンピューティングの専門家と教育者たちを激励していた (Wing, 2006)。この段階ではこのスキルは何を含んでいるかについて包含する定義がなく、教育者の中にはコンピュテーショナル行動 (computational doing) を多様なコンピューティング・スキルの範囲に含めることの必要性を論じる人たちもいた (Dennig, 2009)。

　コンピュテーショナル・シンキングの意味を形成するために、さらなる研究が始められた。1つの定義は、問題を考案することができ、コンピュータによって実行できるフォームにして解答を考え出すことができる人間によって使われる、1セットの思考プロセスである (Wing, 2011:Barr et al., 2011)。米国においては、カリキュラムにコンピュテーショナル・シンキングを定着させる作業において、9つの異なるスキルからなる1セットに焦点を当てている (Barr and Stephenson, 2011)。英国ではコンピュテーショナル・シンキングは、新しいコンピューティング・カリキュラムの心臓部に位置づけられている (DfE, 2013)。そして、最も広く受け入れられ実施されているのは、1セットになった、以下に示す5つのテクニックである。

1. 抽象化——問題から不必要な複雑さと詳細を取り除く。
2. 分解——問題をより小さい要素部分に砕く。
3. 一般化——他の問題に適用したり応用したりできるようにするために、問題のパターンに注目する。
4. アルゴリズム思考 (Algorithmic thinking) ——論理的な1ステップ毎のプロセスとしての解答を明白にしていく。
5. 評価 (Evaluation) ——アルゴリズムが効果的で効率的で目的に合致しているかを確かめるために、解答を評価する。

(Selby and Woollard, 2013)

現実世界の問題を解くことは、コンピューテーショナル・シンキングの核にある。ウイングは、一連のパイプライン状に連なるテクニックを用いた例を挙げ、そのなかで上記のことに言及している(Wing, 2011)。そのテクニックは、1つの要素(エレメント)を出力することが、免許証を提示する、あるいはカフェでの昼食を提供する最も効果的な方法として、次の入力を決定づける。コンピューテーショナル・シンキングの進歩を実証する1つの方法は、スタートするときには問題を書いた物(例えば、サンドイッチの作り方とか、歯の磨き方といった問題を書いた物)が封をされてわからないようにされた状態で、アルゴリズムを児童に作らせることであり、続いて、制限のない状態の問題(例えばクラスのワークを全部集めて、点検のために教師に渡すには、どんな方法が一番速いか、といった問題)に取り組むことである。小学校で、教科横断的にコンピュータの使い方を学ぶことは、それぞれに分離している教科でそれを学ぶよりも挑戦的である。評価のための戦略として成功を収めた方法として、以下のものが挙げられる。

- 自己評価：アルゴリズムをデバッグするとき、児童は自分の活動とその前のヴァージョン(のアルゴリズム)から改良した点を評価する。「間違った」アルゴリズムのコピーを取っておくことは、これを証明するために最終のヴァージョンのコピーを取っておくのと同様に役に立ちうる。
- 仲間の評価：ペアを組んでの活動は、これらの活動の中で育まれていく良い習慣である。1人の児童が1つのアルゴリズムを創ることができると、そのパートナーがそれをテストし、彼らが建設的に発見してきたものをフィードバックする。仲間からのフィードバックは、別の方法で証明していくことができる。例えば、異なる色鉛筆でコメントを書いたり、クラスのブログにオンラインでコメントを書くことによって証明することもできる。
- 公開質問：次のような質問をする。このアルゴリズムはどう働きますか？ もし、ロボットがこれらの命令に書いてある通りに正確にそれに従ったら、どんなことが起きますか？ なぜ、このアルゴリズムはそのタスクを成功させ、完成に至るのですか？

(Computing at School, 2013)

要旨とキー・ポイント

アートとコンピューティングは、初歩のカリキュラムのなかで教えるには、似ていない組み合わせに思えるかもしれないが、本章では2つの教科の統合に成功した活動の手本として表した。1つのアート作品を創り出すためのアルゴリズムを書くことによって、児童は正確に1ステップ毎に進める命令を創り、パートナーと一緒にこれらをテストし、いかなるエラーをもデバッグすることを実践するだろう。どうしたら画像はコンピュータのスクリーン上にデジタルで表現されるのかを考えることは、児童を取り巻く世界を理解する力を強め、彼らにデータ表現という概念をなじみのあるものにするだろう。

比較的最近、(イングランドの)学習指導要領(the National Curriculum)にコンピューティングが加えられたせいで、その科目の効果的な教授法に関するディベートや研究が盛んになっている。しかしながら、しっかりした基礎は、学校におけるコンピューティング(CAS)のよう

な組織の活動によってすでに築かれてきている。そして、本章で輪郭が書かれた、教科を横断するアプローチは、カリキュラムの要求を達成する「研究のプログラム」の適用範囲を確定することを促進する。

【訳注】

〔1〕「精確で正確である」というのは、「精密で確実である」とも言えるだろう。ここで用いられているのは、原文では「be exact and precise」である。

「精確である」とは、測定した値がどこまで詳しく測定された値なのか、ということを示す言葉である。一時、「円周率をおよそ3である」という話題が巷を席巻したことがある。これは「精確さが足りない」と言える。円周率は3以降、小数点以下の数字が延々と続く、分数ではない数であり、小数を使っても「ピッタリ円周率である」数字は表せないため、π（パイ）という文字を当てて円周率とする。これを「何桁まで正しく測った」ということを表すとき、「精確な値を出した」という。もう1つの「正確さ」は「確度」のことである。実験や測定値が、気温、気圧、湿度などの条件を同じにしたとき、誰が、いつ、どこで、何度も測定しても同じ値になる、というのが「正確な値」という言葉で表される。「結果の再現性」は、実験において非常に重要で、これが得られなければ、十分に信頼できる研究であるというお墨付きは得られないのだ。だからこそ、「使用した物質がどこの会社の製造番号何番のもので」など、非常に厳密な記録、プロトコルが求められる。

〔2〕以下のようになる。

128	64	32	16	8	4	2	1
1	1	1	1	1	1	1	1
1	0	0	0	0	0	0	1
1	0	0	0	0	0	0	1
1	0	0	0	0	0	0	1
1	0	0	0	0	0	0	1
1	0	0	0	0	0	0	1
1	1	1	1	1	1	1	1

第4章 ❋ 体を使ってデータになって、
インターネットを旅しよう

❦第4章❦
体を使ってデータになって、
インターネットを旅しよう
Explorers

> インターネットは世界で最も大きな図書館だ。ただ、すべての本は床に散らばっている。
> ——ジョン・アレン・パウロス (John Allen Paulos)

序

「アンプラグド」という言葉は、コンピュータを使わずに鉛筆と紙を使う、ということだけではない、それ以上の意味がある。学習方法と学習を魅力的なものにする方法はたくさんある。本章では、コンピューテーショナル・シンキングの考え方を描き出す運動知覚的な活動、身体を使って身に付ける活動を用いることについて述べてゆく。これらの活動では、児童はアルゴリズムや抽象化、論理的思考を、そして、どのようにしてコンピュータが複雑な問題を解決するためにやり遂げ協力することができるのかを、身体を使って探る。

● ● ● ● ● ● ● ● ●

私たちはこのことを3つの活動を通じて行い、その授業計画を概観する。

・ネットワークでデータをソートする (コンピュータで使われるデータを仕分け、分類する) 授業。これは、児童に、データ処理アルゴリズムを通して操作して、ネットワークを通過するデータになったつもりで行動することで (データの役をロールプレイして)、アルゴリズムがどのようにして働いているか、どうすればデザインできるかを示す。

・「プラグインする」つもりになる授業。これは、コンピュータのネットワークにおいて、コミュニケーションにしか使わない高いレベルのアイデアから、いくらかのごちゃついた低レベルの細々としたことを隠し、そのときどのように抽象化が使われているかを見せる。

・インターネットを乗りこなす。これは、児童を、ウェブサイトの要求に対し応答する、インターネットを動き回るデータのパケットになりきらせるものである。

到達目標

本章を読み終えたとき、以下のことができるようになる。

・いくつかのアルゴリズムについて、それが実行されるときデータがどのように流れるかを再現し実演できる、あるいは見せることができる。

Explorers

・抽象化によってどのように細かな部分が隠されるかを実演できる。

・どのようにしてコンピュータがやり遂げ協力するかについて、簡単な考え方を描ける。

教員育成指標とのつながり

この章と特に関連する指標は、以下の通りである。

TS1　児童が触発され、動機づけられ、挑戦する高い期待感を創る。

TS3　教科の良い知識を提示できる。

TS4　構造化された授業を計画し実践できる。

アンプラグド活動1：ネットワークによるソート

概観

　ソートはアルゴリズムを説明するときしばしば用いられる。ソートが、人々に理解されやすい単純な問題であり、アルゴリズムの働きを見るのが簡単であり、異なるアルゴリズムが異なる方法で同じ結果をはじき出すためである。本活動では、児童は校庭に引かれたパターンとしてアルゴリズムを表現し、そこで、アルゴリズムが実行されるときにそれに従って動くデータのつもりになる。

　ソートするネットワークは、ソートされていない一連の物事をどのようにして順序立てるのかを表現する方法の1つである（様々なものが何かによってソートされるので、私たちはそこに順序を定義できる。番号、文字、学校のリーグ戦の成績など、私たちが意味をもって比較できるいかなることでもソートできる。ここでは番号（数字）を用いる）。ネットワークは配線のグループの1つであり、左から右へと「実行され」、それぞれ1つずつ、物がソートされる。コンパレータ（2つの電気信号を比較する電気回路）が2つの回線の間で上下に行き来する。コンパレータの両方の末端に何かが来る、それらが順序通りになっていない場合、それらは交換され、順序通りになっていればそのままの位置に残る。

　図4.1aで示されているのは、4つのアイテムをソートするネットワークである。図4.1bは、番号のセットが順序通りにソートされる様子を示している。試しに他の番号を入力するとわかる。いつでも同様の働きをするのだ。

　この活動では、教師が、どんな手段、方法でもよいが、ソーティングネットワーク（ソートするための回路）を校庭に描く。それを描くとき、まずすべてのネットワークを描き、その片側を「小さい」方の末端になるよう印を付ける。

　児童に番号が書かれた紙を配る。児童に渡す番号は1から始まる必要もなければ、連続している必要もない。番号順に並んでいるか否かが確かめられるようにしておけばよい。次に、ネットワークの始まりの側の位置に着き、ノード（ネットワークの接続ポイント）に着くまで「走る（実行する）」。

　それぞれのノードで、児童はコンパレータの反対側に誰かが来るまで待つ。必要があれば彼らは場所を交換し、最も小さな番号が一番上に行くようにする。両方の児童は次のノードに辿り着くまで動く。すべての児童が終端に来たとき、彼らは番号順に並んでいる。

　次の組の児童に、この活動を繰り返させる。

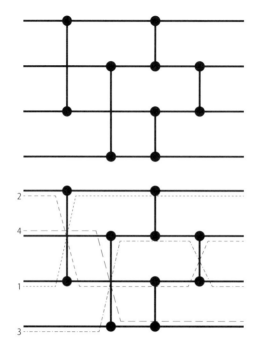

図4.1a、4.1b　4つのものをソートするネットワーク

◎ コンピューテーショナル・シンキングがどう育つか

1) アルゴリズム的思考——単純なプロシージャ（手続き）に従うもの。類似したオペレーション（演算処理）のそれぞれはとても単純だが、それらの組み合わせは非常に複雑なものになる。

2) 論理的思考——異なる並びをもつ数字の列がソーティングネットワークに入れられたとき、何が起きるかを予測するための考え方。また、今扱っているソーティングネットワークがより単純なものによって作られているとき、違いのあるソーティングネットワークがどのように振る舞うのか、ということを予測することにも用いられる。

3) 抽象化——より多くの入力に対応するため、ネットワークを広げるための手順。

◎ 教科横断的な学習

◎ 算数

対象のソーティング（ソート）と比較の考え方。

◎ 対象年齢

低学年：ソーティングネットワークの利用。

高学年：同じ数字の入力に対して働く異なるソーティングネットワークの比較、新たなソーティングネットワークの制作。

Explorers

◉ 授業計画

⬙ 到達目標

この活動後、児童は以下のことを行い、達成することができる。

・人をソートするためにソーティングネットワークを使うことができる。

・比較と交換を反復する方法を記述し、また、正しい順序で様々なことをソートすることができる。

・ソーティングネットワークを一般化できる。

◉ キーワードと質問

ソートする——ひとまとまりの物事を順序通りに並べる。

比べる——2つの物事は、私たちが（児童が）どちらか1つが小さい、早い、あるいは他より前に来るとき比べることができる。オブジェクトを比べるやり方を決められないとき、私たちはそれらをソートする方法をはっきりと決められない（定義できない）。

スワップ（交換）——多数ある異なる方法でのソートの基本。2つのオブジェクトが比較され、順序通りになっていないときはスワップされる。ソートするアルゴリズムが定義されているとき、オブジェクトは比較される。

もし私たちが、2つのものを比べることしかできないとしたら、私たちはたくさんあるものを順序よくソートできるか？

私たちには、いくつの比較とスワップが必要だろうか。たくさんのものをどのように変えれば、ソートできるか？

完全に働くが、異なる数字の比較ができる、ものをソートする異なる方法はあるか？

◉ 活動

時間	教師がすること	児童がすること	教材
10分	授業前に、教師は単純なソーティングネットワークを描いておく。図4.2のような8個のものをソートするネットワークでもよい。 コンパレータ利用における、止まるところに印を付けさせる。	児童にも、このことはできるだろうが、教師はこの（作られた）ネットワークを注意深く確かめること。些細な間違いでも全く働かなくなる。	ネットワークを描くためのチョークやひもなど。コンパレータの終端に付ける印として、小さな三角コーンを用意してもよい。
5分	教師はソーティングネットワークの考え方を説明し、プリントやスクリーンにその例を示す。		

87

時間	教師がすること	児童がすること	教材
5分	教師は児童を外に連れ出し、描き出されているソーティングネットワークの使い方と規則を説明する。児童に、誰かが反対側の終端に着くまで、コンパレータで待たなければならないことを強調する。		
10分		児童のグループはそれぞれカードを受け取り、ソーティングネットワークを走り抜け、それが働いているかを確かめる。	数字が書かれたカード。
10分	教師はネットワークにもう1本の線を含め拡大する。	児童は広がったネットワークを走り抜ける。	
10分	教師は活動を合算し、ソートの性質を指摘し、どのようにして異なるネットワークが同じ結果をはじき出すことができるのかを指摘する。		

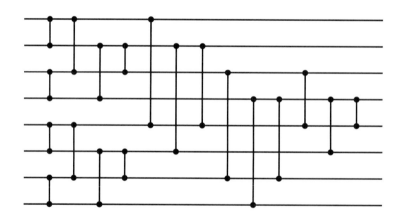

図4.2　8つのものをソートするネットワーク

🌀 バリエーション、展開と応用

　教師はネットワークを紙に描き、それらをワークシートとして配付できる。児童は異なる色で異なるオブジェクトの通り道を描くことで、入力として異なる配置を試し、ネットワークがそれらを常にソートすることを確認できる。

　教師は異なる物事、例えばアルファベットの文字や、（もし教師がアルファベット順を強調したいのなら）名前もソートさせることができるだろう。もしソートの結果が間違っているのなら、教師

は間違いを調べ、回路を直すために、来た道を逆戻りさせることもできる。いくつかの場所で2人1組になった児童は間違っている場所を見付けることができるだろう。

　児童のなかには、たとえ数字が連続していなくても数字が順序通りにソートされる考え方と格闘する子どももいるだろう。

　高学年の児童には、異なる数字が入力されたときのための、彼ら独自のソーティングネットワークをデザインさせることもできるだろう。これらのネットワークを作る秘訣は単純である。1本の線での作り方、2本の線での作り方は重要なものではない(図4.3)。3本の線でネットワークを作るには、2本の線のネットワークの一番下に新たな線を加えればできる(図4.4)。私たちは2つのコンパレータを付け加えることで、最も大きな数値をこの線に「沈める」ことができる。そして、残りの数値を既存の2本線のネットワークを用いてソートできる(図4.4)。4本線のネットワークは3本線のネットワークから同じ方法で作ることができる(図4.5)〔訳注1〕。この方法でどのような大きさのネットワークも作ることができる。しかし、より少ないコンパレータでソーティングネットワークを構築する他の方法がある(図4.5の4線ネットワークには6つのコンパレータがあるが、図4.1の4線ネットワークでは5つしかコンパレータを使っていない)。

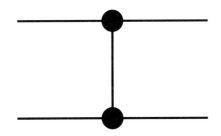

図4.3　2本の回線のソートするネットワーク

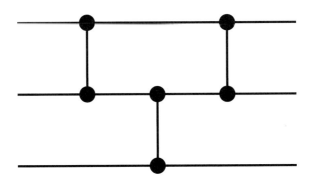

図4.4　2本の回線のソーティングネットワークを含む、3本の回線で作るソーティングネットワーク

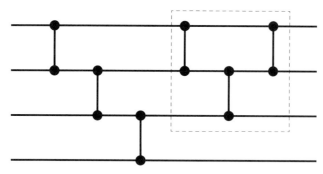

図4.5 3本の回線のソーティングネットワークを含む、4本の回線で作るソーティングネットワーク

　拡張した活動では、他のやり方で、正しいソーティングネットワークでありつつ、より少ないネットワークを構築させるよう、児童に指示できるだろう。ウィキペディアの「ソーティングネットワーク」の項目に、異なる本数でコンパレータの数を最小にできるソーティングネットワークが列挙されている。

評価基準

　児童は、ソートの考え方を説明できるかどうか、また、数値（または文字、名前）のグループを正しくソートできる場合を見付けられるかどうか、ということを基準として評価される。高学年の児童であれば、機能するソーティングネットワークとして与えられた1つの回路から、どうすればその回路をより大きくすることができるか示すことも、評価の対象になる。

アンプラグド活動2：インターネットに乗る

概観

　この活動では、児童は、メッセージがどのようにしてパケット（データ通信で、データを一定の単位に分割し、それぞれに伝送・交換に必要な情報を付したもの）に分割されるかを見て、また、メッセージの運ばれ方にどのようにして異なる物理的な接続のタイプが影響するかを見て、インターネットがどのように働いているのかについて理解を深める。

　児童は、情報のパケットを目的の部屋へ届けることで、これらのシステムの機能を描写している「パケットゲーム」を遊ぶ。帯域幅と信頼性によってどのようにして異なるタイプの接続が変化するのかを示しつつ、情報のパケットが異なる情報交換方法によって届けられることを通して、この遊びは進んで行く。

　この活動の一部はフィリップ・バッジ（Phil Bagge）の「Network, Internet & Web Search Planning」(http://code-it.co.uk/)と、Code.orgの活動「The Internet」から着想を得たものである。

コンピュテーショナル・シンキングがどう育つか

　この活動は、児童に、データの伝達と表示の方法についての事前の知識を生かすために、インター

ネットについてすでに彼らが知っていることを一般化することを求める。またこれは、メッセージの一部だけが1回で動くときであっても、メッセージ全体が通過する方法を見ることで、彼らに抽象化を利用することを求める。

◉ 教科横断的な学習
◈ 国語
5年生、6年生
記述の目的として、またその読み手を明確にし、ふさわしい形式を選び、彼ら自身のモデルとして、類似した他の記述方法を利用する。

文章を構造化し、読み手を導くために、さらに構造化し表示するためのデバイスを使う。

◉ 対象年齢
この活動は、コンピュータのネットワークの背景に関する知識をすでにもっており、インターネットがどのようにして働いているかについてある程度理解している、高学年の児童のために計画されたものである。

◉ 授業計画
学習のねらい
◈ コンピューテーショナル・シンキング
・インターネットがどのように働いているかについて、児童が知っていることを一般化する。
・パケットを用いたデータの伝達を説明する。
◈ コンピュータ・サイエンスとの関連
・インターネット含めたコンピュータネットワークを理解する。

◉ 知っておくべきこと
インターネットを通って動く情報は、パケットに分解される。それぞれのパケットは、情報の受信者に関する情報や、いくつのパケットが全体のメッセージを作り上げるのかなどの、情報の断片を保有している。これは、異なる会話をパケットにインターリーブ（データを何らかの領域――空間、時間、周波数など――で不連続な形で配置し、性能を向上させる技法）することで、コンピュータ間の単線のコミュニケーションリンクによって同時に多量の異なる会話を伝達するために用いるためである。またパケットは、ネットワーク輻輳（ネットワークで起こる情報の渋滞のようなもの）を避けるため、異なるルートによってネットワークを行き来する。

パケットは、それらの出発地と目的地を与えるラベルを含む。そのラベルとは、それらがどのメッセージの一部なのか、それらがメッセージのどの部分なのか、そしてtime to live（TTL）である（訳注2）。TTLは、パケットが目的地に到達可能なルートがない場合、最終的に廃棄されるために必要

なものである。

パケットの切り替えのたとえとしては、様々なトラックに入れられ、あちこちにたくさんの荷物を移動させる、というものがある。それぞれのトラックは目的地へのそれぞれのルートを作ることができ、発送されたすべての荷物は、すべてのトラックが到着したとき再び組み立てられる。また、1台の巨大なトラックが道をふさいでしまうと、そのトラック以外の道路利用者に問題を起こすことになる。

◎ キーワードと質問

パケット——ネットワークを介して届けられるデータの小さな一部分。

・パケットはどのようにして自分の目的地を知るのか？
・なぜウェブページはパケットに分解される必要があるのか？

◎ 活動

◎ パケットゲームのルール

ネットワークを校庭やそれに類する場所に置く。ネットワークにはルータ（中継通信機器）となるノードがたくさんあり、それぞれにポットなどの入れ物が置いてある。端にあるノードはユーザ（利用者）のためのノードであり、椅子の後ろに貼られた紙のような、はっきりとしたタグを付けられている。

児童を2つのグループに分ける。それぞれのユーザのいるノードに椅子を置く。ユーザになった児童はそれぞれ、他のユーザに届けるメッセージのリストをもっている。ルータのノードそれぞれには、それぞれのルータがもつ伝達能力を表す児童を配置する（ルータに配置された児童は、ルータの果たす役目を負う）。もしルータ以上の数の児童がいるとき、ルータには1人以上の児童を配置する。もしルータより児童の数が少ないなら、いくつかのルータには児童を配置せず、代わりにそれぞれのルータ役の児童の隣に誰かがいるノードを1つ以上配置するのがよいだろう。

ルータ役は、そこにいる児童の周りにある、自分が見付けたパケットを動かす。彼らは自分が割り当てられたルータ（ホームルータ）から隣接するルータへと動き、元のホームルータに戻る。最初のルータにいる者は、彼らのポットからランダムにパケットを取り出し、TTLタグを1つ付ける。もしパケットがTTLを超えているとき、それはゴミ箱に捨てる。パケットがまだ「生きている（TTLを超えない）」なら、ルータ役はそのパケットがどこへ行くかを見て、その道筋上の他のルータを選ぶ。彼らはそのルータへと走り、そこにあるポットにそのパケットを入れる。ポットが他のパケットを待っている状態にあるとき、パケットをもってきた児童はその内の1つを選んで取る。プレイヤーのホームルータがこのパケットの道筋になりうるとき、そこにいる児童はTTLのタグを外し、タグを彼らのホームルータに戻す。

集めるのにふさわしいパケットがない場合、児童は彼のホームルータへ戻る。ホームルータにパケッ

トがない場合、児童は隣り合うどれかのルータにランダムに走り、パケットを探す。

一度にポットにパケットを出し入れできる児童は1人だけである。ノードにいる他の児童は、彼らの番が回ってくるまで待たなければならない。

メッセージを届けるには、ユーザが必要な分だけのたくさんのパケットにメッセージを書く。すべてのパケットはネットワークをまたがる最も長いルートよりも1〜2回長いTTLをまず付けられる（図4.6で言えば、TTLは6になる）。次にユーザはルータの1つの宛先を誘導する。ルータは1つだけパケットを受け取り、彼らのホームルータへ引き返し、それを保持する。

最終的には、パケットはその出発点から目的地までネットワーク上を動く。パケットが間違ったユーザに届いた場合、それは廃棄される。メッセージをもつすべてのパケットが（順序を問わず）届いたとき、メッセージは成功裏に運ばれている。

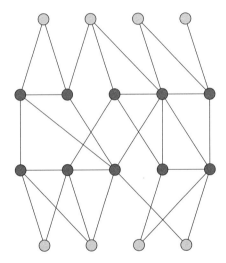

図4.6　情報交換ネットワークの例。いくつかの「明白な」接続がないことに注意。

🔷 活動

時間	教師がすること	児童がすること	教材
授業前	チョークやロープなどで校庭にネットワークを描く。交差点それぞれに籠や箱を置く。ネットワークの終端に椅子を置き、（わかりやすく）アドレスを書いた紙を貼る。		
5分	児童にインターネットがどのように機能するか説明する。	簡潔に図形を描き、パートナーの児童に説明する。	ルータ、サーバ、ISP（インターネットサービスプロバイダ）、海底ケーブルといったキーワードを表示する。

時間	教師がすること	児童がすること	教材
10分	ウェブサーバからウェブサイトの情報を検索するとき、その塊は辿るには大きすぎるため、小さな破片に分解することを説明する。児童は「パケットゲーム」を遊ぶことを通して、このことをモデル化する。		
5分	パケットの情報シート（図4.7）を完成させ作成する。児童は3パケット分の長さの、教室にいる誰かに渡すメッセージを書く。	児童はパケットシート上にメッセージを作成する（時間がある場合には、2つのメッセージを作る）。	図4.7の様なパケットシート。サイコロ。
10分	パケットゲームのルールを説明する。1人のユーザと2つのルータだけを使って1個か2個のパケットを動かすところから始め、モデル化する。		
	数分経ってから、2つのルータノード間の接続を取り除く。あるいは、ルータノードにあるポットに出し入れするパケットを動かす児童の動きを遅くする。しばらくしたら、児童は彼らが通る方向を変えたり修正したりすることに注意を向けるだろう。	パケットゲームを遊ぶ。	
	パケットゲームがインターネットを児童に見せるためのゲームだということについて、時間をかけてじっくり考える。	児童は、ゲームから何を学習したか説明する。	

◉ 評価基準

　児童が到達目標を達成したとき、以下のことができるようになっているだろう。

・「パケット」という用語について説明でき、情報がパケットに入れられる必要があることを示せる。

・どのようにして情報がパケットに分けられ、受信者によって組み立て直されるのか、説明できる。

・同じメッセージが入っている異なるパケットは、異なるルートを使えることを理解する。

・パケットが迷子になりうることを正しく理解でき、そのとき何が起きているか説明できる。

　この演習には記述する記録がないため、質問することは特に重要と言える。教師は、インターネットが重い、あるいは接続のエラーがあるなどの現実世界で起こることと、整然と平行して扱うことができるだろう。児童がインターネットのそれぞれの役割を演じてみて、それを理解しているか確かめるために、スワッピングの役目は継続させる。

Explorers

展開と応用への展望

支援

教師は、概念を紹介し補強することで、児童を支援できるだろう。児童が戸惑っている場合、一度に1つのことだけに焦点を当てるように指導する。児童は、ウェブサーバと呼ばれる、どこかにあるコンピュータにウェブサイトが保存されていることを、ちょうど理解し始めたばかりだろう。その状態から始め、ゲームにより複雑な事柄を徐々に追加して、少しずつ彼らの理解を深めさせるよう指導していこう。

拡張

自信がありそうに見える児童には、すべての人が同時にインターネットを使うことや、データが移動する距離について考えるよう働きかける。屋外での授業は、情報の伝達についての概念を補強するだろう。児童は、パケットが傍受されるなどのセキュリティ問題についても考えるようになるだろう。

TO	**Bob**				
From	**Teacher** (your name)				
Message		H	E	L	L	O
		B	O	B		
I		H	O	P	E	Y
O	U		A	R	E	L
Message Split	1/1 , ①/2 , 2/2 , 1/3 , 2/3 , 3/3				
Time to live	**6**				

TO	**Bob**				
From	**Teacher** (your name)				
Message		E	A	R	N	I
		N	G		L	O
T	S					
Message Split	1/1 , 1/2 , ②/2 , 1/3 , 2/3 , 3/3				
Time to live	**7**				

図4.7　教師がボブという生徒に2つの情報のパケットを送るときの、パケット情報シートの書き方

クライアント（サーバから情報などを得るコンピュータ）

　例えばユーザ（利用者）がウェブブラウザを使って「www.bbc.co.uk」といったURLを打ち込んだときのように、コンピュータは、ユーザが見たいウェブサイトをインターネットに要請する。
1. ウェブサイトを検索するために、インターネットにウェブサイトの要請を送る。
2. ウェブサイトが応答しそれをひとまとまりに組み立てたときには、笑い、何かをクリックし、全体のプロセス（過程）をもう一度始める。

図4.8　生徒に何をする必要があるのかを思い起こさせる役割カード。
これらは特に教師が彼らの周りでスワッピング（交換）をし続けるときに役立つ。

第4章 ❀ 体を使ってデータになって、
　　　インターネットを旅しよう

アンプラグド活動3：「プラグイン」する

◎ 概観

　この活動では、児童は、異なる接続がどのように機能するかを、ロールプレイすることにより理解する。また、コンピュータのネットワークがどのように機能するか、という基礎的な理解の上に学習を積み上げていく。児童の中には、与えられたリストから質問する役目を任された子もいる。他の児童は、これらの質問に対して答えるウェブサイトになっている。残りの児童はネットワークとして、異なるタイプの接続を表現する異なる信頼性をもって、質問と回答をもって動き回るだろう。エクスプローラの文脈にのっとれば、この活動は校外で大きなスケールをもって行われるのが最良の方法であり、情報の送受信の概念を強化する。

◎ コンピューテーショナル・シンキングがどう育つか

　この活動は児童に、身体を使った活動とコンピュータのネットワークを結びつけるために抽象化を用いることを求める。身体を使う活動を通して、ネット上の情報が異なるやり方で動き回ることと、ネットワーク接続に異なるタイプがあることを結び付けるのである。本章のアンプラグド活動2で示したように、児童は、異なるコミュニケーション方法がある場所から別の場所へとメッセージが動いた結果が同じになりうるということを知るときに、抽象化を使うことができる。

◎ 教科横断的な学習

　この活動は、質問と回答を用いて、いかなるトピックにも用いることができる。

◎ 対象年齢

　この活動は低学年の児童の中でも進んだ者や、高学年の児童にふさわしい。

◎ 授業計画

学習のねらい

▷ コンピューテーショナル・シンキング

・インターネットの抽象化されたものについて説明する。
・インターネットとの関係の中での、データの送信と表示について理解する。

▷ コンピュータ・サイエンスとの関連

・どのようにしてインターネットからウェブサイトを検索するか、説明する。
・インターネットを含むコンピュータネットワークについて理解し、また、それらがどのようにしてWWW（ワールドワイドウェブ）のようなサービスを提供できるかを理解する。

◎ 知っておくべきこと

　コンピュータは、異なるプロパティ（ファイルなどの属性に関する情報）をもって、多様な物理的

Explorers

システムを使って情報交換を行う。この演習の目的として、物理的システムを3つのタイプに分けることができる。有線接続（ワイヤード）、無線（ワイヤレス）接続（Wi-Fi）、携帯電話による接続である。Wi-Fiは、特にコンピュータがアクセスポイントから離れている場合は、それほど情報伝達速度は出ず、信頼性も薄い。しかし、コンピュータの位置を動かせる点で有利である（訳注3）。モバイル（携帯電話）による接続は最も柔軟だが、伝送速度は遅く、信頼性は最も低い。

◉ キーワードと質問

ネットワーク——コンピュータ同士が情報交換するための道具。

信頼性——どの程度、情報が誤った方へ行かないかということ。これは失敗間の時間によって（単位時間当たりの失敗の数で）示せる。

信頼性はどのようにしてデータ通信速度に影響するのか？
異なる状況下でどのネットワークのタイプが最善となるか？

◉ 活動

時間	教師がすること	児童がすること	教材
活動前	質問のリストと回答のリストを準備する。これらはここで学んできた他の話題と関係づけられる。回答を探すグループには、1つだけ回答をもたせるのがよい（動物や作曲家など）。質問のグループには2〜3個あるいはそれ以上の質問をもたせるのがよい（教師は質問のセットを複写しておく方が良い）。それぞれの質問は分けられた紙に書かれており、そこに回答を書くだけの余白を作っておくべきである。		
5分	ディスカッション：インターネットとは何か。インターネットは何をしているのか。 児童がしばしば混同している、インターネットとWWWを分離することを確認する。ウェブサイト、電子メール、Skype、その他TwitterやFacebookのメッセージといったメッセージサービスを比較する。		

第4章 ❋ 体を使ってデータになって、
　　　　インターネットを旅しよう

時間	教師がすること	児童がすること	教材
	児童に、自分が使っている、あるいは使ったことがあるインターネットにつながっているデバイス（機器）について考えさせる。それらはどのようにして接続されていたか。機器それぞれについて、その写真のカードを児童に配る。異なる接続方法（有線接続、Wi-Fi、モバイル）を見せられるようにしておく。	児童に電話、プレイステーション、タブレット、ラップトップパソコン、テレビといったデバイスのリストを作らせる。すべてのテレビがネットに接続されているわけではないことを、児童に思い起こさせる。	様々なデバイスの絵や写真のカード。
5分	児童をグループに分ける。それら1つ1つに、1組にまとめた質問を渡す。1つのグループは、特定のデバイスを用いて質問の答えを得る1人のユーザを表している。有線接続、Wi-Fi、モバイルのうち、どのデバイスを用いるのかを明らかにしておく。		
10分	児童に、出された質問に答えさせる。	課題を与えられた児童は、グループごとに適切な「ウェブサイト」に質問をもって行く。「ウェブサイト」は解答用紙である。そして児童は用紙に答えを書き入れ、彼らのデバイスにもちかえる。すべての質問に答えを書いた最初のグループが「勝ち」である。児童はずっと歩き回らなければならない。また、混雑して接続できない（ビジーな）ウェブサイトでは待ち行列を作るよう勧める。 有線接続を使っている児童はメッセージを彼らの手でもつ。Wi-Fi接続を使っている児童は、メッセージを手の甲に載せる。モバイルを使っている児童は、メッセージを頭の上に載せなければならない。メッセージを落とした場合、彼らはその都度そこで止まり、それを元の場所に戻しに行かなければならない。	
10分	児童が用いるデバイス（および接続方法）を交換させ、新たな質問のセットを渡す。それぞれの児童がいずれの接続方法をも経験できるまで活動を反復する。		
5分	発表課題を説明する。発表方法の考え方のいくつかを児童に伝えるために、それなりの数のモデルを示す。	児童は教室に戻り、インターネットの働きについて、彼らが見付けたことを発表する方法を考えなければならない。彼らはそれらの情報を示すための適切な方法を選ばなければならない。	

Explorers

🌑 展開と応用への展望

支援

この活動におけるブレインストーミング（集団の自発的で自由な発案・議論による問題解決法）部分のために、接続されたデバイスのアイデアや絵、写真を供給する。児童は彼らが用いているデバイスや接続のタイプについて思い出すきっかけを必要とすることもあるだろう。接続のタイプを区別させるよう尋ねる主な質問は、プラグインする必要の有無や、家から遠く離れても使えるかどうか、である。

児童は、動き回って答えを得るためにアクセスするとき、過度に興奮しがちなので、全員の安全を確保し、それぞれの場所で構成に順番を守らせる。

教師は、このゲームは接続のタイプの違いを示すためのものであり、勝ち負けを付けるためのものではないことを強く伝えるべきである。

応用

追加のチャレンジ（挑戦）課題を提供するため、児童に、なぜより遅く信頼性に欠けるネットワーク接続を私たちはなぜ使っているのか、また、どのようなときにそれぞれが適切な接続方法なのかを質問する。教師はさらに、どうすれば信頼性の低い接続方法でも信頼できるコミュニケーション（情報交換）を構築できるか、尋ねてもよい（コミュニケーションをとる班同士が、すべてのパーツが渡され届けられたか確かめるために、メッセージの受け渡し前後に「握手し」、必要に応じて再度パーツを渡す、といった方法がある）。

🌑 評価基準

児童が到達目標に至ると、彼らは、異なるタイプのネットワークへの接続について、また、それらに関連する有利な点と不利な点について説明できるようになるだろう。彼らはまた、話題に挙げている質問と答えについて学んでいるかもしれない。

授業をふり返るための質問

・インターネットの働き（機能）について説明できるか？
・コンピュータのネットワークを渡って情報を共有するとき、何のサービスを利用するか？
・無線でのインターネットに対して有線接続が適切と思われるのはどのようなときかを示せるか？
・コンピュータのネットワークは、どのように、コンピュテーショナル・シンキングの概念とアプローチを描き出せるか？

議論

本章で描き出した鍵となるアイデアは、データ処理をたくさんの方法で遊び演じることができるということであり、デジタルなコンピュータか、あるいは紙とペンを用いるかというのは、その

99

方法のうちの2つに過ぎないということである。情報は、たくさんの方法で物理的に蓄積され操作される。この章はそのいくつかを示そうとしている。

　ソーティングネットワークについて最初に挙げた活動は、どのようにアルゴリズムを物理的な配列に埋め込めるかを示している。ソーティングネットワークそれ自身は一般的にはプログラミングでは使われない。それぞれのソーティングネットワークは特定の個数のものを整理できるだけである。
　しかしながら、固定数のものを高度な並列処理装置（例えば処理装置としてのグラフィックスボード：描画エンジンを積んだコンピュータ基板）では、ソーティングネットワークは効果を発揮できる。並列処理への同様のアプローチは、最近の人工知能システムで用いられている。
　もう1つ別の物理的整列アルゴリズムには、「pancake sort」(パンケーキの整列化)が挙げられる。これは、異なる大きさのパンケーキが積み重なっている山を、一番大きなものを一番下にして、その次に大きいものをその上に、さらに次の大きさのものをそのまた上にと並べ替え、最も小さなものを一番上に重ねるまで反復する、というものである。
　パンケーキの山のどこかにフライ返し（コテやヘラ）を差し込み、山の一番上にひっくり返して乗せる。適切な部分でそれを反復すると、最終的に、上から小さい順に重なるパンケーキの山ができる。これは、異なる大きさの紙の円盤を使い、児童が山全体を整列させるのに、何回ひっくり返して置くことを反復すればよいか考えるようにすれば、簡単に教室での実践活動にできる。
　図4.9を例にすると、フライ返しはパンケーキの山の上から4番目に差し込み、ひっくり返して天辺に乗せる(a)。ここでは最も大きなパンケーキが一番上に乗る(b)。次のステップとして山全体をひっくり返すと、ここでの目的通り、最も大きなパンケーキが一番下になる。さらにこの作業を反復すると、残りの山も整列させることができる。

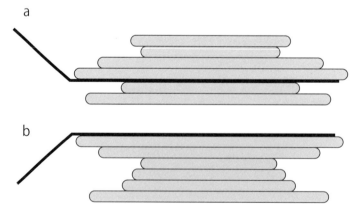

図4.9　パンケーキを大きさの順序で並べなおす方法（パンケーキの整列化）

　コンピュータネットワークは、ネットワークそれ自身が校庭にその場所を図面化できる物理的な広がりをもつため、明らかに屋外に出て（校庭で）行う活動である。

Explorers

　コンピュータネットワークを理解することは、「コンピュータ・サイエンス」「デジタルリテラシー」と共に、コンピューティングの教科を構成する「情報技術」（Information technology：IT）の要素の1つである。ITは、現実の状況下でコンピュータシステムを創造的かつ生産的に利用することである。そのため、コンピュータネットワークをどのように働かすのか、ということについての理解は、コンピュータがどのようにして私たちの生活すべてに影響し、利益をもたらすかを評価するときに重要である。

　コンピュータネットワークを学ぶことから取り出すことができる、コンピューテーショナル・シンキングの重要な一部分とは、抽象化である。1つのメッセージがどこをどう通ってきたか、などという細かいことは、そのメッセージを結果的に受け取った者にとっては重要なことではない。これとは別の、コンピューテーショナル・シンキングの部分とは、コラボレーション、デバッグ、やり抜く力である。コンピュータネットワークにおいて、メッセージを届けようとするとき、繋がっているコンピュータたちは協力し合う。さらに、信頼性に欠ける多くのネットワークが、コミュニケーションに失敗して壊れたメッセージをデバッグすることをコンピュータに要求する。そして、そんな失敗に直面しながらもメッセージを届けることをやり抜くように、さらにコンピュータに要求するのである。

要旨とキーポイント

劇やロールプレイで作られているアンプラグドなアプローチは、児童に、運動知覚的な学習を通してコンピュータの過程の理解を築き上げることができる。これはアルゴリズムやデータ伝送の探検を通じて行われるべきである。

コンピュータの相互通信能力は21世紀の生活には不可欠な一部となるだろう。この心構えをもって、私たちはネットワークやインターネットの背後にある技術について、より多くの注意を払う必要がある。そうすれば、情報への接続がユビキタスになる（至るところに存在する）世界の中で、私たち大人は、自分自身と児童の準備を最適化できる。

本章の課題は、子どもたちに、彼らの情報やファイルに何が起きるのかを正確に知ることにより、彼らがオンラインで何を共有しているのかについてよく理解した上で意思決定ができるように導くことである。このことは、e-セイフティ（コンピュータ利用における安全保障）にとって、またコンピュータ利用にとって極めて重要である。

本章では、異なるコンピュータ接続についてだけでなく、ネットワーク上でどのようにしてデータが表され伝送されるかも議論している。このことは有線（ワイヤード）、無線（ワイヤレス）、光回線による接続の違いを説明しており、同様に、電気信号（パルス）、電波、光を用いて、どのようにデータが伝送されるかについても説明している。

第4章 ❁ 体を使ってデータになって、
　　　　インターネットを旅しよう

【訳注】

〔1〕まず最も大きな数値を最も低い線に「沈め」、残りの数値を残りの回線でソートする。

〔2〕データにもたされた「寿命」のこと。この章の「アンプラグド活動2」で概要が紹介されている。
パケットは、それぞれのTTLをもたされている。パケットに割り振られたTTLは、時間経過
と共に減る（通常は1秒ごとに1減る）。パケットがホームルータ（ホスト）に届いたときにも、
TTLは1減らされる。パケットが何度も宛て先ではないホストに送信され通過すると、TTLは
その度に1減る。パケットが宛て先に辿り着かずにさまよっていると、最終的にTTLはゼロに
なる。このとき、送信されるパケット（情報）は破棄される――つまり、パケットは「死ぬ」。
そして、情報（パケット）の送り主（ユーザ）には、「時間がかかりすぎました」という意味のエラー
が返される。

情報に寿命を設定しないと、ネットワーク内に宛て先が見付からない情報がいつまでもさまよい、
あふれ、サーバなどに過剰な負荷をかけ、データの輻輳（データの「渋滞」）をもたらす。それ
を防ぐために必要なのが、データの寿命、Time to live（TTL）なのである。

〔3〕IEEE802.11acの登場で通信速度は飛躍的に伸び、理論上毎秒1GB以上伝送できるまでになっ
ている。信頼性は確かに有線接続と比べて落ちるが、WPA2-AESによる暗号化はそれなりに
信頼できるため、コンピュータの中にはイーサネット接続用のコネクタをもたずWi-Fiの機能
のみをもつ機種も登場している。

Explorers

第5章

暗号を解読せよ vs. 暗号を守れ

Code Breakers : Dpef Csfblfst

序

子どもだった頃、いったいどれだけの人がクラスの友だちにメッセージを送ったことだろうか。いったいどれだけの人がそのメッセージを仲間たちに読んでもらっただろうか。また、教師がそのメッセージを見付け出して、それを（ときには声に出して）読まれたときの私たちの気まずさといったら、どれほどのものだっただろうか。

こうした質問を私のクラスの児童にすると、1つ目の質問よりも、2つ目の質問の方がより多くの手が挙がる。私が同じクラスの児童に、「これから先、すべての気まずさを感じることがなくなるように、みんなのメッセージを暗号にできたらいいな、と思っている人は？」と尋ねると、全員の手が挙がるのだ！

● ● ● ● ● ● ● ● ●

こうした仕方でコードブレイキング（暗号破り、暗号解読）と暗号化の話を、授業への導入として児童に最初に語ることは、この魅力的な話題と関わる児童に、心躍る仕掛けと実生活の文脈を創り出すことができるだろう。（イングランドの）学習指導要領から引用すれば、上記のようなことは、「世界を知り、そして世界を変えるためにコンピュテーショナル・シンキングと創造力を用いること」がどのようにしてできるのか、を示している。

暗号化は、有史以来ずっと重要な役割を果たしてきており（そのいくつかの例を後に示す）、また、私たちの生活の重要な一部であり続けている。毎日のように、私たちは電話をかけ、Eメールを送り、ウェブ上で何かを購入している。こうしたタスクは、守秘義務やセキュリティ（コンピュータ上の安全性）に依拠している。あらゆる組織は、自分たちが保管するデータを管理し安全に保つことが法で義務付けられており、そこに、暗号化が関わっているのである。

授業のアイデア

教室の中の情報を暗号化し、それを解読するために、児童と一緒に使うことのできる暗号法がいくつもある。この章の後半の「暗号のメニュー（利用可能な選択肢）」の中で、そのいくつかを紹介する。これらの暗号を使って、「暗号を使う」「暗号を解読する」活動を行うことができる。児童は、初期の暗号を使った後でより新しいものを扱うことで、より簡単に暗号を理解できることがわか

るだろう。

到達目標

この章を通して、以下のことができるようになる。

・かつての、また現代の技術における暗号化および暗号解読法の重要性を理解すること。
・暗号化と暗号解読のプロセスがアルゴリズムであることを説明すること。
・単純な暗号を色々と使ってメッセージを暗号化することとそれを解読すること。

教員育成指標とのつながり

以下の指標が、とりわけこの章と関連している。

TS1c　あらゆる背景や能力や性格をもつ児童を、伸ばし挑戦させられるような目的を設定する。

TS3a　関連する教科とカリキュラムの領域における確実な知識を有し、その教科での児童の関心を育て、それを保持すること。そして、誤解した点についても取り上げる。

TS4b　学びへの愛情と児童の知的好奇心を促進する。

TS4c　授業の有効性と教えるときのアプローチを体系的に反省する。

TS5a　児童に効果的に教えるアプローチを用いて、いつ、どうやって展開するかを知る。

TS6a　法で定められた評価の必要条件を含め、関連する教科とカリキュラムの領域をどう評価するかを知り、理解する。

TS6b　児童の進歩を保障するために、形成的評価や累積的評価を活用する。

TS6d　口頭および正確な採点の両方を通じて、児童に定期的にフィードバックを与える。そして児童に、フィードバックに答えるよう促す。

(DfE, 2011)

（イングランドの）学習指導要領とのつながり

高学年がコンピューティングの授業で学ぶこと。

2.2　プログラムにシーケンス・選択・反復を用いる。変数や、多様な入出力のフォームを用いて作業する。

2.3　いくつかの簡単なアルゴリズムがどのように機能しているか説明するために、またアルゴリズムやプログラムの中のエラーをどのようにして検知し修復するか説明するために、論理的な理由付けを用いる。

2.4　インターネットを含め、コンピュータのネットワークを理解する。どのようにしてワールド・ワイド・ウェブ(WWW)のような多様なサービスを提供しているのか、また、どのように

してコミュニケーションや協働（コラボすること）を与える機会を提供しているのかについて、理解する。

2.7 テクノロジーを、敬意を払い、責任をもって安全に使う。（ネット上で）容認できる／容認できない態度を認識する。（ネット内における）コンテンツ（内容）やコンタクト（接触）に関する報告を行う様々な方法を見付ける。

知っておくべきこと

教師と児童のための、必要不可欠な教科についての知識

　暗号学において、暗号とは、暗号化や復号化（暗号化した文書を平常の文書に戻すこと）を実行するためのアルゴリズムである。他のアルゴリズムと同じように、プロシージャ（手続き）として従うことができる、明確に定義された一連のステップがある。

　暗号化は、暗号作成者が「プレーンテキスト」と呼ぶ意味のあるデータを、「暗号文」として知られる解読できなさそうなコードに変形する過程である。復号化は、暗号文をプレーンテキストに戻すプロセスのことであり、宛て先にいる復号できる者には理解可能なものとなる。暗号文を復号できるようにするために、受け取り手は暗号化の方法を知っていなければならない。また彼は、プレーンテキストを見ることができるようにするための鍵をもっていなければならない。

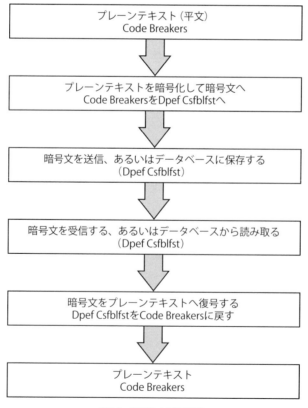

図5.1　暗号化と暗号読解

Dpef Csfblfst

　大多数の暗号化アルゴリズムはよく知られているものであるため、暗号の強度は、宛て先以外の暗号解読者（盗聴者）が正しい鍵を見付けることがどれほど困難かによって決まる。良い暗号はたくさんの鍵をもっており、宛て先以外の暗号解読者に手がかりを与えないものである。

　私たちは、「プレーンテキスト」や「暗号文」といった用語を使用しているが、暗号は、テキスト、数字、音、画像を含むありとあらゆる種のデータを暗号化でき、実際にそれは行われている。このことは、単なる1と0（2進法）の羅列であるデジタルデータを、どのようにして情報としてコンピュータ内に保存するのか、ということについて、重要な点を引き出している。この低いレベル（機械語に近いレベル）ではあらゆるデータが同じものに見えるかもしれないが、より高いレベル（より自然語に近いレベル）でのその解釈が何であれ、同じ暗号をデータの暗号化と復号のために使うことができる。

　情報を暗号化する方法はたくさんある。単純で分かりやすい暗号もあれば、より複雑な暗号もある。

　本章では、児童と教室で使うことのできるシンプルだが効果的ないくつかの例を見ていくことにしよう。また、その暗号の解読法についても見ていくことにしよう。

◉ 教科横断的な学習

⊗ 国語
メッセージを書くこと、文字（アルファベット）の理解。

⊗ 算数
暗号における計算。

⊗ 歴史
歴史上での暗号の使い方。

⊗ 人格、社会性、保健の教育（日本の「道徳教育」にあたる）
オンライン上の暗号を安全に使うこと。

⊗ デザインとテクノロジー
シーザー暗号輪（暗号表）のような暗号デバイスを作ること。

◉ コンピュテーショナル・シンキング

　この章における諸活動は、いくつものコンピュテーショナル・シンキングの見方を育てる。

⊗ アルゴリズム的思考
・与えられた順序（シーケンス）の中で、従う命令を定式化すること。

・新しい命令を作るという明確に定められたタスクを行う命令の集合をグループ化して、命名すること (サブルーチン、プロシージャ、機能、方法)。
・現実世界の過程をよりよく理解できるように、そのプロセスのアルゴリズム的記述を創造すること。

抽象化
・不必要なディテールを取り除くことで複雑さを抑えること。
・**アーティファクト**を表す手段を選択すること。これにより、成果としてのプログラムを操作できるようになる。
・データ上の複雑性を隠すこと。例えばデータ構造 (Data structures) を使って抽象化を行うことが挙げられる。

分解
・アーティファクトを構成要素に分解して、それをより簡単に扱えるようにする。

評価
・アーティファクトが目的に沿っていることを評価する。
・アーティファクトが正しい事柄を為しているかどうかを評価する (機能的正確さ)。
・アーティファクトの性能が十分かどうかを評価する (実用性：有効性と効率)。
・同じことを行うアーティファクトの性能を対比する。
・アーティファクトが使いやすいかどうかを評価する (有用性、使い勝手)。
・利用するときに、アーティファクトが適切で有益な経験を与えているかどうかを評価する (ユーザの経験)。
・成果としてのプログラムが何をしているかを、プロセス、アルゴリズム、コードを1段階ずつ実行して確かめること (予行演習 (アルファテスト、ベータテストなど) ／追跡調査)。

一般化
・アーティファクトにおけるパターンと共通項を特定する。
・解決法やその一部を適用することで、似たような問題全体に当てはめる。

アンプラグド活動1：暗号を使おう

　君は、秘密工作員だ。君は、仲間のスパイ (クラスメイト) に機密文書 (秘密のメッセージ) を送り、受け取らなければならない。

　君は、調査を行い、君のメッセージを暗号化し、復号する暗号法を注意深く選ぶ必要がある。君自身の機密文書を送り受け取ることができるようになる前に、スパイ訓練学校に戻らなければならない。

Dpef Csfblfst

◉ 概観

暗号のためのそれぞれのアルゴリズムが、どのように機能しているのかを教える方法は色々とある。私が奨励する方法は、アルゴリズムを小さなパーツに分解して、そのパーツに、より簡単に取り組むことを児童に教える、というものである。

児童は、彼らが行うことを成功させるために、それぞれのアルゴリズムを1ステップごとに機能させる彼らなりの方法で暗号化を行う。そして教師は、フローチャートのような標準的な表記法を使って、命令のシーケンスとして書くように指導する。児童は、本章のアンプラグド活動2でコード（暗号）の解読を試みる際にも、このフローチャートを使うことができる。

これと全く同じ構造をもつ活動は、後述する「暗号のメニュー」で紹介する暗号、あるいは利用することを決めた他のどの暗号に対しても、用いることができるだろう。

◉ 対象年齢

高学年の最初から、低学年の児童に対しても利用可能なものとして、シーザー暗号とピッグペン暗号がある。

◉ 授業計画

◈ 到達目標

この活動の後で、児童が行い、達成できるのは、以下のことである。
・「ぼくは／わたしは、「暗号学」「暗号化」「復号化」「プレーンテキスト」「暗号文」が何を意味しているのかを理解できます」
・「わたしは、どのようにして暗号化が機能するのか、そして、どのようにして個人的でプライベートな情報を安全に保つのか、簡単な部分について理解しています」
・「わたしは、簡単な暗号を使ってメッセージを暗号化し、復号することができます」

◉ 知っておくべきこと

暗号学は、情報を安全に保持することに関わるものである。その結果、もしその情報が（過誤か故意かにかかわらず）宛て先と異なる他の者の手に渡ったとしても、その情報を理解することはできない。暗号は、情報を人が読める形式から人が読めない形式に変える方法（暗号化と呼ばれる）であり、また、正しい宛て先の者が読もうとするとき、その過程を逆に辿る方法（復号化）である。

◉ キーワードと質問

暗号、プレーンテキスト、暗号文、アルゴリズム、鍵、パスワード

アルゴリズムの入力を変えることで、アルゴリズムの作動の仕方を変えることはできるだろうか？

109

第5章 ✸ 暗号を解読せよ
vs. 暗号を守れ

それぞれのアルゴリズムの間の共通点は何か？　また、そのそれぞれの違いは何か？

◎ 活動

時間	教師がすること	児童がすること	教材
10分	秘密や、私的なコミュニケーションについての議論を指導する。どんな人が、なぜ、秘密にしたいと思うだろうか。どんな人が誰かの秘密を知ろうとするだろうか。先生の下の名前や児童の住所といった、秘密や個人情報というのは、誰にでもあるということを強調する。	児童は、秘密にしなければならないが、伝達したり保存したりする必要のある事柄についてブレーンストーミングを行う。スパイ間の秘密のメッセージ、犯罪者の目に触れさせたくない情報など。	
25分	1つだけ文字をずらすだけのシーザー暗号のような、単純な暗号の例を示す。そして、この暗号法におけるメッセージの暗号化と復号化の仕方を示す。	暗号文の言葉と共に、シーザー暗号表を児童に与える。そして、その表のポジションを変えて使って謎解きできるようにする。例えばAはSになる、など。そうして、自分たちが選んだ文字のずらし方を用いたシーザー暗号を使い、メッセージを暗号化する。	児童に暗号表を作らせたり、使ったりすることができる。後述する「暗号メニュー」を参照。
25分	もし時間があったら、暗号の効果の範囲について児童に説明する。	一連の暗号を使って、いくつかの簡単なメッセージを暗号化して、それを復号する。	資料として、後述の「暗号のメニュー」を参照。

　もし児童が一連の暗号を知り、それを使ったならば、その暗号を評価しなければならない。良い暗号には多くの鍵があり、同時に暗号文には暗号を解く手がかりを与えない、ということを覚えておこう。

　各々のアルゴリズム(暗号法)に対して、次のことを考えさせる。
　・このアルゴリズムは正しく機能している？
　・このアルゴリズムは従う人にとってどれくらいやさしい？
　・このアルゴリズムは目的に合っている？　そうでないのなら、その理由は何？

◎ バリエーション、展開と応用
　どの暗号法を選ぶかは、あなた次第である。あなたは、児童に相応しいと思うものを1つ(ないしはそれ以上)選べばよい。年齢の低い児童や能力に欠ける児童には、より単純な暗号を使うべきだろう。
　年齢の高い児童や能力の高い児童は当然、自分たちのメッセージを暗号化してそれを解読するために、2つの暗号を代わる代わる用いるアイデアを試したくなるだろう。2つのアルゴリズムを次々に通る過程は1つの問題に過ぎないため、この方法は可能であり、推奨されるべきである。

Dpef Csfblfst

◎ 評価基準

評価基準は、以下のような到達目標と直接に関わっている。

・児童は、個人的でプライベートな情報を、暗号化がどのようにして安全性を保つのかを説明できるか？

・児童は、1つの語やメッセージを異なった表記に変えるために、プレーンテキストを暗号文に変えるアルゴリズム、あるいはその逆の機能をもつアルゴリズムを上手く実行できるか？

・児童は、自分たちが使った一連の暗号を評価し、それを比較することができるか？

また他方で、あなたは、暗号を用いることで発達しうるコンピュテーショナル・シンキングの技術の領域に気づくであろう。そして、様々なスキルを強調するこの活動をどのように展開していくか、変更・修正したいと思うかもしれない。

アンプラグド活動2：暗号解読

「ハッカー」という用語は、見られてはいけないプレーンテキストにアクセスするために、不法に暗号法を解読しようとする人々を言い表す、一般に広まった呼び方である。児童のコンピュテーショナル・シンキングスキルとそれに関わるもろもろの特性を育てるために、暗号化された言葉にハッキングを試みることは、児童にとって楽しいものになるだろう。

◎ 対象年齢

高学年を終えようとしている者を対象とする。

◎ 到達目標

この活動を通じて、児童が以下のことができるようになり、また達成できるようになる。

・「わたしは、頻度分析とは何か、そして、それがどのようにして、置き換えられた暗号を解く（砕く）暗号解読のプロセスを速めるかを知っています」

・「わたしは、個人情報は安全にしっかりと保管されねばならないということを理解しています」

・「わたしは、複雑なパスワードを使うことと、それを安全に保管することが必要だということを知っています」

・「わたしは、様々な方法で問題を解くことについて、それに挑戦し、やり抜くことができます」

◎ 知っておくべきこと

コンピュテーショナル・シンキングというのは、基盤であり、コツや秘訣ではない。これは、児童が良い質問をすることを奨励するための基盤である。よって、この暗号法に関する適切な質問をするように児童を勇気づけることは、重要である。

私は、単純な暗号を解読するいくつかの方法を以下に挙げる。これらの方法は、絶対的に確か

なアルゴリズムではない。1つの方法を採用したからといって、暗号化されたメッセージを必ず読めるようになるわけではない。ゆえに、解読する活動というのは、児童のコンピューテーショナル・シンキングを使ってやり抜く手法を発達させ、さらに、彼らが最初に解読しようとして失敗したとしても、メッセージの解読に挑み続けることを力づけるものとなる。

◉ キーワード

ハッカー、転置、置換、高頻度、分析

◉ 活動

児童が親しみやすい暗号法の1つを用いて、幾つかの言葉を暗号化することから始めよう。児童に個別にプリントを配布するか、またはクラス全体に示せるボード（黒板、ホワイトボードなど）を用いるかして言葉を示し、その言葉の解読に挑戦させる。

後述する暗号解読の情報を児童に与え、どのようにして暗号を解読するかについて示唆することもできる。より望ましいのは、児童の目の前で、暗号文の一部分の解読を実際にやって見せることであろう。

児童の年齢や能力にもよるが、おそらくこの活動に120〜180分くらいの時間をかけて行いたいと思うだろう。だが、各々の活動にそれだけの時間を割り当てるのは不可能であろう。なぜなら、この活動は、児童が教えられてきた考え方の理解と、適用される彼らの問題解決能力を踏まえて行われるものだからである。

もし児童が暗号を解読したら、この作業を繰り返させる。そのとき、課題としては単語ではなく、1つの文章を与えよう。その上で、もう一度、あなたが使ったのがどの暗号法だったのか訊ねる。そうすることで、児童は、その与えられた方法と関係のある変数について考えることができるだろう。その後、異なる暗号化法を試させてみよう。 こうすることで、コンピューテーショナル・シンキングのスキルをさらにしっかりと身に付けた児童が、別の暗号化法を理解できているかどうかを、教師は評価できるようになっているだろう。

2つほどの暗号解読に成功した後、より早く課題を解くために、どのように協力していけばよいかを児童に訊ねる。どのようにこの課題にアプローチすればよいか？　これまで行ってきたハッキングの課題から得られたことのうち、どんなことをその次のハッキングに適用できるだろうか？

自分が暗号解読のために使った多くの時間をチームを組んで作業することで、費やす時間を減らすことができると、児童は結論を下すだろう。つまり、機能する1つの鍵を1人で発見する間に、他のメンバーがいくつかの鍵を試すという方法を使えば時間を短縮できることに児童は気付くだろう。ここで強調されるのは、タスクがより小さな仕事にどれだけ分解されうるのか、そして、幾つかのタスクを並行処理することで、どれだけ全体の効率の向上が見込めるか、という点である。

児童とのディスカッションを行い、この活動を終えよう。このディスカッションの中で本当に重要なのは、暗号化されたメッセージのハッキングについて学んだ事柄を、自分のコンピュータの

Dpef Csfblfst

働きに適用することである。つまり、ハッカーから個人的でプライベートな情報を安全に守るために複雑なパスワードを使うことの重要性を理解することである。児童全員に対する質問は、次のようなものになるだろう。

・何かを秘密のままにするために、君は自分のコンピュータを信用する？
・秘密にする必要のあることやプライベートなことにしておきたいことはありますか？
・どんなことを暗号にしたいか？

◎ 換字式暗号を解読する

暗号読解の1つの方法は、すべての鍵を試し、各々すべての鍵ですべてのメッセージを解読してみることである。この方法は、暗号読解の中ではとても遅くて面倒な方法であろう。

その代わりに、暗号読解者たちはよく、暗号文のパターンを割り出す助けとなる頻度分析に注目する。これは、いくつかの文字と、組み合わされた文字が、異なる頻度で出現するからである。それらは、換字式暗号がプレーンテキストに適用されていた場合に役立つ。

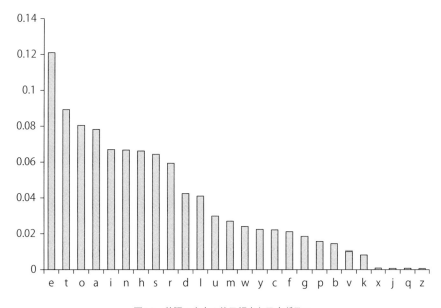

図5.2　英語の文字の使用頻度を示すグラフ

通常の英語における最も頻度の高い3文字は、E、そしてTとOである。この章の英文のタイトルには、「Dpef Csfblfst」という暗号文が含まれている。もしあなたがこの暗号が換字式暗号だということと、この暗号文の中にFの文字が3度出てくることがわかったら、ここのFが上の3文字のいずれかが代わったものだという可能性が高いことになる。もし児童が、このメッセージがシーザー暗号を使ったものだとわかったら、暗号表（輪）を回して自分たちの推測に当てはめることができる。

113

第5章 ◈ 暗号を解読せよ
vs. 暗号を守れ

つまり、Fの場所にEを合わせ、メッセージの断片を復号するためにそれを使うのである。もし復号されたメッセージが実用的な意味をもつなら、残りを復号できる。できなかったら、別のセッティングを、つまり、TがFに暗号化されたものとして考えるなど、別の鍵を試すことができるだろう。

　同じ方法を、ポリュビオス暗号スケールの暗号文「13 34 14 15 12 42 15 11 25 15 42 43」に当てはめることができるだろう。このテクニックを適用するときの唯一の違いは、児童は多くの暗号文に出てくる文字を文字に換えるのではなく、高頻出の数字のペアに換えるということである。このとき、参照グリッドを使って文字を数字のペアに換える。

◉ 転置式暗号を解読する

　もしあなたが転置式暗号を使うのであれば、プレーンテキストを暗号化する教師にとって、どんな可能性を使えるのかを考えることが、児童にとって重要である。読み手のあなたはレールフェンス法を使っただろうか。もしそうだったとしたら、与えられた単語の長さについて、あなたはいったいどれだけの行数を使っただろうか。あるいは、あなたが使ったのはルート法だろうか。もしそうであれば、再び問うが、使われた可能性の高いグリッドの次元はどんなものだろうか。

　児童はおそらく、このタスクを完遂するために、互いに協力しようとは思わないだろう。数分で児童の活動を止めさせた後、あなたがデータを暗号化するときにどんなものを使えるかという可能性について再び語る。キーとなる質問を通して、チームを組んで作業することを勧め、可能な手順と関連する変数を分割し、コードを解読するためにかかる時間を少なくするように、分担させる。

◉ 応用と展開

　児童がハッキングスキルを向上させるとき、どの暗号法を使うかを説明することが重要である。そうでなければ、最も有能な児童であっても、あまりにも難し過ぎるものになってしまうだろう。

　あなたがどのような単語を使うかによって、難易度を調整する簡単な方法がある。まずは、2文字の単語を用いる。また、1文字か2文字の単語でできた文章であれば、解読しやすい。というのも、メッセージの特徴が、メッセージの始まりの場所を与えてくれるからである。短いメッセージとあまり使わない文字の組み合わせは、より難易度が高いものとなる（「rhythm」のような言葉は難しい）。

　もし児童が暗号解読を企て、ある暗号の範囲で成功したならば、あなたは、すでに学んだ暗号法の1つを使ってショートメッセージを暗号化してもよいだろう。ただし、このとき、あなたが使ったのがどの暗号法なのかを彼らに言ってはいけない。

評価基準

この活動は、コンピューテーショナル・シンキングの諸概念とそのいくつかの方法の双方を促進する。この活動で使用し、伸ばそうとする諸概念の多くが、本章のアンプラグド活動1と同じものである。だが、暗号読解には、やり抜く力が求められる。暗号の鍵について異なる推測をしようとすることが、児童に不屈のやり抜く力を与えてくれるのだ。このことは、彼らが自分たちの推測を次第に洗練されたものとしつつ、**デバッグ**や**ティンカリング**につながっていく。

アンプラグド活動3：送信のための暗号化

概観

コードは、メッセージを「隠す」ために使われる必要はない。これは、ある場所から別の場所へとメッセージを送信することをより簡単にしてくれる。手旗信号〔訳注1〕やモールス符号〔訳注2〕といったコードは、私たちが叫ぶよりもはるかに遠くの場所に、メッセージを送ることを可能にしてくれている。手旗信号は視覚を利用しており、モールス符号は、電報が2進信号（電気スイッチはクローズ（on）とオープン（off）だった）しか送ることができなかった時代に発明された。

ポリュビオス暗号は、メッセージの形式を変えることが、どのようにして送信をより簡単なものにしたのかを示す良い実例だろう。ポリュビオスの暗号表は、様々な組み合わせからなる26の文字（アルファベット）を用いたメッセージを、たった5つの数字（たいてい、1から5までの数字）を使う暗号に変換するのだ。

対象年齢

低学年の終わり、あるいは、高学年の初め。

到達目標

この活動の後で、児童が行い、達成できるのは以下のことである。
・あるメッセージをどのようにして別の仕方で表せるのかを理解すること。
・手旗信号やモールス符号を使ってメッセージを送ること。
・手旗信号とモールス符号の歴史的重要性を正当に評価すること。

知っておくべきこと

コンピュータは、保存して処理する情報のすべてを表すために数字を使う。どのようにして情報が表されるのかについての正確な詳細は、それほど重要ではない。私たちは、情報それ自体に注目する代わりに、情報の詳細を隠す抽象化を用いる。私たちは、必要に応じて表現を変えるための一般的なパターンを知るために、手旗信号やモールス符号やポリュビオス暗号の情報の表現の変換法からアイデアを得られるだろう。

115

第5章 ◈ 暗号を解読せよ
vs. 暗号を守れ

◉ キーワード

手旗信号、モールス符号、送信、表現

◉ 活動

授業の前に、講堂や教室を超えて友だちとメッセージを交換できるよう、児童が参照できるA4サイズのプリントを用意する。

時間	教師がすること	児童がすること	教材
20分	児童に手旗信号によるメッセージの伝達のアイデアを示して授業を始める。	自分のパートナーが復号する前に、プリントを用いて、手旗信号を使った単純なメッセージをコード化して互いに伝達し合う。	
20分	次に、児童を、モールス符号を見てコミュニケーションする方法へと移行する。	自分のパートナーが復号する前に、プリントを用いて、モールス符号を使った単純なメッセージをコード化して互いに伝達し合う。	
20分	手旗信号が歴史的にどう使われてきたのかについての調査書を読んで、この授業の結論を出し、終わらせる。	モールス暗号が歴史的にどう使われてきたのかを調べるよう、児童に問いかける。そして、児童が見付け出した興味深い事実を集め、共有させる。	ナポレオンの(腕木通信)に関する情報。

◉ バリエーション、展開と応用

私の経験から言って、サウンドデバイス(音を出す装置)よりも、懐中電灯を使うことの方が良いアイデアであろう。

なぜなら、サウンドデバイスだと、児童は自分のパートナーがモールス符号で伝達していることを理解するのに苦戦するからである。

もし児童がモールス信号を受信するのに苦戦していたら、教師は、ゆっくりと一定のリズムで手拍子をして、メッセージの送信と受信をシンクロさせる必要があるだろう。

◉ 評価基準

この活動の主たる成功の基準は、メッセージを送受信する能力であり、情報は様々な仕方で表現されうることを理解することである。児童が表現を変えるという考え方を理解しているのであれば、長いメッセージを送ることができなかったり、何のメッセージも正確に送れなかったりしたとしても、心配する必要はない！

Dpef Csfblfst

◎ さらなる一歩を…

…ネットワークへ

　暗号化を教えるための仕掛け、つまり、教室でメッセージを送る話を振り返ると、児童は、コンピュータネットワークに依拠する日々の活動の文脈の中で、暗号化を考えることができるのだ。「アンプラグドなネットワークとコミュニケーション」と呼ばれるデジタルスクールプロジェクト団体によって公刊されている、素晴らしい無料のアンプラグドな教材がいくつかある。これらの活動は、送信されたメッセージの傍受 (eavesdropping：盗聴) によって拡張することができる。経験的にも、上で述べた暗号化活動を遂行した後に、こうしたアンプラグドなネットワーキング活動に立ち戻ることは、学んだ経験を本当に役に立つように強化する方法だろう。

…プログラミングへ

　コンピュータをこれらの活動にもちこむこともできる。スプレッドシートを使って、メッセージを暗号化し、複合化し、解読することができる。これは、児童にデジタルリテラシーを教えるのに、とても役立つ方法となるだろう (実用的なITスキル)。こうしたツールを利用することは、効果的に情報を処理することと、良い考え方を創作するという点で、コンピュータの価値を際立たせるのである。また、子どもたちが使っているプログラミング環境がどんなものであっても、暗号化と復号化のスクリプトを創ることができるだろう。

暗号のメニュー

　以下で示す暗号の概要に含まれる活動のリソースは、例示を目的としてここで紹介しておきたい。これらのリソースは、上で述べたスパイの挑戦 (Spy challenges) を始める前に必要とされるコンピューテーショナル・シンキングの技術を発展させるための**スタンドアロン**活動として用いることができるだろう。また、別のやり方として、暗号学の教材研究をデータ処理に結び付けたり、また、タニャ・ランドマン (Tanya Landman) の『Certain death (確かなる死)』という本に出てくる殺人事件の解決と結び付けたりすることもできよう。

　換字式暗号は、アルファベットのそれぞれの文字を別の文字に置き換えることで、プレーンテキストを暗号化するもので、数多くの換字暗号が存在する。ここでは、シーザー暗号、ピッグペン暗号、ポリュビオス暗号を紹介してきた。転置式暗号は、プレーンテキストの文字 (letters) をアナグラム (つづり替え語) へと暗号化する。リバース暗号、レールフェンス暗号、カラム暗号が、そのシンプルな例である。

　以下で見ていく暗号は、概して最も簡素な形式のものである。応用するとなれば、アルファベットをごちゃごちゃに暗号化するためにキーワードを使うとよいだろう。これは、「鍵には2つの部分がある」ということを意味している。つまり、キーワードと表の位置である。これは、暗号が文字の列 (columns) で書き出されたときに最も効果を発揮する。キーワードは、アルファベット

の暗号文での文字の順序を暗号化するために使用される。例えば、「SECRET」というキーワードを用いるとき、転換される前に、アルファベットを暗号化する順序に並んだアルファベットは「SECRETABDFGHIJKLMNOPQUVWXYZ」で始まる、ということを意味している。

シーザー暗号

　シーザー暗号では、プレーンテキストのそれぞれの文字は、その文字の1つ（あるいはそれ以上）前にある文字で暗号化される。つまり、Aという文字はBという文字になり、EはFになる、という具合だ。例えば本章の英文タイトル「Code Breakers」は、「Dpef Csfblfst」となる。この暗号の鍵は、暗号化するときに動かす文字の位置の数である。鍵が14ならば、「Code Breakers」は、「Qcrs Pfsoysfg」に置き換わるのである。

　児童は、アルベルティ暗号表を作成して、それを使うことを本当によく楽しむ（図表5.3を参照）。これは、メッセージを暗号化し復号化するとき、文字を置き換える過程で児童を支える素晴らしい方法である。

　この表には、回転する2つの円盤（Disk）がある。1つの円盤の中にもう1つの円盤が入っている。その両方の円盤の上にアルファベットが書いてあり、これで、換字を行うことができるのである。文字を暗号化するために、外側の円盤の文字を見付ける。そして、内側の円盤の上で対応する文字を書き留める。復号化は、内側の円から外側の円を当てはめるようにして書き留める。

　さらにできる児童には、円盤の暗号表を使う代わりに、2列の表を作らせて、円盤と同じ方法で換字を行うこともできる。表のフォーマットで換字法を示すことは、スプレッドシートに暗号を作るための基礎を与えるだろう。

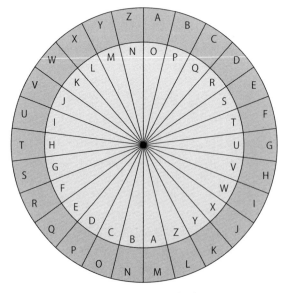

図5.3　アルベルティ暗号表

ピッグペン暗号

ピッグペン暗号は、換字式暗号の別の型である（図5.4を参照）。文字は、その文字を記号に変形することで暗号化される。ここで使う文字は、異なるグリッドに置かれる。それぞれのグリッドの位置は、様々な形を内にもっており、そこから、アルファベットすべての独自の記号一式を創り出す。

暗号文は、一連の記号である。暗号文を復号するために、この暗号の受け取り手（読み手）は、使用されるグリッドと形の組み合わせを知っておかねばならないし、文字がどのようにグリッドに割り当てられているかも知っておかなければならない。

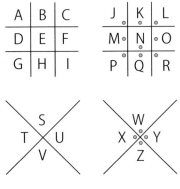

図5.4　ピッグペン暗号

ポリュビオスの暗号表

5列×5行の正方形のグリッドが通常用いられる。アルファベットには26文字あるので、2つの文字が、表の1マスの中で結合する。通常、「I」と「J」が結合する。別の方法としては、6列6行、36文字の表で行うこともできる。この表であれば、グリッドの中に数字(0-9)を含ませることが可能となる。最初の行をまず追加して、アルファベットをグリッドに割り当てる。そして、2行目、3行目と割り当てていく（図5.5を参照）。アルファベットのそれぞれの文字は、グリッド内の座標で示される。例えば、5行5行の表では、「Code Breakers」という言葉は、「13 34 14 15 12 42 15 11 25 15 42 43」となる。

	1	2	3	4	5
1	A	B	C	D	E
2	F	G	H	I/J	K
3	L	M	N	O	P
4	Q	R	S	T	U
5	V	W	X	Y	Z

図5.5　ポリュビオスの暗号表

暗号文を復号するために、使われるグリッドを知る必要があり、また、アルファベットの文字がいくつ、かつ、どの文字が1つのセル内で結合しているかも知る必要がある。そうしてから、暗号文をプレーンテキストに戻すために、グリッドとの照合を使うのだ〔訳注3〕。

🔘 反転暗号（リバース暗号）

　反転暗号法は、暗号文を作るために、プレーンテキストの文字の並びの順序を反転させることで機能する。例えば、「Code Breakers」は、「srekaerB edoC」となる。これはおそらく、最も簡単な暗号化の方法であり、また解読するのが最も容易な方法だろう。大文字を使わず、スペースを取り除くことで、この暗号の解読をより難しくさせることもできる。例えば、「Code Breakers」は、「srekaerbedoc」となる。これは1つの改良された方法だが、それでもまだ比較的解読しやすい。

　プレーンテキストをさらに偽装することでもう少し読解しにくくさせることもできる。それを暗号文の文字の並びをグループに分けることによって行うことができる。例えば、「Code Breakers」は、「sre kae rbe doc」となる。児童のこの活動をサポートするために、プレーンテキストと暗号文を記録できるよう、1センチ四方の紙を配ると最も良いだろう。

　　児童の活動のための教材

　　http://northofsepo.wikidot.com/activity:reverse-cipher

🔘 レールフェンス暗号

　この方法を使うと、メッセージは2行〜数行に分割される。暗号文を作るために、2行目の文字を最初の行の終わりに加える。例えば、1つのメッセージを2行に分割すると、「Code Breakers」が、「cdbekeoeraes」になる。また、メッセージを3行に分割すると、「Code Breakers」は「Ceee Obar drks」となり、暗号文は全く異なったものとなる。暗号文を復号して、プレーンテキストを見るためには、行の数を知る必要がある。つまり、そのメッセージは分解されており、連続する文字列を分割された「単語」に分割しているのだと知る必要がある。

🔘 カラム暗号

C	o	d	e
b	r	e	a
k	e	r	s

図5.6　カラム暗号

120

この方法は、グリッドの作成を含んでいる。最初の行と列のセルからメッセージを入れ始める。2行目に移動する前に、文字を左から右に入れていく（図5.6を参照）。メッセージを暗号化して、暗号文を作る最も単純なやり方は、再度、左上隅のセルから出発するが、このときはアナグラムを作るために、次の列に進む前に、列の下方に読み進めていくのである。

　具体的に示そう。CODE BREAKERというフレーズは、タテ4列のグリッドで暗号化すると、CBKOREDEREASとなる。

　児童の暗号活動リソース　www.youtube.com/watch?v=2_D2CkteKZI
　児童の暗号活動リソース　http://www.youtube.com/watch?v=yNys2q9xmno

歴史上の有名な暗号

　考古学者たちによって発見された最古の暗号は、古代エジプトの遺跡に刻まれていた象形文字である（紀元前1900年）。その後、古代ギリシャで暗号が使われた。ポリュビオス暗号を使って軍事メッセージを送っていたのだ（紀元前800年）。それは、ユリウス・カエサル（ジュリアス・シーザー）が、一種の換字暗号を使う（紀元前50年）以前のことだ。シーザーは、この換字式暗号を自分の軍指導者に送る前に、それを彼の使者の頭に入れ墨をしたのである。

　1467年、アルベルティ暗号がイタリアで発明された。1つの円盤の内側にもう1枚の円盤、2枚の回転する円盤をもつ輪の形の表だった。これは、換字を行い、アルファベットの文字を暗号化するためのものだった。その後、1586年には、スコットランド女王メアリーが、これを使った暗号文を破られたため、イングランド女王エリザベス1世によって打ち首の刑に処された。クイーン・メアリーはエリザベス1世の暗殺を企て、この暗号を使って自分の従者とやり取りしていたが、解読され、すなわち、彼女の暗号コードが打ち破られ、この陰謀が露見したのだった。

「エニグマ」（Enigma Code：エニグマ暗号機）について、その名を聞いたことがある人も多いのではないだろうか。これは、起源的には、財政機関や金融機関が金銭の移送の方法として利用するためのものだった。しかしこれは、第2次世界大戦中、軍事戦略に関する機密情報を送信するためにドイツ軍によって使用され、さらに発展した。だが、ドイツ軍がエニグマを試験的に使っている間に、フランス軍の諜報部が1932年にポーランドの暗号局と協働して、実際にこのエニグマコードを打ち破ったのである。

　エニグマの設計に関して言えば、159兆通りの選択可能な設定があり、暗号鍵は毎日変えられていたという。第2次世界大戦中、アラン・チューリング（Alan Turing）とその同僚たちは、さらに

研究を発展させ、わずかながらもいくつかの成功を収めていた。

だが、チューリングが戦時中に勤務していたブレッチリー・パーク（Bletchley Park）のチームは、幸運と多大な勇気を信じるしかなかった。というのも、ドイツのエニグマのオペレーターがミスを犯すことはなかったし、暗号鍵の本とエニグマ暗号機（Enigma machine）を大胆に奪うこともできなかったからだ。たとえブレッチリー・パークが規則的にメッセージの完全な復号ができたとしても、だ。

ブレッチリー・パークのチームは、暗号コードの解読のために、24時間、時間と戦いながら研究を続けたので、彼らは、極めて速く大量の計算処理を行う必要があった。人間の手ではあまりにも遅すぎる。ゆえに、ブレッチリー・パークのチームは、スピードアップのために、プログラム可能な最初の電子式コンピュータ（electronic computer）を作り上げたのだ。それは、「コロッサス」（colossus）と呼ばれるものだった。コロッサスは、暗号コードの解読という目的のためだけに設計されたのである。

機械を使う近代の暗号化と暗号解読は、第2次世界大戦中に、ブレッチリー・パークで発展した。だから、本章では、アンプラグドな（コンピュータを使わない）活動とプラグドな（コンピュータを使う）活動を連携させて用いて、どのようにすれば暗号学を教えることができるのか、ということに注目してきた。

授業をふり返るための質問

・児童がコンピュテーショナル・シンキングの能力を伸ばすなかで、本章における教師の役割とは何だろうか？　ここまでに記述された教授学的アプローチから見ると、教師の役割はどのようなものだろうか？　それはICTの伝統的教授学からどれほど違ったものになっているだろうか？

・本章の教授学的アプローチは、児童の自信やレジリエンス、コミュニケーション能力、協力するスキルを育てることを、どのように支援できただろうか？

・それぞれの活動においてリストアップされた成功の基準をふり返ると、指導している児童がコンピュテーショナル・シンキングのテクニックを発揮しているのを、教師たるあなたは見ていただろうか？　教え子たる児童は、Computing At School（CAS）が出版した教師のためのコンピュテーショナル・シンキングのガイダンスにあるリストのうち、いずれかの項目にあることを実際にやって見せただろうか？

・児童が彼らのコンピュテーショナル・シンキングの能力を伸ばすのを支えるとき、「学習の評価（Assessment for Learning, AfL）」の効果はどれほど重要だっただろうか？　受けもちの児童が実際にやって見せた「コンピュテーショナル・シンキング」スキルは、どのようなものだったか？　彼らが授業中に見せた行動や態度のうち、教師にとって彼らの学びを評価するときに役立ったものは何だったか？

・創造性とコンピュテーショナル・シンキングを発達させ応用する児童たちが、自分たちがや

り通してきたことと、創作したアーティファクトの両方について責任を取ることを支えるために、教室にいる実践者(教師)が挑戦したのはどのようなことだったか?

議論

ここで使用された暗号化のアルゴリズムは、何世紀にもわたって、実際に使用するには脆弱過ぎるものである。だが、そうしたアルゴリズムを使い理解するプロセスは、コンピュテーショナル・シンキングの多くの局面を探索することを可能にする。また、どのようにしてコンピュータが、学びの中心というより道具であるかについても、多くの局面を見ることを可能にさせている。一度、児童が問題を理解し、どのようにしてそれを解決するかを理解しさえすれば、アンプラグドからプラグド(コンピュータを利用する活動)へと移行できるだろう。そして児童は、人間が処理するよりもずっと早く、はるかに多い量のデータを扱うアルゴリズムを、コンピュータを使ってプログラムし、実行することができるだろう。

コンピュータ・サイエンティスト教員組合(The Computer Science Teachers Association:CSTA)は、コンピュテーショナル・シンキングを通じて5つの性質が育つ、と主張している。私の教室での経験から考えても、この文章に書かれていることは児童の様子から観察でき、この内容に同意する。

◉ コンピュテーショナル・シンキングを身に付けさせるために

・複雑なものを扱うことに自信をもつこと。
・困難な問題に取り組むやり抜く力。
・不明確な(両義的な)ことへの寛容さ。
・結論が出ない(オープンエンドな)問題を扱う能力。
・共通のゴールや解決に到達するために他者とコミュニケートし、共に働く能力。

他の思考スキルと同じように、コンピュテーショナル・シンキングのスキルを育てる機会を児童に与えることは重要である。本章の活動では、筆者は、能力の低い児童から高い児童まですべてを支援するために、様々なタスクをどのように展開するかを示唆してきた。児童が、この章での活動を通じて次第にその能力を向上させるにつれ、児童が牽引する学びは増えていく。

しかし、クラス担任によって使われる「鍵となる質問」は、教師が児童を励まし導くための要である。児童が、これらのコンピュテーショナル・シンキングのスキルを身に付けていくと、彼らは——暗号化にとどまらず——多様な問題の解決にこのスキルを、成功裏に使うことができるようになっているはずである。そのため、こう言っても問題ないだろう——児童と、本章で示した活動、そしてクラス担任によってこれらを児童に紹介する方法は、1つの連結したものとして存在しているのだ。

第5章 ✷ 暗号を解読せよ
vs. 暗号を守れ

> **要旨とキーポイント**
>
> 本章では、テキストを暗号化し復号するための、数多く存在する単純なアルゴリズムとデータ表現を共に扱うことを第一義にしている。ポイントは、どうすれば児童が学ぶのに楽しく魅力的な話題となるのか、ということである。また、ここで紹介したことは、われわれの教授学的アプローチに児童が適応していくよう、構築主義的な教え方のアプローチを通して、コンピュテーショナル・シンキングに埋め込まれる。
>
> さらに、ここでの実践は、こんなことにも光を当ててくれる――この世界の話題を児童が理解することそのものが、「現実世界」と、私たちが受け入れているテクノロジーを理解するための手がかりを与えるのだ。児童は、データ変換法としての手旗信号やモールス符号を調べ、その歴史的関連を知ることで、あらゆる新しいテクノロジーはそれに先だつテクノロジーの反復なのだということを発見するだろう。
>
> 最後に、本章で示されたように、この活動を通じて描いた教授学的アプローチは、各教科の内容的知識、そして同様に重視すべき、経験から得られる。教授学的な内容的知識の双方を発展させる、熟考する実践者である教師たちの手に委ねられている。

【訳注】

〔1〕 ここで用いられている単語は「semaphore」である。これはナポレオンが用いた「semaphore line」(腕木通信)がもとになり、現在では主に「Flag semaphore」(手旗信号)を指すようになっている(「ウィキペディア」参照)。

〔2〕 モールス符号(Morse code)を用いた信号を指して「モールス信号」と呼ぶ。モールス符号は、電信で用いられている可変長符号化された文字コードである(「ウィキペディア」参照)。

〔3〕 「ガラケー」すらなかった頃、日本では10代、20代の若者を中心に、数字をメッセージとして送ることができるポケットベル(ポケベル)を使って、互いにやり取りしていた。このとき、かな文字を2つ1組の数字に変換してメッセージを送るのだが、このとき使われたコード表があった。彼らは、ポリュビオスの正方形によく似た、「かなの数字への変換」をコミュニケーションに盛んに使っていたのだ。熟達した者になると、数字の列を見るだけでどんなメッセージが来たかわかるほどになっていた。

Dpef Csfblfst

第6章
マジックのタネはプログラミングにあり

Magicians

> どんな十分高度なテクノロジーもマジックと区別がつかない。
>
> ──アーサー・C・クラーク (Arthur C. Clark, 1973)

序

「1枚カードを抜いて。どのカードでもいいよ！」マジシャンがそう言うのを、あなたは何度も聞いたことがあるだろうか？　普通の決まりきったやり方だと、あなたは1枚カードを抜く、マジシャンはテーブルの上でデッキをよく切る（シャッフルする）。そして、「アブラカダブラ」と呪文を唱えると、あなたの選んだカードが出てきてみんなに明らかにされる。

しかし、このマジックの背後には、いくらかの興味深い数学、そしてコンピュータ・サイエンスで使われる考え方が、しばしば横たわっている。偉大なマジシャンの何人かは、コンピュータ・サイエンティストか、または数学者でもあるということは、ほとんど驚くことではない。

● ● ● ● ● ● ● ●

マジックとコンピューティングとの関連性は深いものがある。すべてのトリックは秘密のメソッドと表現からなっている。この両方の働きがなかったら、マジックのトリックは魔法のようではなくなってしまうであろう。似たようなものだが、プログラムは、機能しなければならないアルゴリズム（メソッド）を具体化する。またプログラムは、理解しやすいインターフェイスを具体化する。

マジックのメソッドとアルゴリズムの関連性は単なるメタファーではない。いくつかのマジックのトリックは、コンピュータのアルゴリズムと同一のアルゴリズムさえ使う。

例えばこんなトリックがある。封筒の中に1枚のカードが隠されていて、見ているお客さんの1人に選んでもらったカードと隠されていたカードは同じだとマジシャンが明かす、といったトリックだ。その秘密のメカニズムはたった1つの捜索アルゴリズムである。それは、マジシャンが「切って配る」ところで、見る人に分からないように、客に選ばれたその1枚のカード以外のすべてを除去するようにカードを動かすことである。

もしあなたが1組のトランプを52個の異なるデータ要素として考えるならば、1組の動かせるカードとコンピュータの記憶装置中のデータとの間の類似点は、説明のための有用なツールになるだろう。

似たようなことだが、もう1つのトリックのメカニズムでは、目隠しされたマジシャンがグリッドの中のどのカードが伏せられたままになっているかを当てるというものだが、これは、伝達されるときに壊れたデータ・パッケージの値を修正するのに使われるアルゴリズムに基づいている。あなたが、そのアルゴリズムが使われたとわかったとき、そこをスタート地点として形成されたパターンは、カードの中の1枚にどんな変化が起きても、その変化を簡単に見分けられるようなものだ。

以上のように関連させると、マジックは、コンピューティングの概念を教えるための楽しい方法になるだろう。すなわち、トリックを仕掛け、クラスにそれをやり遂げさせ、そしてその秘密と、それにつながるコンピューティングの概念について説明させるのだ。私たちは、アルゴリズム、検索、セキュリティ、検査、証明、使いやすさといった事柄を含む概念を例証しつつ、これらのフォーマット（形式）を使って多くの活動を発展させてきている (Curson & McOwan, 2008)。

以下に挙げる事柄は、マジックのトリックを直接、あるいは身体で実践できる方法で検索する人々がいるのだということを、コンピュテーショナル・シンキングする者が理解するためにある。

1）アルゴリズムの考え方

2）論理的思考

3）評価

4）パターン・マッチング

5）分解

6）抽象化

7）一般化

8）その他必要があること

その身体性は、論点の説明を、魅力的で楽しいものにする。このことは、コンピュテーショナル・シンキングが何か、ということを、コーディング（プログラムを書くこと）から切り離して示すために使うことができる。

トリックを行う方法の記述には、アルゴリズム的思考、分解、抽象化が含まれている。これらのことを記述するふさわしいやり方もまた、そこで提案されている。あなたは、正確に、ステップを1つ1つ、正しい順序で詳述しなければならない。それらのステップは、何が起きても機能しなければならない〔訳注1〕。

新しいマジックを発明することは、新しいアルゴリズムを発明することと同じようなスキルを含んでいる。あるトリックから出た良いアイデアは、分解、一般化に基づいて、ソフトウェアを構成するコードの再利用に相当する方法で、もう1つのアイデアを作るのに再利用できる。異なるマジックの表現は、プログラムのユーザ・インターフェイスを変えるのと同じように、創ることができる。

マジックの中では、表現が重要である。このことは、ソフトウェアを創るときに、人々の理解の重要性を取り入れるための自然なやり方を与えてくれる。それと同じ心理学的戦略は、トリックを機能するものにするだけでなく、プログラムも使いやすくする。トリックは、あるシステムデザインが、それを使う人たちが間違いをするか否かについて、また、どのような影響を与えるかについて、

第6章 ❀ マジックのタネは
　　　　プログラミングにあり

実地で証明する。マジシャンは、人々の注意力を、全員が同時に同じ間違いをするようにコントロールする。ユーザ・インターフェイスは、マジックのトリックと同じことが起こらないように、ユーザの注意を制御するよう、デザインされる必要がある。

　ライブで見ている人々の前で、機能しないトリックを仕掛ける人はいないだろう。トリックは評価を導き出す方法を与え、どんなふうにテストしてもそれでは不十分であるようにする（つまり、正しく判断できるようには説明しない、ということ）。論理的思考は、あるトリックが有効かを確かめるために、また、アルゴリズムの正確さを証明するために、必要とされるテストケースを減らすことができる。

　マジックは以上のように、コンピュテーショナル・シンキングを紹介するための強力な方法である。あなたが有効性を確信するトリックを創り出すことは、すべてのサブスキルを実演の中にもちこむ。トリックは簡単であり、コンピュータに触れたことがない観衆と共に行うことができるものである。

　コンピュータ・サイエンティストだけでなく、マジシャンもコンピュテーショナル・シンキングのスキルを発展させる必要がある。プログラマはまさに魔法使いなのだ！

到達目標

この章の最後にあなたは次のことができるようになる。
・コンピュテーショナル・シンキングとマジックの関連性を説明すること。
・マジックを用いて、コンピュテーショナル・シンキングの概念を説明すること。
・コンピュテーショナル・シンキングのスキルを教えるために、トリックを使うこと。

教員育成指標とのつながり

次の指標は、特にこの章に合致している。
　TS1　児童に、動機と挑戦を呼び起こすような高い期待をセットする。
　TS3　良い目的と教科の知識を見せる。
　TS4　十分に構造化された授業を計画し、教える。

(DfE, 2011)

アンプラグド活動1：見えない手の平隠し

◉ 概観

あなたは1枚のカードを1パイル（数枚のトランプを重ねて山にしたもの）の中からもう1つのパイルへと動かすことを見えないようにやる、というマジックのトリックを行う。あなたは、見物人に、誰だろうと正確に1ステップずつ、順にやっていけば、たとえまだ「タネ」を知らなくても自分自身でできる、ということを見せる。児童にやり方通りにやらせた後で、そのトリックとコンピューティングとの関連性を説明する。こうすることで、あなたはアルゴリズムの考え方を楽しいやり方で紹介できる。アルゴリズムは、その一連の歩みを正確に順序よく追っていけば、必ず起きると

128

保障されたものに導かれるステップである――たとえ、そのアルゴリズムに従っている人（または
コンピュータ）が、その歩みが何をしているのかを知らなくても――。

　クラスの児童に、あなたがマジックのトリックを見せようとしていること、そして、それのやり
方を教えようとしていることを伝える。その方法に沿って児童は、携帯電話を含めたガジェット（小
さな機械装置）を含めたコンピュータが、いかに作動するかについて何かしら学ぶであろう。1人の
児童にボランティアとして前に出てきてもらい、またすべての児童にテーブルの周りに集まって
来るように言って、見えるようにする（以下を参照のこと。「The Invisible Palming Activity」https://
teachinglondoncomputing.org/resources/inspiring-unplugged-classroom-activities/the-invisible-
palming-activity/）。

◉ 知っておくべきこと

　教師たちは、アルゴリズムとは何か、そしてコンピュテーショナル・シンキングの基礎、特に
分解と抽象化を理解しておくことが必要である。

◉ トリック

　ボランティアの児童に、テーブルの上に手を、ピアノを弾くときのように親指から小指までをテーブ
ルの面に対して下向きに置くように指示する。クラスの他の児童はマジックワード「2枚のカー
ドを1組に」とチャントする（調子を付けて囃す）。マジックワードをチャントすることをずっと続け
る間に、2本の指の間に2枚のカードを挟む。もう1つのペアのカードを別の指に同じように挟む。
これを繰り返し、1枚のカードが残るまで行う。最後の指と指の間にその最後の1枚を、「そして、
1枚残った」と言いながら挟む。

　最初の2枚組のカードを取り上げ、2つの別々のカードの山に1枚ずつ置いてゆく。2枚1組のカー
ドを取り上げてそれらを2つのカードの山に置くことを、最後の1枚のカードが残るまでチャント
を唱え続けながら行う。次に「私たちには1枚残された。どちらのカードの山でも構わない。あな
たが選んで」と唱える。

　ボランティアの児童は、どちらか一方のパイルに残ったカード1枚を加える。教師は余分の1枚
のカードを別のパイルの方へ児童に見られないように動かしてよい。あなたの手を余分の1枚の入っ
たパイルの上に置く。「カードよ、見えなくなあれ」と唱えつつカードをこする。そして、あなた
の手の平を上げて、「手にもっているはずのカードが見えない」ことをみんなに見せる。あなたの
手をもう一方のパイルの方に移動させて「カードよ、落ちろ！」とパイルを手で軽く叩く。それか
ら「見えないカードは移動しました」と言って知らせる。

　証明するために、余分の1枚の入っているパイルを取り上げ、2枚1組にして数え、新しくきっち
りと重ねられたパイルにしていく。「2枚で1ペア。2枚で1ペア……」と唱えながらこれを行う。そ
うすると、「1枚余分だったはずのカードが消えてしまいました。どこへいったのでしょう。もう一
方のパイルで繰り返しましょう。驚きです！　1ペアずつ数えたら、1枚余分のカードが残りました。

129

第6章 ✱ マジックのタネは
　　　　プログラミングにあり

そのカードはパイルを移動したのです」となる。

　今や準備はできた。今度は、クラスに向かって「みんなもマジックができるよ」と語りかける。児童を2人ずつのペアにしてそのトリックを行うためのトランプの山を配る。それがどのような働きをするか彼らに知らせないで、1ステップずつ手順通りにするよう伝えていく。児童は、自分たちがどうやってそれを行ったかわからなくても、カードを何とか上手く動かせるということに驚く。児童がそれをやり遂げ成功できるまで行うように、最後まで励ます。

　児童にそのトリックがどう行われたのかを言い当てるチャンスを与える。そしてさらに、このトリックとコンピュータを使うこととをリンクさせ、一緒にそれを説明するチャンスを与える。

◎ 解説

　マジシャンはこのトリックを「セルフワーキングトリック」と呼ぶ。このトリックは、あなたが正確にステップを踏んで進めれば、いつでもできる。あなたはこれを使って観衆を混乱させることができるので、それは魔法のように見える。

　実は、秘密は7＋1＝8にある。15枚のカードがここにあるとする。児童は最後のカードを1つのパイルの方に加えたことが、余分の1枚の加わった奇数だと信じてしまうのだ。最後の1枚は、実際は2枚1組のペアを作る。この最後の1枚をどちらかの山に置くことで、奇数のパイルを偶数にするのだ。

　ペアになったカードを集めて2つに分けるとそれぞれのパイルは7枚になる。どちらのパイルも、もう1枚余分のカードが加われば8枚、4ペアになる。だから「余分の」1枚はないのである。もう一方のパイルは7枚のカードのまま残され、3つのペアと1枚が残る。「余分の1枚のカード」は、あなたが魔法の力で動かしたふりをしたため、そう見えるだけである。何も動かさないでよい！

　このことを実証するために、トリックを解説する。このとき、クラスの児童全員が全部を見て、数えることができるように、カードを並べて見せながら、そのトリックを繰り返し行う。2枚1組のペアを作って、最後の1枚のカードを加えるとき、その1枚が最後のペアを作ることを指摘する。

　このことはコンピューティングとどう関係があるのだろうか。そう、セルフワーキングトリックはまさにアルゴリズムであり、コンピュータのプログラムのようなものなのである。アルゴリズムは、正しい順序でそれに従っていけば、保障された効果に達する一連のステップである。ここに魔術的効果がある。すなわち、プログラムは何でもやれると思わせるのである。保障された効果と魔術的効果、これら両方の効果にとって命令は正確でなければならないし、すべての不測の事態をも網羅しなければならない。

　アルゴリズムを単純化すると、次の通りになる。

1. 2枚1組のペアを数える。
2. それらを2つのパイルに分けておき、余分の1枚を一方のパイルに載せる。

3. カードを動かしたふりをする。

4. そのカードが動いたことを明かす。

これらのステップは分解できる。例えばペアを数えることを分解すると、以下のようになる。

1. 1人のボランティアの児童に、手を、ピアノを弾いているような形にしてテーブルの上に下向きに置かせる。

2. 次のことを7回行う〔訳注2〕。

    a.　ボランティアの子の指の間に2枚ずつのカードを挟む。

    b.　「2枚のカードは1組に」と唱える。

3. 最後のカードは残った指と親指との間に挟む。

その他のステップも同様に詳述されうる。

プログラムはプログラミング言語、すなわちコンピュータが従うことのできる言語で書かれている。トリックは人が従って行えるように、自国語で書かれている。プログラム言語でも自国語でもいずれの場合であっても、その言葉通りにやってみても、たとえ彼らが何をやっているのか知らなくても、その効果を得るのに十分なほどに、用いられる言語は全く正確でなければならない。コンピュータは単なる機械であるから、ただひたすら命令に従うのである。

新しいトリックを発明するマジシャンは、アルゴリズムを作っている。プログラムを書いているプログラマは、それと同じことをしているのである。マジシャンも、プログラマも、両方共コンピュテーショナル・シンキングのスキル——この場合はアルゴリズム的思考のスキル——を用いている。

アルゴリズム的思考は、あなたが正しい効果をもたらすであろう一連のステップを考え出すときに、あなたが行っていることである。それがいつでも効果的か確かめるために、すべての詳細をチェックするときにも、あなたはアルゴリズム的思考を使って行っている。アルゴリズム的思考はまた、全く正確に諸命令を書くことを含んでいる。だから、そこには何をすべきかについて、全く曖昧さがないのである。

◉ コンピューテーショナル・シンキングがどう育つか

このトリックは、アルゴリズム的思考、分解、そして抽象化のスキルを、抽象化についての適正なレベルに合わせて詳細な命令を書くときに、導入している。評価と論理的思考は、トリックがいつでも機能するかをチェックするために必要である。

第6章 ◈ マジックのタネは
　　　　　プログラミングにあり

◉ 教科横断的な学習

⟩ 算数（量的思考能力）
・数えること、奇数と偶数を理解すること。

⟩ 国語（読み書き能力）
・1つの目的に向けて、明瞭で簡潔な命令を書き、はっきりした説明を行う。

⟩ 科学
・簡単な実用的な問いを用意する。

◉ 対象年齢
高学年。

◉ 授業計画

学習のねらい
この活動の後、児童ができるようにすべきこと。
・アルゴリズムは何を意味するのか説明できる。
・アルゴリズムの抽象化したヴァージョンを書くことができる。
・アルゴリズムを分解して別々のパーツに分けることができる。

◉ キーワードと質問

アルゴリズム──何かを行うことができる、正確な命令のシーケンス。

抽象化──細部を隠す。

分解──問題をより小さな扱いやすいパーツに分ける。

ユーザ・インターフェイス──ユーザがプログラムと相互作用する方法を決めるソフトウェア。

・マジック・トリックはコンピューティングと、どう関係づければよいのだろうか？
・友だちにトリックすることを教えるには、何が一番よいやり方だろうか？
・あなたは、そのアルゴリズムを、より少ないステップで書くことができるか？　あなたは何を変えたいか、そしてそれはなぜか？
・あなたのアルゴリズムはそれに必要なパーツをすべてもっているか？　どうすればあなたはそのことを確かめられるか？
・あなたのアルゴリズムが正確に機能しているか、どうすれば検査できるか？

132

Magicians

◎ 活動

時間	教師がすること	児童がすること	教材
10分	導入。トリックを行う。	トリックを見る。ボランティアを1人募る。	カード1組、マット付きのテーブル。
5分	ステップを通して、児童に教える。	ペアを組んでトリックを行う。	
20分	科学的な問いをするよう促す。児童をサポートする。	メカニズムを解き明かすために実験をする。	児童2人1組（ペア）それぞれにカードを15枚ずつ配付する。
10分	それがどう行われたかやって見せて、結論を出す。	児童は見つめるために集まる。	

◎ 評価基準

児童は次のことができる。

・アルゴリズムとは何かを、マジックのトリックの用語で、プログラムに関連させて説明すること。

・トリックを上手くいくやり方で実行するために、論理的で科学的な考え方を使うこと。

・それがどう効果があるか説明すること。

・他の児童が従うための正確な命令を書くこと。

・主要なステップを分解して、古いステップを新しいものに置き換えること。

◎ 展開と応用への展望

◎ 短いヴァージョン

より簡単なヴァージョンを創るためには、児童全員にそのトリックを行わせるよりも、むしろ、観客である児童がそのトリックがどう行われたのかわからないと言った後に、ボランティアになってくれた児童にマジシャンになるよう、切り替えを行う方が良い。

それから、コンピュータとトリックの関連性を強調する。コンピュータはそれら自身が何をやっているのか、なぜやっているのかさえ知らずに——ただひたすら指図に従っているだけなのに、物事を処理することができることを伝える。

◎ アルゴリズムを書く

児童は各自、気楽に従える自分だけの「虎の巻」（アルゴリズム）を創る。その「虎の巻」の命令をテストし、どのステップすらもミスなく書かれているかをチェックし、すべてが正しい順序になっているかをチェックする。主要なステップを「虎の巻」に「記憶」させ、Scratchからトリックを学ぶために、「虎の巻」の詳細さはどのくらいのレベルにすれば正しいのだろうか？

以下の問いは、抽象化を行う作業への丁寧で正確な導入である。

何が重要で、どんなことが考慮に入れる必要があることだろうか？　そうする必要がないもの

133

は何か？

様々な発明

グループで、カードを移動するふりをするトリックの新しいヴァージョンを創らせよう。魔法の
もち物(ハンカチーフ、杖、帽子)を使うこと。

どうすればトリックの分解は、全体的な効果を残したまま、細部を変えることを可能にするか、
探求すること。

発展的質問

カードの数が増しても減ってもこのトリックは成功するだろうか？　それは単純すぎたり、複雑
すぎたりしてはいないだろうか？

アンプラグド活動2：ページをめくる本のマジック

◎ 概観

『オズの魔法使い』あるいは『マクベス』といった、「ウィッチ」(女の魔法使い)や「ウィザード」
(男の魔法使い)が登場する本を、例として取り上げる。このような本に使われた言葉の中に、マジッ
クがどのように、何世代にもわたって染み込んでいったかを明らかにする。

私たちは図示するために、シェイクスピアの『マクベス』を使うが、ここで用いる本はどんなも
のでもよい。クラスに適した、児童の認める理想的な1冊の本を選ぼう。もし、最初の行がそれな
りの長さがあるなら、最もマジカルになる。1人のボランティアの児童が、まず1つの単語を選び
取り上げる。

次に、本が児童に命令を出すようにさせる。児童は、結局、誰も分からなかった単語1つに辿
り着く。しかしその単語は、あなたが隠しておいた予言の単語と一致する(以下を参照のこと。
「Computational Thinking: Magical Book magic」https://teachinglondoncomputing.org/resources/
computational-thinking-magical-book-magic/)。

そのマジックがどう機能しているのかを探っているとき、あなたはコンピューテーショナル・シン
キング、特にアルゴリズム的思考に対する評価の重要性について学ぶのだ。あなたはアルゴリズ
ムをテストする必要性と、なぜテストは徹底的に行われなければならないか探る。しかし、テス
トを行うとき、どのように論理的思考を用いれば、必要なテストの回数を減らせるだろうか。その
マジックのトリックは、コンピュータ・サイエンティスト、エンジニアそしてマジシャンたちが、
どうやって彼らのアルゴリズムを全体的に評価しなければならないかを示している。

◎ 知っておくべきこと

教師は、アルゴリズムとは何か、テスティングとは何か、プログラムはどんなふうに試行錯誤
によってテストされていくか、ということを理解する必要がある。教師たちは、適切な図表の作り
方を理解する必要がある。それは、彼らの選んだテキストに基づいており、授業によってその証

Magicians

明が機能できるようにしておく必要がある。

🌑 トリック

ボランティアの児童に、チップボードとペンを渡す。そのチップボードには『マクベス』の冒頭の数行が書かれている。最後の引用文はイタリック（筆記体）で書かれている。

> When shall we three meet again
> In thunder, lighting, or in rain?
> ・・・・・・・・・・・・・・・・・・
> When the hurlyburly's done,
> When the battle's lost and won.
> That will be ere the set of sun.
> Where the place?
> *Upon the heath.*
> *There to meet with Macbeth.*

児童は手を本の上に置き、「マジカル・パワーよ、我の手に」と唱える。言葉が唱えられると魔法がしみこんでいく。児童は最初の1文、点線より上の文から単語1つを取り上げる。さあ、今や本のマジックが児童をコントロールして、単語から単語へと、単語たち自身によって導かれるようにジャンプして進んで行く。

児童が「again」を選んだと仮定する。そのとき、児童は「again」に○を付けるよう言われる。彼らは選んだ単語の文字数を数える（「again」なら5文字）。それから前にその数だけ進んで行く（句読点は無視する）。5つの単語を順に数えていくと「in」に辿り着く。児童は「in」に○を付けて、そこから同じことをする。「in」から2つの単語を数えて次に着地するのは「When」である、などなどのことが起きる。

彼らは「どこからスタートしても」イタリックで書かれた単語のところに辿り着くまで、上記の進み方を続けて行う。イタリックの単語に着いたら、そこで止まり、その単語を声に出して知らせる。彼らの元々の単語は自分自身で自由に選んだものだということ、そして彼らは終わるところを全く知らなかったし、誰もそれを知らなかったということを、みんなで確認しあう。

あなたは本に導かれていったこと、予言の言葉が書いてある紙の入った封筒が置かれていることを説明する。児童はそれを開く。なかには「Heath」の単語がある。それこそは、明らかに児童がそこで止まった、イタリックで書かれた単語と同じものである。

これがもう1つのセルフワーキングトリックで、マジックのためのアルゴリズムである。なぜなら、ステップに従っていくと、いつもアルゴリズムが機能し、同じ結果になるからである。今回は『マクベス』の文章でアルゴリズムが働いた。

第6章 ※ マジックのタネは
　　　　プログラミングにあり

　驚くことに、それはマジックについてのどの本でも機能する。『オズの魔法使い』の最初の数行の文でそれをやってみてほしい。最初のセンテンスから1つの単語を選び、上記の通りのステップに従って進み、第3番目のセンテンスの中の最初の着地点である単語の上で止まる。その単語は「Four」であろう。『帽子をかぶったネコ』では、あなたが2ページ目で着地した最初の単語は「SAT」になる。実は、書物なら何についてでもちゃんと機能するのだ〔訳注3〕。ときにはイタリックで書かれたセンテンスがもっと遠くにあっても、同じ結果を導く。これはパワフルでディープなマジックなのか？　いや、違う。驚くことに、それは単純な、本にまつわるコンピューテーショナル・シンキングの特性なのだ。

◎ 解説

　私たちはトリックがいつも上手くいくと主張してきた。あなたは、あなた自身で、ライブで、観衆の前でそれを試みるほどに、私たちを十分信じるようになっているだろうか？　どうすれば確かめられるだろうか？

　あなたは、アルゴリズムを評価する必要がある。このトリックを2回ほどやってみてほしい。それで、それがいつも上手く機能するということが十分証明されて、あなたは納得しているだろうか？　もし児童が1つの単語を取り上げても、あなたが何もやってみなかったらどうだろうか？　その1つの単語では上手く機能するかどうか、全くわからない。あなたの隠しておいた予言の言葉がもし間違っていたら、ばかげたことのように見えるだろう。

　クラスでは最初のセンテンスにあるすべての単語について、このトリックが上手く機能するかをテストしてみるべきだ。『帽子をかぶったネコ』のように、もっと簡単な本に代えるとやりやすくなる。クラスの全員に、最初の数行のところのコピーを1枚ずつ与える。そして、例の機能がいつも働くかどうか、最後までやり通させる（図6.1の『マクベス』の例を参照）。児童の作業が本当に、本当に注意深く行われたかをチェックし、それを確認しよう。もし誰かが最後に違う単語に行き着いたら、仲間と一緒に戻っていって確かめる。そして、注意深く行うことだけなく、結果をダブル・チェックすることがいかに大事かに焦点を当てよう。

　同じ単語に辿り着くという仕組みを確かめる一方で、児童には、テストを何回もする努力をどうしたら減らせるかを考えさせよう。教師であるあなたがすでに一度、テストしておいた単語なら、それ以上、再び辿ってみる必要はない。次に例を挙げる。

　アルゴリズム、評価、テストプログラム、そしてそれらを全部通して行うことの重要性について話そう。毎回、必ず同じ仕組みが働かなければならないソフトウェアについて、一貫したテストを行わなければならないという話を伝えること。

136

Magicians

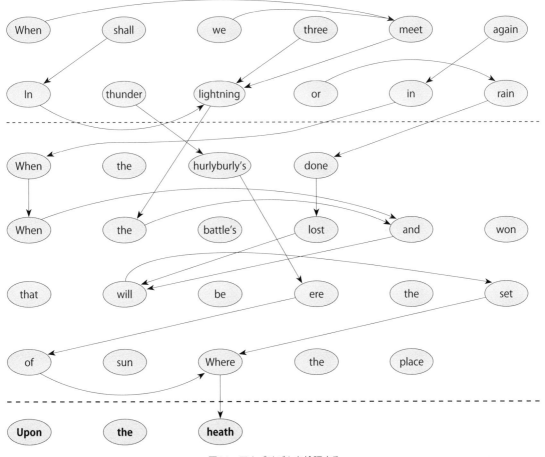

図6.1 アルゴリズムを検証する

『わたし、この間、サンタクロース (Father Christmas) を探しにラップランドに行ったの。パイロットの女の人は、霧が深いから操縦は彼女の代わりにコンピュータ (1つのアルゴリズム) に任せました、とアナスンスしたわ』

　もちろん、あなたはそのトリックが、なぜそれができるように機能するのか、知る必要はない——そのトリックは1つのアルゴリズムである。その、アルゴリズムであることが重要な点なのである。ここで何が起きているかというと、2つの道筋は一度出会うと離れない、ということである。単語というものは、長さに違いはあっても一般的に言えば短いものであるため、道筋はすぐに、偶発的に出合い、一緒になる。驚くべきことは、多くの作家は、私たちが1つの単語を予言できるようにと思って本を書いてきているのではないし、また私たちが予言できないように、わざわざ工夫して本を書いている作家なんていない、ということである。

◉ コンピューテーショナル・シンキングがどう育つか

　この活動は、「なぜテストを徹底的に行う必要があるか」、そして、「論理的思考はどのようにし

てテストする作業回数を減らせるか」という、テストを行うことについて評価するスキルを育てる。

◎ 教科横断的な学習

≫ 算数（量的思考能力）

・数えること。

≫ 国語（読み書き能力）

・文節を読んだり書いたりする。

・単語に関心をもつよう促す、面白いやり方で本を見る。

・「マジックとは関係のない」特別な種類のお話を書く。

≫ 科学

・簡単で実用的な質問を用意する。

◎ 対象年齢

高学年。

◎ 授業計画

学習のねらい

この活動が終わった後、児童は次のことができるべきである。

・アルゴリズムを徹底的に評価する重要性を説明する。

・簡単なアルゴリズムを、論理的思考を使い評価する。

・テストを行うソフトウェアの重要性を説明する。

◎ キーワードと質問

評価──アルゴリズムの機能をチェックする。

テスティング──正しい結果をもたらすのをチェックするために、プログラムを実行する。

証明──何かが真実であることを確かめるため論理的思考を使う。

・ウィッチやウィザードまたは他の魔法の力をもつクリーチャー（登場するキャラクター）について書かれた本を挙げなさい。誰か魔法の力をもつ本について知っている人はいますか？

・お話の中に大変短い単語あるいは非常に長い単語がたくさんあったら何が起きるでしょう？ そのトリックは上手く働きますか？

・選ばれた単語にもっと早く辿り着けるように、そのお話を書き直すことができますか？ このことが起きるようにするにはあなたは単語の群れに何をしなければならないでしょうか？

・このトリックは単語の代わりに数字を使っても機能するでしょうか？　もし数字で機能するのなら、どのくらいの範囲の数字を使うつもりですか？　そしてそれはなぜその範囲なのですか？

◎ 活動

時間	先生の活動	児童の活動	教材
15分	導入。トリックを行う。	トリックを注意して観る。ボランティアを1人だけ募る。	本、ペン、クリップボード、文節を書いた用紙、封筒中に入れた予言書。
20分	観察と支援。	簡単な本でトリックをやってみる。素早くやり終わった児童は、別の本でやってみる。	1人の児童に1枚ずつ1文節の書かれた紙とペン1本ずつ。
15分	概観。		

◎ 評価基準

児童は次のようなことができる。

・マジックのトリックの用語でプログラムに関連付けて、アルゴリズムとは何かを説明すること。

・トリックがどう機能するか、やり通すために論理的思考を使うこと。

・それがどう機能するか説明すること。

・1つのアルゴリズムを2〜3回テストしたことが、必ずしもそれがいつも機能する、とは限らないのはなぜか説明すること。

・それを徹底的に、細部に至るまで注意を払ってテストすること。

・アルゴリズムの評価はなぜ重要なのかを説明すること。

◎ 展開と応用への展望

◈ あなた自身のヴァージョンのトリックを創る

各児童は、自分のお気に入りの本から、そのトリックのヴァージョンを創る。彼らは最初のいくつかの文を書き出す。それから、書き留めた最初の文の中にあるすべての単語から出発した道筋を辿って、どこで合流したかを記録しつつ進む。もし1つの道筋以上が残ってしまったら、文を継ぎ足す。最初に書き出した文の後ろに線を引く。すべての道筋が合流した最初の文は太字にしておく。

◈ 魔法が効かないお話を書く

どんな本についても、絶対に、そのトリックは効果を発揮するだろうか。児童はこのトリックが機能しないお話を考え出せるだろうか。1つの方法としては、すべての単語が同じ長さであること

第6章 ✳ マジックのタネは
　　　　プログラミングにあり

が挙げられる。すなわち、『The cat are the rat but was sad……』といった文章である。児童に3文字の単語だけで作った短いお話を書かせ、このトリックが機能しないことをチェックさせよう。

◎ プログラムを徹底的にテストする

プログラミングを始めたクラスの児童と一緒に活動する。簡単なプログラムを徹底的にテストすることにどんな意味があるのかを探らせる。どのくらいテストすれば十分なのか？　論理的思考はテストを行う回数を減らすことができるだろうか？

アンプラグド活動3：テレポート（瞬間移動）するロボット

◉ 概観

あなたは、ロボットのジグソーパズルを見せる。17枚あるが、一瞬後にロボットが1体消えてしまう！　これは簡単なデザインの原理「単純で、おばかであることをキープせよ」を紹介している。問題の解決を考え出すとき、人間の限界を考慮に入れることがいかに大切かを示している。

◉ 知っておくべきこと

教師たちは、ジグソーパズルを操る方法について自信をもつ必要がある。そのために、いくらか練習すべきである。また、教師は、以下に挙げることの両方を簡単に述べることができると確信すべきである。

　1）　元々あったロボットが消えてしまうのはあり得ないこと。
　2）　児童がそのテクニックを発見するのを助ける手がかりが、デザインの中にあること。

◉ トリック

ロボットたちが描かれた魔法のジグソーパズルをもっていることを説明する。クラスの児童は、どのロボットが消えるのか、そしてロボットたちはどこへ行こうとしているのかをわかるよう助け合わなければならない。

図6.2で図示した大きいヴァージョンのジグソーパズルを用意し、下記の5つのステップに従って活動を進めていく。

　1．示された通りにピースを置く。
　2．ロボットを数える。17体ある。
　3．一番上の列の各々のピース2枚を入れ替える。
　4．ロボットを再び数える。16体になっている！
　5．「どのロボットが消えたか？」と尋ねる。

誰でも——それがどう機能するか知らなくても——マジック・ワークを作ることができる。だ

140

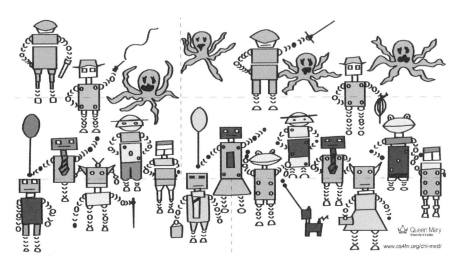

図6.2　消えるロボット
（この活動の中で使われたロボット像を次のところから無料でダウンロードすることができる。www.cs4fn.org/magic/teleportingrobot.php　巻末の参考文献も参照のこと）

からこれは、アルゴリズムが何を意味するかを実演して見せるのに使うことができる。2〜3回、行ったり来たりさせると、誰かしら何が行われつつあるのか気が付くかどうか分かる。

全員に1枚ずつコピーを与え、そのパズルをやってみさせて、彼らの考えをテストする。端にあるロボットは、その頭を失ったり、得たりする！　ここでは何かが起きている。しかし、ロボットが1体丸ごと消えるとは説明していない！

もし、特定のロボット1体が消えることについて、児童の個人的な見解があるなら、彼らは指をその1体に当てて、それを辿って行くべきだ。2列のパーツが、まだそこにある。児童に色々なことを試させて、ここで起こる物事を単純化するように暗示しよう。いかなるロボットもそこには間違いなく含まれてなどいないだろうか？　最上段の列の4体は変わるのではなく、ただ移動するだけなので、そのジグソーパズルの一番上の列は考えなくてよい。すると、下の2段を工夫すると——中段の2枚を入れ替えると——13体のロボットが12になる。問題を単純化することは、例えばデバッグするときに重要になる。

解説

マジシャン・コードを放棄するのではなく、それに従うことにクラスの児童全員が同意したときのみ、謎解きをする。消えてしまうロボットは1体もないのである。ロボットはすべてどれかとくっ付き詰め込まれたのだ。

パズルのピースを交換していくと、ロボットたちはみんな背が高くなる。ピースを動かしながら一連なりに交換していくと、交換されていくロボットはだんだん大きくなり、最後はロボットの身体全体が動き、後ろに何も残さなくなるまで動く。徐々に連なって動かすとき、その始まりは端のロボットにある。そして、その連なりは真ん中にいるロボットのところで終わる。その真ん中に

あるロボットは、すべてを切り離した位置まで動かされる。

　私たちがこのことを単純化するなら、よりわかりやすくなる。図6.3の中に、私たちはロボットたちを背の高さを表す縦のラインを使って置き替えた。互いにすべての位置を交換する縦線は、初めは隣り合っている。

　これを対角線に沿って切る。線の本数を数え、切った対角線に沿って線の切れ端を、ぴたりと合うまで動かす。そして、線の数を数えてみると、1本消える。片方の端では対角線の下には何もない状態になり、反対側では対角線の上に何もない状態になる。それぞれの線は少しだけ失われるが、より大きな切れ端を得て、ロボットのときと同じように長くなる〔訳注4〕。

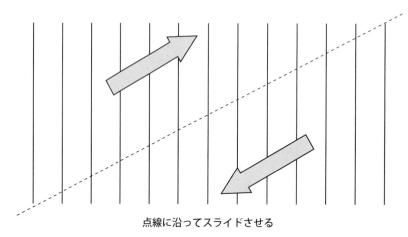

点線に沿ってスライドさせる

図6.3　ロボットのトリックの簡素化型

　これは、ある物があまりに複雑で、私たちの脳が処理できないことを表している。私たちは、今目の前で起きていても、何が起きているのか見ることができないのだ。精巧な仕掛け（ガジェット）にはそれと同じことが言える。

　「Microwave Racing Video」を見せてみよう（以下を参照のこと。「Microwave Racing Video」https://teachinglondoncomputing.org/resources/inspiring-unplugged-classroom-activities/microwave-racing-video/）。これは、異なるデザインが、1つのガジェットを、より簡単に使えるものにしたり、より扱いが難しいものにしたりする様子を、図で表現している。

　単純で優雅なユーザ・インターフェイスは、複雑なものよりずっと使いやすいということはしばしばありうることだ。テレビのリモコンは複雑すぎて使えないように作られている良い例だ。何か複雑なものがリモコンを妙なモードにしてしまっており、簡単なことさえ、明らかに、できなくさせている。

　テレビを見ることを例として挙げれば、あなたが番組『ドクター・フー』を見ようとしても、見逃してしまうことを意味する。なぜ見逃したかというと、あなたは正しいモードに入っていって、それからチャンネルを変えることができなかったからである。全く、（ひどく）いらいらする！

　もし、ある救急医があなたを救命装置につなげてから、装置を可動させようと試みているとき、

インターフェイスのデザインがまずいものになっているせいで、正しいモードに何とか入っていくこともできなかったら、あなたに恐ろしい運命をもたらすことになるだろう。

例のジグソーパズルのデザインは、隣り合って並んだ縦線よりももっと複雑である。表現は違いを生み出す。たとえ理論的には同じことが起きていても、縦線で表す方が何が起きているところなのかを「見る」には明らかに簡単である。ロボットではそれは不可能だ——私たちの脳はそのプロセスを追って行くことは全くできない。

マジシャンは、システムのデザインをロボット・ヴァージョンのようなパズルにしようと試みている。それは、観衆たる人々を困惑させる。ソフトウェアのエンジニアたちは、縦線のような、従うのが簡単なシステムをデザインするよう試みる。

残念ながら、多くのソフトウェア・エンジニアたちは、人間について考えが及んでいないので、故意ではないが、マジックのような難しすぎるシステムが多く創られすぎている。重要なインタラクティブデザインの原則は、物事を単純なままに保つことである——明白で、簡潔なインターフェイスにするデザインに狙いを定めているのだ。

多くの日常的に使う装置の使い方が難しいものになっている。その原因は、全く使われないような機能を加えようとすることを重視していて、その1つ1つがインターフェイスをより複雑なものにしているからなのだ。

それより大切なのは、一番大切な操作が簡単に、上手くできるようにすることに焦点を当てることである。コンピューテーショナル・シンキングが成功を修めるには、人間の限界を考慮に入れることだ。

◉ コンピューテーショナル・シンキングがどう育つか

この活動はアルゴリズム的思考と論理的思考を発達させる。また、人間の限界も考慮に入れなければならない、という、新しい評価の見方も紹介する。

◉ 教科横断的な学習

⟫ 算数（量的思考能力）

・数えること。

⟫ デザインとテクノロジー

・対象とするユーザに対してふさわしい製品を作ること、そして考えを発展させるのに役立つように簡素なデザインの基準を使うことなど、文脈にあったデザインにすること。

⟫ 科学

・簡単で実用的な質問を準備する。

第6章 ❀ マジックのタネは
プログラミングにあり

⟩ アートとデザイン

・トリックの個人的ヴァージョンを描くことを含めた拡張。

◎ 対象年齢

高学年。

◎ 授業計画

学習のねらい

児童は次のことができるようになる。

・アルゴリズムとは何かを説明すること。

・デザインするときになぜ、人間の限界を考慮に入れなければならないかを説明すること。

・ガジェット（リモコンなど）が、なぜ使うのが難しいか、そして、評価はなぜ重要なのかを説明すること。

◎ キーワードと質問

ユーザ・インターフェイス──プログラムとユーザが相互作用するために使われるソフトウェア。

・何人かの人々（両親、祖父母）が使うのが難しいことに気づいたガジェットの名を挙げよ。何がガジェットをそこまで取り扱いが難しいものにさせたのか？

・コンピュータのソフトウェアにとって、なぜ良いデザインが重要なのか？

・あなたはパズルのあなた自身のヴァージョンを創作することができるか？　何の形をあなたは使うつもりなのか？　なぜそうするのか？

・もっと多くのロボットたちが消えてしまうパズルをあなたは作ることができるか？　それをデザインするときには、何が問題になるだろうか？

◎ 活動

時間	教師がすること	児童がすること	教材
10分	紹介。 トリックを実際に行う。	トリックをよく観る。	大きなジグソーパズル。
20分	励ます。 支援する。	トリックがどう機能しているかを探る。	クラス内の児童それぞれにA4の大きさのパズルを配る。
5分	ビデオの上映。	ビデオを観る。	マイクロウェーブ・レーシング・ビデオ。
10分	トリックはどう機能するのか、そしてデザインの原理を説明する。		パズルの縦線（ライン）ヴァージョン。

◎ 評価基準

児童は次のことができる。

・パズルがどう機能しているか分かる糸口を見出すために、観察力と論理的思考を用いること。

・なぜ、インターフェイスを簡素な状態のままにしておくかを説明すること。

・なぜ、ガジェットの使い方が難しくなり得るのかを説明すること。

◎ 展開と応用への展望

▷ あなた自身の魔法のジグソーパズルを創ろう

私たちのマジックを描くアルゴリズム（以下を参照のこと。「Creating a Vanishing Creature Puzzle」http://www.cs4fn.org/magic/drawingcreatures.php）に従って、他のもの（例えば花など）を使って、それらが消えてしまうジグソーパズルの新しいヴァージョンを描こう。これは細部まで注意を払う必要がある。逆により簡単なものを創るために、ロボットのジグソーパズルのパターンに従って、ラインを用いたヴァージョンを描こう。

▷ ガジェットをデザインしよう

子ども向けの目覚まし時計の前面をデザインせよ。何のボタンとコントローラーが必要だろうか。そして本当に理解しやすく、使うのが簡単になる方法で、デザインするのは可能なのか。

授業をふり返るための質問

・良いセルフワーキングのマジック・トリックと、上手くデザインされたソフトウェアとの間の関連性はどのくらい密接か？

・人々がガジェットを使えない場合、人々がばかなのか、それともテクノロジーがもっと上手くデザインできることの方が良いのか？

・コンピュータのプログラムのうち、最も大切な部分は何か？　それはなぜなのか？

・どの分野で安全かつ重要なソフトウェアが使われているか？　そして，それはどうすればできる限り安全に創られることができるだろうか？

議論

本章の中で、私たちはセルフワーキングのマジック・トリックが、上手くデザインされたコンピュータ・プログラムに対して、どのように役立つ類似点を提供しているかを示してきた。私たちは、アルゴリズムを理解することと、そのソフトウェアを使っているのは人間なのだということが、両方共、重要であることを強調した。

上手くデザインされたプログラムは、マジックのトリックと似ている。すなわちアルゴリズムとプレゼンテーションは両方共、そのプログラムとトリックの両方にとって正確でなければならない。

第6章 ◉ マジックのタネは
　　　　プログラミングにあり

　これらのアンプラグド活動は、児童をトリックについてもっとわかりたいと思う方に引き込むための、魅力的なきっかけを供給する。そして、そのトリックの背後にはコンピュテーショナル・シンキングの原理があるのだ。

　人間というファクターが少ないと、しばしば、使うのが難しいソフトウェアを作ることになり、人々を「私にはテクノロジーを使うことができない」という思いに導いてしまう。これらのアンプラグド活動は、使い勝手の問題と、良いソフトウェアのデザインのために考慮される必要のある問題点を紹介している。これらのことは、良いトリックのプレゼンテーションというたとえ話を通して得られるものだ。

　マジックのトリックもまた、児童が自分自身でテストすることを、楽しくて実際的な例として実行できるようにして、それを評価することの重要性を強調している。これは致命的なほどに重要なことだが、しばしば無視される。

　トリックは、異なるカリキュラムを横断して継続していくために豊かな大地を提供し、児童に様々なトリックを開発したり、一般化と要素の再利用という重要な原則を紹介したりするときに、彼らの創造力を探査する機会を与えている。

> **要旨とキー・ポイント**
>
> マジックは楽しくて魅力的であり、かつ構成された手順を、コンピュテーショナル・シンキングの学びに提供している。その学びは、アルゴリズム的思考、評価、抽象化、分解、論理的思考、そして人間を理解することの重要性を含んだものである。それは、問いに基づいた学びを支える、身体的で実践的なシステムを用いている。
>
> 児童はまた、友だちや家族を楽しませるためにやってみせることができる、マジックのトリックを覚えることにもなり、なおかつ非常に役立つ新しいソーシャルスキル（社会的スキル）を彼らに与えている。

【訳注】

〔1〕 これは、マジックのトリックについての話であると同時に、アルゴリズムにも要求されることである。

〔2〕 分解されたアルゴリズムの中に、ループが含まれていることに注意。

〔3〕 『マクベス』の日本語ヴァージョン。引用文は『』を付けておく。単語ではなく、文節で区切る。

　　　我々が／汝と／再会するのは／いったい／いつに／なるのか／
　　　雷(いかづち)の／中か／稲光の／中か／はたまた／雨の／中か。／
　　　・・・・・・・・・・・・・・・・・・・・・・・・・
　　　あの／大騒乱の／起きたのは／何時／なのか／

あの／戦いの／勝敗は／いつ／決着／するのか／

日の／沈まぬ／うちに／決着は／なるで／あろう。／

その／場所は／どこで／あろうか。／

『ヒースの／原野で／

そこで／マクベスと／会うのか。／』

「汝か」から始めると2字。2つの文節を辿ると「いったい」に着く。ここは4文字なので、次に着地する文節は「中か」である。2文節進んで「中か」に○。次は「雨の」に○。その次は「あの」……と次々○を付けていく。「勝敗は」→「するのか」→「決着は」→「その」→「どこで」→「原野で」で終わり。

「再会するのは」で始めると、→「稲光の」→「雨の」→「あの」→「戦いの」→「勝敗は」→　以下、上と同じ道筋で「原野で」で終わる。

「はたまた」から始めると→「大騒乱の」→「あの」→「勝敗は」→以下、上と同じ道筋で「原野で」で終わる。

　結局どこの文節から始めても、「原野で」に辿り着く。

〔4〕この縦線が13本並んだ図を、両方から向かい合わせるようにスライドさせると、動かす前より長い線が12本できる（数が減り、長くなる）。逆に、両側から引っ張るように動かすと、線の切れ端はできず、動かす前より1本多い、2本の少し長い線と12本の少し短い線、合計14本の線ができる。コピーして切り抜き、実際に試していただけたらと思う。

第7章
コンピュータを使わないゲーム遊び

Gamers

教師の役割は、発見のための状況を創り出すことであって、既存の知識を提供することではない。
——シーモア・パパート (Seymour Papert)

序

年齢のいかない児童にコンピュータの抽象的な原理を教えることは、非常に挑戦的な課題だろう。また、十分なテクノロジーが学校において不足していることから、このことを教えるために別の方法を考えざるを得ない。

本章で、私たちは、コンピュータの概念はカード遊びやボードゲームを通じてどのように伝達されうるかに焦点を当てていきたい。最初に、遊びとゲームの関連について手短に議論したいと思う。

● ● ● ● ● ● ● ●

ジョン・デューイ (John Dewey, 1938) に支持され、ジャン・ピアジェとバーベル・インヘルダー (1969) によって発展した構成主義 (constructivism) は、知識に焦点を当て、いかに人は学ぶのかを研究する学習理論の1つである。

ピアジェ (1954) は、遊びは児童に、新たに発展した概念を自分たちがすでに知っている事柄にぴたりと合わせる練習をさせてくれる (同化：assimilation) と指摘した。彼らは、模倣を通して、新たなメンタルモデルを打ち立てられるような新しいアイデアと活動を実際にやってみる (適用：accommodation) のである。

魅力的で双方向の媒体としてのゲームは、問題解決の練習を繰り返し行う余地を、潜在的に提供することができる。このアプローチはまた、明らかに、社会環境における相互作用と経験を通して人は意味を構成すると考える構成主義的パースペクティブに向けられている。ピアジェ (1970) によれば、子どもたちは、自分たちが活動的にプロセスの中に入り込むときに、学ぶのである。これは、児童が自分たちで信頼できる文脈を探索し、経験することで、活動的に意味を構成するときによりよく学ぶ、と主張する経験的な学習のパースペクティブに非常によく似ている。ゲームは、学習者に、問題解決へと導く信頼できる任務を与えてくれるのである。

また、ゲームは、児童が複雑な問題の解決のために利用可能なリソースを使う状況の中で試し、

反省するような経験的な学びの余地を与えてくれる。ゲーム遊びを通じた学びのもう1つの利点は、協働的な学び（collaborative learning）のための機会があることである。児童は、多人数が参加するゲームで遊ぶとき、その児童は協働的な活動に参加している。そこで、彼らは、意見を交換し、コミュニケーションスキルを向上させ、互いの物事の見方の良いところを認め合うことができる。

ヴィゴツキーの構成主義（1978）は、学習過程における社会的文脈と文化の重要性を看取していたため、社会的構成主義として知られている。彼は、学習を協働的な活動と捉えていた。また彼は、歴史の役割が果たす重要性について、また、社会的環境が新たな知識を身に付けるときに支えとなることについて説明していた。学習は、子どもたちが社会環境に働きかけ、その経験を内在化したときに生じるものなのである。

ヴィゴツキー（1978）は、認知的な発達は、特定の年齢におけるある一定の範囲内に制限されていると主張していたが、教師からの支援など、社会的な相互作用の助けを得られるならば、児童は、自分たちでは知り得ない概念を理解することができるのである。

ゲーム遊びを通じて、私たちは、児童に必要不可欠なコンピュータの諸概念を教えることができる。児童は、ある特定の結果を得るためのアルゴリズムのデザインを学び、そして、条件付けの帰結を決定することを試みる。彼らは、ある任務を完遂するためのシーケンスを創造するために様々なコンピュータのコマンドを使ったり、問題を解決するためにブーリアン型理論を使ったりする。これは、学習者自身の学びを積極的にモニタリングし、自身のプログラムや解決策の結果を即座に確かめるための助けとなる。ペアで活動したり、グループで活動したりすることで、彼らは、他者とのインタラクションを通じて、自分たちの理解を形作っていくのである。

ボードゲームを通じたコンピュテーショナル・シンキング

適切にデザインされているものであれば、ボードゲームは、コンピュテーショナル・シンキングのスキルを発達させる1つの文脈を子どもたちに与えてくれる。論理的に考える能力、アルゴリズム的に考える能力、そして、再帰的に考える能力に基づいて、コンピュテーショナル・シンキングは、アルゴリズムや反復や一般化といったコンピュータの基本的な知識と関わっていく。また、そこには、論理的な理由付け、問題の分解、試行、デバッグ、可視化のスキルなどが加わっている。こうしたスキルの発達は、児童に、あらゆる学校生活や日常生活の中で、コンピュテーショナル・シンキングに従って問題を表現することができ、また、解決することを可能にする。

ボードゲームのプレイヤーたちは一連のルールに従い、決定ポイントをもち、決定をせまる特定の条件の下でポイントを使う。一方で、コンピュータゲームでは、ゲームそれ自体によってそのルールが実行され、その結果を引き起こす。

この章で例として取り上げボードゲームやカードゲームを使うことで、プレイヤーは、ゴールに辿り着くために、またタスクを完遂するためにアルゴリズムをデザインする。同様にプレイヤーは、プログラミングカードを自分たちのシーケンスカードに置くことで、自分たちのシーケンスが働いた成果を可視化するためにも、アルゴリズムをデザインする。

第7章 ✿ コンピュータを使わない
　　　　ゲーム遊び

　彼らは、ボードゲーム上の自分のキャラクターを動かすことでプログラムが作動しているかどうかをテストし、そして、エラーがある場合はそれをデバッグする。これは、一連の問題解決プロセスと考えてよいだろう。

　この過程でプレイヤーたちは、問題を小さなパーツに分解し、類似のタスクや問題の解決策を用いながら、それに取り組む。彼らは、タスクを完遂する報酬としてポイントを支払い受け取るループを創作するために、反復機能を用いる。

　この章では、ボードゲームとカードゲームを通じ、条件文（If文）とブール論理に着目して、コンピュテーショナル・シンキングを作り上げてゆく児童を、どのようにサポートできるのかについて探求する。

　ここでは以下の3つの活動を取り上げる。
・スペースレース：「スペースレース」というボードゲームを通して、条件文について学ぶ。
・犯人を捜せ：探偵物語に基づいたパズルを解くことを通して、ブール論理について学ぶ。
・カードを使ってコードを書く：カードゲームを通じて、"If"文と"Else"文について学ぶ。

到達目標

この章の終わりで、以下のことができるようになる。
・アルゴリズム、条件、評価、論理といったプログラミング概念の知識や理解を深めること。
・子どもたちにコンピュータ利用の概念を教えるアンプラグドなゲーム活動をデザインすること。
・子どもたちのコンピュータの学びをどのように評価するかについて、理解を深めること。

教員育成指標とのつながり

特にこの章と関連のある指標は次の通り。
TS1a　安全で刺激的な環境を作ること。
TS1b　児童を伸ばし、挑戦したくなるような目的を設定すること。
TS2e　児童が自分自身の作業や勉強に対して責任ある誠実な態度を取るよう、促すこと。
TS3a　関連する（一つ、または複数の）主題とカリキュラムの領域の確実な知識をもつこと。
TS4e　魅力あるカリキュラムのデザインと提供に貢献すること。

(DfE, 2011)

（イングランドの）学習指導要領とのつながり

低学年
・アルゴリズムとは何かを理解すること。
・単純なプログラムを創り、デバッグすること。
・単純なプログラムの動作を予測するための論理的理由づけの使用。

Gamers

高学年

・特定の目的を達成するプログラムをデザインし、書き、デバッグすること。

・プログラムにおいてシーケンス、条件の選択、反復を使うこと。

・いくつかの単純なアルゴリズムがどのように働いているのかを説明するために、また、アルゴリズムとプログラムの中にある間違いを見抜きそれを直すために、論理的理由づけを使用すること。

(DfE, 2013)

用語解説

アルゴリズム：アルゴリズムとは、問題を解決し、目的を達成するための正確な命令のセットである。

デバッグ（する）：スクリプトとプログラムにある誤りを特定し、除去すること。

分解：大きな問題を小さな部分に分解して取り組むこと。そうすることで、その過程を他の誰かに、または「コンピュータ」に説明することができるようになる。

抽象化：明確な概念への焦点化を楽にするために、複雑なオブジェクトからなる詳細な部分を取り除いたり、減らしたりする過程のこと。

一般化：1つの問題解決過程を広範囲の問題に移行すること。

プロシージャ：ある特定のタスクを実行するコードの集まりのこと。

変数：条件に従って変わることができる数値のこと。変数は、後に使用しうる値をもち続けるために用いられる。

ループ：ある特定のタスクを達成するまで繰り返される命令のシーケンス。

擬似コード：疑似コードは、「テキストベース」のアルゴリズムのデザインツールと定義できる。基本的には、英語で書かれたプログラミングコードの簡単な方法である。

条件文：ある特定の条件が満たされたときにのみ実行される、プログラム内にある命令のこと。

知っておくべきこと：教師と児童にとって本質的に主要な知識

≫ ブール論理とは何か？

ブール論理とは、19世紀の数学者ジョージ・ブール（George Boole）にちなんで命名された。この論理は、「真（True：T）」と「偽（False：F）」の2つの値をもつ一種のデータのことである。2進数では、それぞれのビット（コンピュータが扱う情報量の最小単位）に「1」か「0」の値がある。そのため、ブール論理はコンピュータ・サイエンスにぴたりと合うのである。そこで、まずは、真または偽になりそうなコード文から解説を始める。ブール論理は、AND、OR、NOTおよびそれに関連する処理を用いており、ステートメントが真か偽かを評価する。

処理	評価
AND	両方の条件が真であるときのみ真

151

処理	評価
OR	2つの条件のうち片方が真ならば真
NOT	条件が偽だった場合に真

　コンピュータのプログラムでは、常にブール論理が利用されている。例えば仮に、あなたが自分のEメールのアカウントにログインしようとしていたとしよう。すると、コンピュータは、あなたのアカウントにサインインすることを認める前に、あなたがきちんと正しいユーザネーム「と(AND)」パスワードを入力したかをチェックするだろう。もしそれらの条件のどちらか1つが間違っていたら、あなたのEメールのアカウントにログインすることはできないだろう。

　2つかそれ以上の条件にブール代数を用いることで、私たちのプログラムをより短くすることができる。それは、実行速度を短くし、私たちのコードをより読みやすくする、ということを意味する。

　ブール論理はまた、イエスかノーで答える質問の答えとなり、テストを実行することに使うことができるファンクション(機能)と見なすこともできるだろう。例えば、外の気温が室内の温度よりも高いか低いかを表示するために、ブーリアン型が使用されているのである。

　ブール論理は、データベースを検索するときによく使用されている。というのも、インターネットは巨大なコンピュータのデータベースであり、検索は検索用語の間の論理的な関連性に基づいているからであり、それは、「ブール論理の原則」と言われている。

　ブール論理の実践に関するウェブサイトのリスト
　　www.neuroproductions.be/logic-lab/
　　www.bbc.co.uk/cbbc/games/doctor-who-game
　　www.bbc.co.uk/schools/0/computing/29831477
　　www.advanced-ict.info/interactive/boolean.html
　　www.kidzsearch.com/boolify/

アンプラグド活動1：宇宙レース

◎ 概要

　これは、「5回引いて、1回プレイする(draw five, play one)」という形式で行われる多人数参加型のボードゲームである。このゲームのねらいは、児童が条件文の出力から判断する練習を支援することである。また、あらかじめ設定された的に辿り着くために、自分のキャラクターをプログラミングすることを通して、どの命令に従うかを決める論理的なステートメントを評価することもねらいの1つである。

　ここでは以下のアドレスから「宇宙レース」のゲームキットをダウンロードする必要がある。

www.ictinpractice.com/space-race-2/

◉ コンピュテーショナル・シンキングがどう育つか
ロジック、アルゴリズム、評価、いじくり回し (tinkering)、条件文

◉ 教科横断的な学習
◎ 科学
惑星と宇宙におけるその位置を学ぶ。また、例えば「ターゲットは、地球から一番近くにある惑星だ」というようなイメージというより、むしろ、その惑星の特定の性質をもつターゲットを配置することができる。

◎ 数学
ターゲットは、座標を使って配置することができる。これは、座標を読む練習をする児童の助けとなる。右や左へと曲がるとき、異なる角度の値を使うことで、彼らはまた、角度や、左45度といった方向を示す言葉を学ぶことができるだろう。

◉ 対象年齢
この活動は、修正を加えれば、低学年と高学年の両方で行うことができる。タスクとプログラムカードは、より複雑なアルゴリズムを生み出すよう、再考 (再デザイン) することもできる。

◉ 授業計画
学習のねらい
・命令のシーケンスに対して何が起こるのかを予測すること。
・特定の結果を達成するためのシーケンス (アルゴリズム) を創るプログラミングのコマンドを
　使うこと。
・反復コマンドを使うこと。
・条件実行の結果を判定する練習をすること。

◉ キーワードと質問
アルゴリズム——アルゴリズムは、問題を解決する、あるいは目的を達成するための精確な命令の一種である。

論理——論理的理由づけは、プログラムの動作を推論し、説明するために使われる。言い換えれば、なぜ何がしかのことが起こったのかを説明するためのものである。

条件実行——特定の状況に該当したときにのみ実行されるプログラム上の命令。

評価——評価は、私たちの日常生活の中でいつでも行われるものである。コンピュータ・サイ

第7章 ◈ コンピュータを使わない
　　　 ゲーム遊び

エンスにおいては、評価は、意図される目的のためにどのような適切な解決法があるのか確かめることを参照している。

いじくり回し——様々なものを試してみること。そして、試行錯誤を通じてアイデアを改良していくこと。

・アルゴリズムはどのように作動しているか？
・家から学校まで通学する上で、最も効率的なルートを描けるか？

◎ 活動

時間	教師がすること	児童がすること	教材
10分	教師は、児童に、移動するとき最も効率の良い道について考えるように促す。学校から自宅までの道にもう1つ別のルートを要求する。児童はどのようにしてその解決策を見付け出したのか。	自宅から学校までの道のりで、最も効率のよいルートについて議論する。 ゲーム一式をよく見てもらい、前もって問題点を明確にするために質問する。	ボードゲーム「宇宙レース」の教材（www.ictinpractice. com/space-race-2/）。
35分	教師は、児童にこのゲームを紹介する。そして、この課題に取り組む始めに、用語について議論する。ゲームを開始する前に、ルールについては音読し、誤解している点があれば対応しておく。	ゲーム「スペースレース」をグループで遊ぶ。そして、（児童の）心に浮かぶ問題や、ゲームをよりよくするための指摘を、紙あるいはオーディオ／ビデオの録音デバイスなどに記録していく。	
15分	活動の終わりに、教師は、目標に辿り着くために、プログラミングコマンドを使って、いったいどのようにしてコードのシーケンスを創ったのかのアイデアを共有するために、児童にディスカッションの時間を用意する。教師は、意図的な質問を通じて、彼らの問題解決活動について話し合うように促さねばならない。	セッションの終わりに、児童がゲームボード上に位置づけた最も効率的なルートをどのようにデザインしたかに着目して、到達した結論（findings）について議論する。	

◎ 評価基準

クラスメイトの評価はこの活動に十分に機能すべきだろう。子どもを2人1組（ペア）にして、ゲーム中に自分たちの活動を評価させるとよいだろう。プレイヤーは、自分たちの対戦相手が目標である惑星を旅するキャラクターに対して、アルゴリズムを創ることができたのかどうかを確認することができる。彼らはまた、ゲームの終わりに、自分たちのプログラミングコマンドを使って最も効率的なルートをどのように描いたのかを共有することもできるだろう。

◎ 展開と応用への展望

このゲームは、児童のそれぞれ異なるニーズに合うように変更することができる。「左へ45度旋

回せよ」というような、より複雑な処理を、先に進むことのできる児童が挑戦する課題として利用することもできる。児童に、自分たちの目標である惑星の写真や絵を見せることもできるが、それだけでなく、目標としている惑星の特徴を児童に読ませることもできる。これは、自分たちの目標である惑星を決めるための知識を用いるときの助けとなるだろう。タスクを達成するシーケンスを創ることが難しい児童は、互いに支え合うパートナーとして活動することができる。

アンプラグド活動2：君は犯人を見つけることができるか？

◎ 概要

教師にとって重要なのは、実践的な諸活動を通じて、ステートメントの評価方法を導入することである。この活動は、ブール型の論理を用いた条件文の成果を判定する実践をするために、「10個の質問ゲーム」から始める。

児童には、探偵ものの物語に基づくパズルの解決を通じて、ブール論理を適用する機会が与えられる。この活動は、リテラシーとコンピュータ利用の活動の組み合わせとして、児童に教えることができる。ここで取り上げた活動例では、私たちは児童にこの授業で用いる犯罪の場面の例を提供してきた。しかし教師は、児童のグループが自分たち自身で犯罪の場面を考え付くような授業に、時間を割くこともできる。そして、児童が自力で思い付いた犯罪の場面を他のグループと交換し、それを解決させるのである。

◎ コンピューテーショナル・シンキングがどう育つか

条件文、If-then-elseステートメント（If文）、機能

◎ 教科横断的な学習

⟩ 理科、歴史、地理

「10個の質問」活動は、理科や歴史や地理のいずれの話題にも関連するステートメントを使って創り上げることができる。例えば、児童は、動物を評価するステートメントを用いて、動物を分類することができる。

⟩ 国語

この活動では、どのようにしてブール論理が機能しているかを教えるために、単純な探偵ものの物語を提供してきた。だが、児童に対して、リテラシーの授業でクラスメイトのために自分たち自身で謎解き物語を創作するよう、問いかけることもできる。

◎ 対象年齢

この活動は、高学年の9歳以上の児童に対して行うことができる。

第7章 ◈ コンピュータを使わない
　　　　　ゲーム遊び

◉ 授業計画

学習のねらい

If文の結果を判定するために論理的な理由づけを使用すること。

プログラムのどの部分に従うかを決定するステートメントを評価すること。

◉ キーワードと質問

If文──条件に照らし合わせて真か偽となるステートメント。

If-then-else文──2つの文のどちらを実行するかを評価するためにブール型を用いる。

ファンクション──何度も繰り返し呼び出すことのできるコードのシーケンス。

・インターネット上で探偵ものの物語を検索するために、ブール論理をどのように使うことが
　できるだろうか?

◉ 活動

時間	教師がすること	児童がすること	教材
20分	・導入の活動。 ・「10個の質問」活動のためのシーケンスのレッスン。 ・黒板に10個の質問カード(表7.1)を掲示し、児童にそれに答えさせる。 ・この活動を牽引する児童を選出する。 ・すべての児童のカードを箱の中に入れて、児童の1人に1枚引いてもらう。 ・その引いたカードをこの活動を牽引する児童にわたす。 ・この活動を実行する責任者になった児童が質問する。例えば、「茶色い目の人は?」「君の大好物はチョコレートですか」など。 ・児童全員が立つ。そして、上の質問の答えが「偽」の児童だけが座る。 ・児童が、「OR」と「AND」を使って質問する仕方を分かっているかを確認する。 ・児童がブール論理の理解を深めるまで、数分間、このゲームで遊ぶ。 ・よりチャレンジできるよう、さらなる質問を加えてもよい。	「10個の質問」ゲームで遊ぶ。 自分自身でクエスチョンを考えらえる児童には、ゲームをさらにチャレンジングなものにする。	カード1組。 コード化できるカード。 シート。 ペンと紙。

156

時間	教師がすること	児童がすること	教材
30分	・主活動。 ・「僕のゲーム機のコンソールを盗んだのは誰だ？」ゲーム ・この活動は、コークカレッジ大学（アイルランド）で組まれたBoole2Schoolプロジェクトから着想を得ている。以下のサイトで、児童がブール論理について学ぶためのパズルと諸活動をさらに見付けることができるだろう。http://georgeboole.com/boole2school/ ・黒板に「僕のゲーム機のコンソールを盗んだのは誰？」の物語を掲示する。そして、どうしたらこの問題を解けるのかについてグループで議論するよう伝える。	グループで、この事件を解決する活動に取り組む。そして、問題解決シートに自分たちの結論を書きこむ。	
10分	・教師は、児童の解決策を共有するよう伝える。そして、その方法について議論する。	児童は、クラス全体ないしは別のグループの前で自分たちの解決策を説明することができる。そうすることで、この犯罪を解決するのに役立つクラスメイトの戦略を比較することができる。	

◎ 評価基準

　児童が書いた問題解決シートは、彼らがどのようにして自分たちの解決を見出したのかを私たちに教えてくれるだろう。また同様に、彼らが用いた戦略を理解する助けとなるだろう。このとき、児童に自分たちの問題解決の過程を消させないことが重要である。

　もう1つの基準は、児童が、友だちに解いてもらう謎解きを自分たちで創作するとき、ブール論理の原理を使用できるかどうか、である。これはまた、ブール論理がどのように機能しているのかを彼らが理解しているかどうかを私たちに教えてくれるだろう。

◎ 展開と応用への展望

「10個の質問」は、導入的活動である。児童を伸ばし、挑戦させるために、「and」「or」「not」条件を利用して質問の数を増やすことも可能である。

　謎解き問題は、児童全員のニーズに応じて、様々な難易度のレベルで創造することができる。児童に、自分たちで犯罪場面を設定するよう働きかけることで、ブール論理がどう機能しているのかの知見を生かすことを促進するだろう。

私についての質問	答え
1. 髪の毛の色は？	1.
2. 何月生まれ？	2.
3. 好きな色は？	3.
4. 好きな食べ物は？	4.
5. コンピュータゲームをするのは好き？	5.
6. ペットは飼っている？	6.
7. 兄弟姉妹はいる？	7.
8. 好きなスポーツは？	8.
9. 好きな歌手は？	9.
10. ２つ以上の言語を話す？	10.

表7.1 「10個の質問」に使用するカード

メインワークシート

事件を解決する

僕のゲーム機のコンソールを盗んだのは誰？

昨日、僕は1週間の休暇を終えて、オーストラリアから戻ってきた。僕が家に到着すると、ドアが開いていて、すべてが投げ散らかされていた。でも、おかしなことに、僕のテレビも、パソコンも、その他高価なものは全く盗まれていなかったんだ。僕は驚いて、「もし泥棒だったとしたら、絶対に全部盗むだろうに」と思った。僕はすぐに警察を呼んだ。僕たちは、部屋の中にあるすべての物品を調べた。信じられないことに、奴らは僕のゲーム機のコンソールとゲームだけを盗んだんだ。警察官は驚いて、すぐに僕が住んでいる地域で犯罪歴があることがわかっている4人を逮捕した。だけど、誰が犯人かを見付け出すのはとても難しかった。4人共みんな証言した。以下にある彼らの話したことがわかる？　君に、誰が僕のコンソールとゲームを盗んだのか見付けるのを手伝ってほしいんだ。この4人全員が1つ嘘をついているのを、覚えておいてね。

ジョージ

「ニキじゃなかった」

「メーガンだった」

メーガン

「ジャックじゃなかった」

「ニキじゃなかった」

ニキ

「ジャックだった」

「メーガンだった」

ジャック

「ニキだった」

「ジョージじゃなかった」

私の解答

図7.1　問題解決シート

アンプラグド活動3：カードでコード化

◎ 概要

　この活動は、シンプルなゲームを通じて条件文の利用と適用を実践する、クラスの児童全体で行う活動から始める。彼らは、条件文をセットし、それに従うことを学ぶ。そうすることで、彼らは、自信をもって「If文」「Else文」を使えるようになる。

　それから、彼らは、カードゲーム遊びに移っていく。このカードゲームで、彼らは、「If文」と言われる条件文について学ぶことができる。というのも、そこに彼ら自身に関連する条件があるからである。もしステートメント（文）が「真」であるなら、「If文」内に書かれた命令を実行する。もしそれが真でなければ、「Else」の内部のプログラムを実行する。これがコンピュータが決定を下すやり方だと児童に説明する。条件文を説明する際に、表7.2を使うとよいだろう。

◎ コンピューテーショナル・シンキングがどう育つか

　論理、条件文、評価。

◎ 教科横断的な学習

≫ 科学、歴史、地理

　最初の活動は、理科、歴史、地理の時間の中で行うこともできる。その際、質問は、例えば物質や古代ローマ帝国、生息地といった様々なトピックスと関連づけることができる。

159

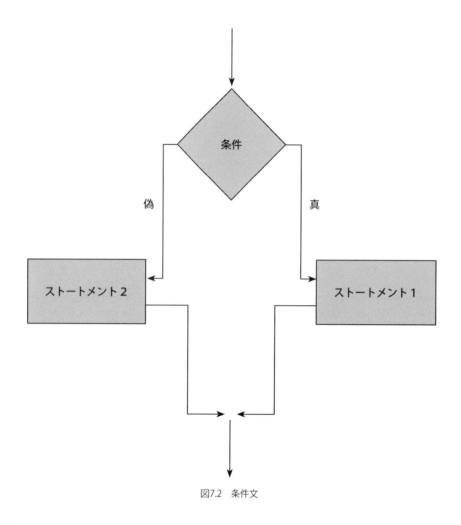

図7.2 条件文

数学

数学の法則は、カードゲームの条件を設定するために使うことができる。例えば、「もし数字が7以下（number≦7）だったら、順番を終わる。そうでなければ、2ポイント得る」というように使える。

対象年齢

この活動は修正を加えれば、低学年と高学年の双方で行うことができる。「If文」と「Else文」は、難易度の異なるレベルで条件文を創るために、デザインし直すこともできる。

授業計画

学習のねらい
・条件文の結果の確認を練習すること。
・プログラムのどの部分に従うか決めるために、論理的なステートメントを評価すること。

Gamers

🔴 キーワードと質問

ロジック——論理的な理由付けは、プログラムの動作を推論し、説明するために使われる。言い換えれば、何かがなぜ起こったのかを説明するために、論理的な理由付けが使われる。

If文——特定の状況に該当したときにのみ実行されるプログラム上の命令。

評価——評価は、私たちの日常生活の中でいつでも行われるものである。コンピュータ・サイエンスにおいては、評価は、意図される目的のためにどのような適切な解決があるのかチェックするときに参照される。

・If文とは何か？　例を挙げることはできるか？
・コンピュータはどのようにして決定を下すのか？

🔴 活動

時間	教師がすること	児童がすること	教材
20分	教師は児童に活動を紹介し、授業の始まりに使われる単語について議論する。ステートメントは、児童が他の科目で学んでいるどんな具体的な話題に基づいていてもよい。児童は、自分たちが行った活動をデモンストレーションした後、彼らが使ったどのステートメントを思い浮かべるか、互いに質問できるようにする。 この活動は広いスペースで行われることを確認する。児童に、次のような条件を与える。 もし私が10以上の数字のカードを君に見せたら座れ。そうでなかったら、自分の鼻を触れ。 もし奇数を言ったらまわれ。そうでなかったら、跳び上がれ。 もし私がひし形を書いたら手をたたけ。そうでなければ首をふれ。 あるいは、ローマ人についてのステートメントを作ることもできる。児童は、もしステートメントが真であるならばグルグルと回る必要があり、もしそれが間違っていたら、小さなダンスをする必要があるということを伝えることもできる。例えば、 ・ローマ人たちはイギリスを侵略した。なぜなら彼らはチョコレートを求めていたからだ。 ・ローマ人たちはロンドンを「ロンディニウム」と呼んだ。 ・ローマ人たちは、私たちにセントラルヒーティングを与えた。	教師によって与えられたIf文に従う。 選ばれた話題に対する自分たちのIf文を思い浮かべさせる。	トランプのカード1組。

161

時間	教師がすること	児童がすること	教材
30分	主活動。 児童に、グループに分かれ、標準的なトランプ1式を使ってゲームをするよう指示する。 唯一違うのは、児童は、もたされたカードに書かれた条件文に従わなければならないということである。「トランプのカードのコード化の仕方」という、ルールが書かれた紙を見よ。「トランプのカードをどのようにコード化するか」が書かれた紙を数人の児童それぞれに渡し、一緒にゲームする様子を見せる。4〜5人のグループでゲームをさせる。それぞれのプレイヤーの得点を集計するために、紙とペンを児童それぞれに必ずもたせておく。	児童をグループに分け、「カードのコード化」ゲームをさせる。 児童は、ジャック、クイーン、キングのカードを使って、意味をもたされていないカードに、彼らが作ったIf文を書きこむことができる。	「トランプのカードのコード化の仕方」が書かれている紙。 ペンと紙。

◉ 評価基準

　児童のコンピュータへの学びの旅の記録を取るために、彼らに記録媒体を渡すとよいだろう。それは、ブログやウィキ（Wiki）でよいだろう。その理由は、児童が協働で活動を行っていると、彼らの学びを評価することが非常に困難だからである。もし私たちが彼らに対し、彼らの問題解決活動をじっくりと考える機会を与えることができたら、彼らの学びのプロセスをよりよく理解することができるだろう。これは、児童の学びの成果を評価する助けとなるだろう。子どもたちはまた、獲得したスキルに対する証しを手にするために、ブログを使うこともできるだろう。

◉ 展開と応用への展望

　このゲームは、児童の様々なニーズに応じて、修正を加えることもできる。擬似コードを使うよりもむしろ、それぞれのカードに条件を書くときに「Python」や「JAVA」を使うのもよいだろう。これは、身体を使うゲームを通じてテキストコードを書く練習をすることを可能にするものである。自信のない児童のためには、If文は、「AND」の項のないシンプルなものとするのがよいだろう。

議論

◉ 鍵となる概念：アルゴリズムは私たちの身のまわりにある

　アルゴリズムは、問題を解決したり、ゴールに到達したりするための精確な命令のセットのことである。アルゴリズムは、コンピュータ・サイエンスの核心である。コンピュータ・サイエンティストは、彼ら自身が作るプログラム内に、問題解決のためのアルゴリズムをデザインする。

　私たちは、自分たちの日常的なタスクをやり遂げるための解決策をデザインするために、いつでもアルゴリズムを使用する。例えば、私たちがある場所から別の場所へと旅をするとき、私たちは、手作業で、あるいはインターネット上の旅行ガイドである「トランスポート・フォー・ロンドン」のようなアプリケーションを使って、最も効率の良いルートを探すだろう。同様のタスクを

遂行するために役に立つアルゴリズムはたくさんあるため、利用者は、より早くてより短いルートを見付けることに焦点を当てる。

アルゴリズムの創作は、命令の選別を含んでおり、同時に、タスクを完遂したりルールを創作したりするために、アルゴリズムをシーケンスに落とし込むことをも含んでいる。私たちは、自分たちの命令をより短く、あるいはより柔軟にするために反復を用いることもできる。

私たちは、数学においては、問題を解くときにアルゴリズムを使う。また科学においては、実験をデザインするときはアルゴリズムを使う。読み方や書き方の能力（リテラシー）においては、私たちが文章を書く計画を立てるときにアルゴリズムを使う。

就学前においては、毎日の諸活動が、アルゴリズムの要素をシーケンス化するための機会を生み出している。子どもたちは昼食を食べに行くために、並んで列を作る。彼らはコンピュータや他の機器を交代で使う。彼らは、家や教室で読んだ物語を再び読み聞かせる。彼らは、自分たちがどう着替えているかを話し合う。

低学年の児童は、アルゴリズムが何かを知る必要があるし、また、それらがプログラムの中でどう使われているかを知る必要がある。このとき重要なのは、体験活動から始めることである。

・彼らは、ダンスのルーチン（決まった型）をデザインすることができる。
・彼らは、トースト作り（図7.3を見よ）や歯磨きのストーリーボードを創ることができる 〔訳注1〕。

図7.3　トースト作り

第7章 ◈ コンピュータを使わない
　　　　ゲーム遊び

・彼らは、ある物語の出来事を読んで聞かせたり、迷路のまわりを動き回ったりするためのアルゴリズムを実行させるために、フロアロボットを使うことができる。また彼らは、このとき作ったアルゴリズムを、LOGOのようなオンスクリーンプログラムで実行させたアルゴリズムと比べることができる。児童は、さらに、彼らが作ったアルゴリズムをテストするために、クラスメイトの誰かが演じるロボットを使うこともできる。

　高学年の児童は、ある特定の目的のためのプログラムをデザインすることが期待されている。彼らは、自分たちのプログラムのために、自分のアルゴリズムをデザインすることから始めるのである。これは、ストーリーボードのフォーマット（形、書式）であっても、疑似コードのフォーマットであってもよいし、その両方を使ってもよい。彼らは、論理的な理由付けを使って、シンプルなアルゴリズムがどのように機能しているのかを説明するのである。

　彼らは、なぜ自分たちがやった方法で自分のアルゴリズムをデザインしたのかを説明し、また、どのようにして自分たちのアルゴリズムが予測された成果を達成したのかを説明する。彼らはまた、論理的な理由付けを使って、自分たちのアルゴリズム内のエラーを見付け、それをデバッグする。彼らは、タスクを完了するためには精確な命令がコンピュータには必要だということを理解するのである。

授業をふり返るための質問

・ブール論理はどのように機能しているか？
・If文とは何か？
・サーチエンジンの中でブール論理はどのように使われているか？
・アルゴリズムとは何か？　それはどのように作動しているか？
・アルゴリズムの主要な要素（シーケンス、選択、反復など）を、実生活の例を使ってどのように教えることができるか？

要旨とキーポイント

本書では、ボードゲームやカードゲームなどを通じて児童のコンピュテーショナル・シンキングを育てるのに役立つ様々な活動が紹介されている。

本章の中心にあるのは、ブール論理とIf文である。ブール論理はAND、OR、NOTと、ステートメントが真か偽かを評価する、このことに関連する演算子（オペレーター）を用いる。「君は犯人を見付けることができるか？」では、子どもたちはブール論理を用いて、パズルに基づく探偵ものの物語を解決していく。これこそがコンピュータの決定の仕方なのだということを学ぶためにも、これは重要なスキルなのである。

ボードゲーム遊びやカードゲーム遊びを通じて、特定のゴールに到達するためのアルゴリズ

ムをデザインするスキルが育っていく。「宇宙レース」では、子どもたちは、自分たちが設定した目的地への旅の最も効率的なルートをデザインしなければならない。これは、アルゴリズムをデザインするときの要素として、シーケンスや反復を使うことを含む。

乳幼児基礎段階（EYFS）〔訳注2〕から高学年にかけて、条件文の利用における進歩が見込まれる。これには、就学前の子どもたちにおいてアルゴリズムの進歩とはどのようなものか、また、子どもたちの成長と共にこれがどう発達するか、という考え方を含んでいる。

【訳注】

〔1〕通常「ストーリーボード」は、映画製作のために作られる絵コンテなどを指すが、ここでは「紙芝居」のようなものを指しているだろう。図7.3には、水平に2本の線が引いてある紙が並んでいるが、子どもたちはその紙に、線を利用しながら、トーストの作り方を1枚ずつの絵に描き、最初から順序よく並べていく、という寸法である。

〔2〕「乳幼児基礎段階（Early years foundation stage：EYFS）は、子どもが誕生してから5歳になるまでに設定される、学び、発達、ケアの基準。すべての学校、およびOfsted（イングランドの教育水準監査院）に登録された、ベビーシッター（イングランドではchildminderと呼ばれる。親が不在中に自宅で子守りをして報酬を得る者のこと）、幼稚園、保育園、小学校のレセプション学級を含むearly years providers（早期年齢層の保育サービス提供者）は、EYFSの基準に従わなければならない」（https://www.gov.uk/early-years-foundation-stage より訳出）。

第8章
料理のレシピも
プログラミング！

Cooks

料理人の仕事が適切に行われ、人に重んじられる料理を正確に再生産することができるためには、料理人の技術（アート）からはすべての優柔不断さは根絶されるべきである。つまり、料理人はその人だけに知らされる秘伝をもっているのだが、ここではその秘伝が他人に知られることになりうるだろう。次の数ページの中には優柔不断な用語は、長いもの も短いもの も、様々なところで使われないようにした。ただし、すべての計られる量は正確に、明白に書いてある。また、願わくば、料理の技術（アート）の最も本質的な部分に関することに対する無知は、消されるべきである。だからこそ、統一の取れた計量が採用されるべきなので、私たちは正しい計量に答えるはかり方の説明文を添えた。

──ミセス・ビートン（*Mrs. Beeton, 1861*）

序

料理をすることは楽しい。しかも、コンピューテーショナル・シンキングを使ったり、それについて学んだりするための大変良い社会的方法である。あなたは料理をするとき、きれいな写真と詳しいレシピをもたなければならないタイプの人だろうか？　あなたは、あの分かりにくい材料を、ただ見付けられないという理由で、その料理を作るのをやめてしまうだろうか？　あるいは、あなたは食器棚の裏まで引っかき回す自信たっぷりの人で、香りの良い焼き物料理を作ったり、味のいいオムレツや定番のスポンジケーキを作ったりするのだろうか？　あなたは使い古した本や、記憶の中のほんの2～3のテンプレート・レシピ（ひな形となるレシピ）を転用して料理を作るのだろうか？

● ● ● ● ● ● ● ●

　家庭料理のレシピは世代を超えて受け継がれる。料理の基本は小学校の調理の授業で教わる。あるいは、最近のセレブなシェフからオンラインで教わる。学生は、基本のレシピが書かれた本をもって、あるいは優良な料理のサイトで教わったことを頭に入れて、料理の専門学校へと進学する。
　しかし、私たちはどの時点で、「緊張で手足が震えている下っ端の料理人」から、「自信に満ちた創造的なコック」に変わるのだろうか。それはもしかしたら、私たちが料理のデザインのパターン、すなわち料理のコツを見破り、どのようにして台所で、料理のコツを抽象化し一般化をする

のかということについて良い結果を得たとき、かもしれない。

　本章はコンピューテーショナル・シンキングの概念について学ぶために、親しみやすい内容を使ってレシピを探索する。ここで、児童はあるレシピの中で最も重要なものは何かを発見し、共通点と相違点を見出すために、レシピ同士を比較する。そして彼らは新しいレシピを作り出すためにテンプレートを再利用しながら、創造的になっていく。私たちは抽象化と一般化について学ぶために、ペパーミントクリーム、フルーツサラダそして完ぺきなパスタまたはトロル〔訳注1〕のための「オエッ」となるようなパスタ（ヤックパスタ）を作る。

　活動は以下の通りである。
・間違ったレシピ──抽象化について学ぶ。
・レシピ探偵──パターンについて学ぶ。
・コピー・アンド・ペーストパスタ──一般化について学ぶ。

教員育成指標とのつながり

次の指標が本章と特に関連している。
　TS1b　児童を伸ばし、チャレンジさせるゴールを設定すること。
　TS3a　関連する主題とカリキュラム領域について確かな知識をもつこと。
　TS4e　強く関連するカリキュラムのデザインと提供に貢献すること。

(DfE, 2011)

（イングランドの）学習指導要領とのつながり

　学びの目的と初歩のコンピューティング・プログラムのねらいは次のように述べられている。
　上質のコンピューティング教育は、児童に世界を理解し、変化させるためのコンピューテーショナル・シンキングと創造力を使うことを身に付けさせるものである。
　コンピューティングのための（イングランドの）学習指導要領は、すべての児童が確実に次のことをできるようになることを狙っている。

・抽象化、論理的、アルゴリズムとデータ表現を含むコンピュータ・サイエンスの基礎的な規律と概念を理解し、適用することができる。
・問題をコンピュータ用語に分析できる。

(DfE, 2013)

　抽象化、パターンまたは一般化という用語を使う、初歩的コンピューティングカリキュラムに関する成果をもつ特定の教科はない。しかしながら、これらの概念はコンピューテーショナル・シンキングの基礎的要素であり、抽象化、パターンと一般化がなければ、私たちはアルゴリズムを

第8章 ◈ 料理のレシピも
　　　　プログラミング！

作ることができず、アルゴリズムがなければ、私たちはプログラムをデザインすることも書くこと
もデバッグすることもできないであろう。

　抽象化、パターン、一般化は、異なる科目にまたがるコンピューティングカリキュラム、特に次
のカリキュラムにおける子供たちの進歩に貢献する

低学年

児童は次のことを教えられるべきである。
・アルゴリズムとは何なのかを理解すること。
・簡単なプログラムを作り、デバッグすること。

高学年

児童は次のことを教えられるべきである。
・プログラムをデザインし、書き、デバッグする。

アンプラグド活動1：間違ったレシピ

◎ 概観

　第1章では、ヘマをやりまくるロボットのための命令を研究し、アルゴリズムについて私たちが
学ぶのに役立った。レシピはアルゴリズムである。ここでは、私たちはレシピ、つまり料理用のア
ルゴリズムを使って抽象化を理解させる。

　間違ったレシピは、最後には正しい情報は欠かせないという結論に至るよう児童を導く。いく
つかのレシピから不可欠な情報を抜き取ってあり、余計な重要でない要素が加えられ、その他の
情報や命令を複雑化する。レシピのデザインは抽象化されていて、重要でないことを無視して必
要なものだけを取り込むためのスキルを児童は覚える。

　間違ったレシピを読むのと同様に、児童はレシピ通り実行していくうちに、何が多すぎ、何が
少なすぎるのかを見分けられるだろう。もしあなたがこれを行えば、どうやってレシピに正確に従っ
ていくか、その方法の模範を示す必要があるかもしれない。私たちが生来もつ直感は、どのよう
なギャップも埋められるし、不正確な情報を無視することもできる。

　間違ったレシピは、どんな料理の案についての学びの中でも使えるように適応されうる。サラダ、
パスタあるいはミルクセーキ、どれを作っても、あなたは児童が抽象化を学ぶために、いくつか
の間違ったレシピを作ることができるだろう。

　この活動はガイド付きの国語（読み）の授業の一部でありうるだろう。あるいは、ノンフィクショ
ンの命令を文章として書く授業の中で、この活動は「始めに（starter）」や「全体会（plenary）」に
つながりうるだろう。

◎ コンピューテーショナル・シンキングがどう育つか

アルゴリズム的思考は、私たちが明確で正確なステップとルールを作るとき、そのステップとルールは、何かを引き起こしたり、または何かを成し遂げさせたりするものである。アルゴリズムはレシピと同じなのである。

アルゴリズムは、何かをより簡単に理解できるように、単純化してゆく過程である。そうすると何が最も重要で、何を含めておかなければならないか、そして何が重要でなくて、無視したり隠したりしてよいのかわかるようになる。私たちの例では、アルゴリズムが機能するために、レシピの中に何を含めなければならないか、そして何を排除してよいのかがわかるときに、抽象化が発生する。

児童が「抽象化」という言葉を学び使うことは、児童のための学習計画には要求されていない。より単純に書くなら、次のようなものであろう。

・正しい細かい手順を含める。
・私たちにとって必要でないものを無視する。
・必要でない細かい手順を取り去る。

◎ 教科横断的な学習

▷ デザインとテクノロジー

レシピの内容は、デザインとテクノロジー・プログラムの学びの構成要素である料理と栄養に関連付けて、この活動で用いられる。

▷ 国語（読み書き能力）

レシピを読むとき、児童は「ノンフィクション・テキスト」「新しい語彙の探求」「テキストの構成と意味」を理解することを学ぶ。

◎ 対象年齢

低学年と高学年。

◎ 学習のねらい

・私は、レシピの中に何を含めるべきか言えます。
・私は、レシピの中に何を含めるべきではないかを言えます。

◎ キーワードと質問

含める、重要である、無視する

・私たちは何を含めるべきか？　なぜそれは重要か？　それは必要か？　なぜそれが必要なのか？

第8章 料理のレシピもプログラミング！

もしそれを取り去ったらどうなるか？　何がなくても済ませられるか？　それはなぜか？

教材

授業前に「間違ったレシピ」を用意する。これらは、あなたが前回の料理の授業ですでに使ったレシピと関連付けることができ、また、あなたの現在のトピックに関連のある文脈をもつことができるであろう。次に例をいくつか挙げる。

活動のアイデア

- 授業の目的から大きくはずれないようにして、能力差のある児童のグループに、そのレシピを読むように指示する。それらについてどう思うかを述べ、レシピを改良するように伝えよう。
- クラス全体で、児童の考えを話し合い、彼らの推理したことを説明するよう伝えよう。
- 取り除くことができる余計な詳しい記述があるレシピや、細かくても重要な記述が不足していて、それを付け加えなければきちんとした料理ができないレシピなど、いくつかの例を使って、アイデアを描きださせよう。
- 「理想のレシピ」に向けた、クラスの「評価基準」を創り上げさせよう。

ペパーミントクリームの作り方	フルーツサラダの作り方
調味料　　　　　　　　　**器具**	**必要なもの**
砂糖　少々　　　　　　　大ボウル　1個	リンゴ　2個（正確に各27グラム）
ペパーミント・エキス　少々　スプーン　1本	バナナ　1本（長さ26センチ）
大きな白い紙　数枚　　　　はさみ	緑のブドウ　24粒（長さ　1.5センチ、重さ　1グラム）
小さな金色の星　140個　　金色のペン	まな板　1枚
緑のフェルトチップ	切れるナイフ　1本
ルビー色のチップ	サラダボウル
説明文〔訳注4〕	**あなたの行うこと**
1　ボウルの中に砂糖を入れる。	1　リンゴの皮をむき、全部刻む。
2　ペパーミント・エキスを加える。	2　バナナの皮をむき、全部刻む。
3　1、2を混ぜる。	3　リンゴとバナナとブドウを1つのボウルに入れる。
4　白い紙の上に直径10センチの円を35個描く。それで紙のケースを作る。切れるハサミで注意深くこれらの円を切り取る。これらはあなたのケース（入れ物）です。4つの小さな金色の星でそれぞれのケースを飾る。ケース1つ1つに3匹の金と緑の龍を描き、小さなルビー色の目を加え、大きく開けた口から赤い炎をはかせる。一方の羽は緑色に、もう一方は金色にするのを忘れずに。	4　食べて楽しむ。
5　3のミックスしたものをケーキに乗せる。	

図8.1　レシピの例

Cooks

- 1つのレシピに2つのヴァージョンをいかに作るか模範を示す。1つのヴァージョンは「間違い」がたくさんあるもの、もう1つは比較的理想に近いものとすること。
- グループに次のどちらか一方のヴァージョンを作らせよう。おそらく、少なくとも1つの例には多すぎる手順があるというヴァージョン、もう1つは十分な手順がないというヴァージョンになるだろう。
- グループは自分たちのレシピデザインを説明しながら、彼らのヴァージョンを示すことができる。あるいは、他のチームのデザインを仲間同志で評価して、どちらかが手順の多すぎるヴァージョンか、あるいは手順が不十分なヴァージョンであるか考えて区別する。こうすると、熱気のあるディベートを引き起こすかもしれない。

◎ 評価基準

児童がレシピの中に詳細な要素が1〜2個余計にあるか、または不足しているかを見分けられたら、その子はすでに、自分の学びの成果を得ている。もし主要なタスクからこれらを見分ける根拠を得られなかったら、児童に詳細な要素を多すぎにする、または不足にするよう、どちらか一方の1つの手順をもう一度書き直すよう指示する。これは、小さなホワイトボードを使い、大人に代書してもらって作ること。記録ができるデジタル装置（デバイス）を用いてもよい。

◎ 展開と応用への展望

年少の児童、あるいは特に読み書きの面でより多くのサポートの必要な児童は、グループで、または大人と一緒に活動する必要があるかもしれない。語彙の複雑さを変えて、クラスに合うようにすること。

一般的な問題解決テクニックを話し合うことによって、これをさらに前進させよう。

何を含めるのが最も重要なのかを解明するにはどんな能力が重要なスキルなのか、また私たちが必要でない情報を無視するか（または隠すか）するには、どんな能力が重要なスキルなのかについて、クラスでの議論を指導する。数学の言葉を使った問題を解くことや、理解する活動と、上記のテクニックとがつながるかもしれない。

他と教科の計画作りとこれをリンクさせることもできる。私たちは計画を立てるとき、取り扱う必要のある主要部分について考えるだけである。筆者がこの活動で行うつもりでいることの要旨をここに描き出す。私たちは詳細については気にかけない。例えば、ノンフィクションの文章について計画するときは、私たちは登場人物、セッティング、そしてあらすじを簡単にまとめる。DT（デザイン・テクノロジー）プロジェクトを計画するなら、私たちは聴衆や目的、計画するのに必要な材料、設備、そして中心となるステップを考慮に入れるであろう。

児童は、レシピの中に何を含めるべきかについて一度でも考えてしまえば、次にはレシピに従うことができるだろうし、自分たちの方に何が起きるのかを知ることができるだろう。これを行っているうちに、児童はアルゴリズムデザインにもっと近づいてよく見ることを始めるであろう。

171

第8章 ❋ 料理のレシピも
　　　　プログラミング！

フィリップ・バッジの有名な「サンドイッチ・ボット」は食べ物を基礎とするアルゴリズムでシーケンスを作ることや精密さについて、児童はどうすれば学ぶことができるのかの例を示している。YouTubeで、フィリップの教え子が彼にジャムサンドを作るようにプログラムしたときに大笑いをした。次の動画を参照のこと。www.youtube.com/watch?v=leBEFaVHllE

現実世界とコンピューティングの授業をつなげる

直接的に抽象化の概念を現実世界のシナリオにつなげ、また児童が自分たち自身で行うプログラミング活動につなげさせるための機会を以下に記す。

現実世界

1931年、ヘンリー・チャールズ・ベックはロンドン・地下鉄地図という大変有名な抽象化を行った図を創作した。それまでの地下鉄の路線図は、電車の路線の通っているところについて非常に詳細に描き表したものだった。そのため、人々は地下鉄を利用するのは難しいと思ったのだった。しかし、彼の書いた路線図は、駅と駅の間の物理的距離、各線路の正確な方向、そして地上のランドマークを無視した。彼は手に負えるようなタスクにするために必要なものに焦点を当て、駅と色分けされた線だけで表したのである。

コンピュータ・サイエンスとの関連

抽象化できることは、コンピュータ・システムを創るときには必要な基礎的スキルである。フライトシミュレーターは現実の飛行機ではない。それはニューヨークからロンドンへあなたを飛んで行かせることはできない。しかし、それはパイロットを訓練する正しい手段であって、その結果、彼らはこのルートを安全に飛ぶことを学ぶことができるのだ。

オンラインの日付記入アプリは、私たちの電話の中に坐って「お気に入りの食べ物」について質問してくるのを待っている「小人さん」がいるのではない。これは、デザイナーが、各個人を表すためにはどのデータを保有すべきなのかを選んであるのだ。そうすると、そのアプリは、各々の人の可能な日付の抽象化したものをもっていることになるのだ。

プログラミング・プロジェクト

私たちが今ここで、太陽系の簡単なシミュレーションを創り出そうとしていると想像してみよう。まず初めに、私たちは「私たちが含めたいと思っている最も重要な点は何か？」と問う。すると、地球は太陽の周りを回っていることが欠かせないと言うかもしれない。しかし、私たちは、その速度、距離、大きさを含めることは無視できると言うかもしれない。最も重要な点に集中できることによって、問題は単純化され、より取り込みやすくなる。この領域でのもっと多くの考え方に向けたベアフット（Barefoot）の活動、太陽系シミュレーションを見ておこう。これはここから得られる（www.barefootcas.org.uk）。

172

Cooks

アンプラグド活動2：レシピ探偵

概観

これまでの章の中で、パターンの力、すなわち2つ以上の物事を比較することが、私たちが、何かをより細部まで理解することにどのように役立っているのかについて、あなたはすでに学んできている。この第2の活動の中では、私たちは複数レシピを比較して，共通点を発見する探偵になる。これを行うことによって、パターンと一般化について学ぶ。

現実世界のレシピを例として使えるところがある。しかしながら、あなたが例示したいと思うような面のある、細かな部分までわかるような商業上のレシピはほとんどないことに、あなたは気づくだろう。そこで、あなたはあなた自身独自の簡単なヴァージョンを書くことが真っ先に必要になるかもしれない。だが、児童が自分たち自身のものを書いたら、それらをとっておいて、再び利用したり、他の教師と共有したりしよう。

次の活動には2つの部分がある。

1. 1つのレシピの異なるヴァージョンを比較して、何が同じで何が異なるかに注意を向ける。例えば、秋のフルーツサラダとエキゾチック・フルーツサラダを作るためのレシピを比較してみる。
2. 一般的なフルーツサラダのレシピなど、レシピの一般的なヴァージョンのためのテンプレート〔訳注2〕を作る。

この活動は紙を使った練習として行うことができる。しかし、もし児童が実際にレシピに従って、自分たちの力で何が起きるのか（どんな料理ができるのか）を理解するなら、それはもっとずっと面白く、もっと記憶に残り、効果的な活動になる。

しかしながら、児童が似たところと異なるところを探す、という活動の目的をきちんと把握しているのを確かにするためには、注意が必要である。教師は児童にストップをかけ、進み具合を比べたり、進歩を記録したりする、鍵となる反省点を導入することができるだろう。その結果、あなたは中間点で反省したり、もし児童のグループがレシピ間に似た点と異なる点にスポットを当てられたら、そのチームにご褒美のポイントをあげて、そのグループのやる気を出させることができる。

この活動はどの料理活動の場の中でも使われるように適応できるだろう。サラダ、パスタ、あるいはミルクセーキ作りでも、児童がレシピの様々な、異なるヴァージョンを作るときにも適用できるであろう。児童はこのとき、パターンと一般化について学ぶ。

コンピューテーショナル・シンキングがどう育つか

パターンというのは、相似点と相違点にスポットを当てる。私たちは、ペパーミントクリームや

173

第8章 ❋ 料理のレシピも
　　　プログラミング！

フルーツサラダ、あるいはパスタといった料理を作るのに、共通の材料、器具、手順、写真、そしてレイアウトとして何が使われているかを見るため、複数のレシピを比べるときにパターンを使うことができる。ここに、命令の違いにスポットを当てるレシピ探偵がいる。

　一般化は、私たちが新しい問題を解くためにスポットを当てたパターンを用いることである。ここに、複数のレシピの共通の面が、テンプレートレシピを創るのに使われているのを示す。パターンは再利用および変更できるもので、テンプレートに当てはめられる、すなわち一般化できるものである。

　児童が「一般化」という単語を使うよう学ぶことは、このプログラムの中では必要条件ではない。一般化はもっと単純化して説明するには、次のようになる。

　・共通の部分を見付けよ。
　・テンプレートを作れ。
　・あなたが再利用できるブロックを創れ。

コンピュテーショナル・シンキングのいくつかの枠組みでは、パターンは分別の概念よりも、むしろ一般化のための構成要素または類似語のようなものを含んでいる。

　また、その中には次のような評価の概念のようなものが含まれている。

「評価とは、任意のアルゴリズムやシステムまたはプロセスが、目的に合致している良いものであるかどうかを判断する解決法であると確認していく過程である」　　　　　　(Csizmadia et al., 2015)

　私たちは一般化するときは、自分たちのテンプレートに何を含めるかを決定し、自分たちの選択したものを評価するのである。

◉ 教科横断的な学習

◈ デザインとテクノロジー

　レシピの文脈は、それをデザインとテクノロジーを学ぶプログラムの中で、料理と栄養素に関連させて、この活動に使われている。

◈ 国語 (読み書き能力)

　レシピを読むとき、児童はノンフィクションのテキストを理解し、新しい語彙やテキストの構造と意味を探ることを学ぶ。

◉ 対象年齢

低学年と高学年。

Cooks

◎ 授業計画
学習のねらい
- ・私は、何が同じで何が違うかを言うことができます。
- ・私は、レシピのテンプレートに何を含めるかを言えます。

◎ キーワードと質問
同じ、違う、テンプレート、再使用、一般的な、一般化されたもの

- ・何が同じなのか？　なぜそれは違うのか？　どれが最善か？　それはなぜか？　私たちは何を再利用できるか？　私たちはテンプレートの中に何をもたねばならないか？　それはなぜか？　私たちはテンプレートからそれを取り除くことができるか？　それはなぜか？／なぜできないのか？

◎ 教材
　授業の前にレシピの「異なるヴァージョン」を見付けるか、準備する。ここにいくつかの例を挙げる。ベアフットの資料「再利用できるレシピ」（www.barefootas.org）で、さらなる例を見ることができる。

◎ 活動のアイデア
テーマとしてのパターンに向けて
- ・1つのレシピの異なるヴァージョンをもったグループを作り、各々のヴァージョンの中で、何が同じで何が異なるかを質問しよう。児童は、同じである事柄に注目できる。
- ・複数のグループがレシピを使うことができ、その後自分たちの経験を比較することもできる──しかし、これは追加する授業に回すことになるだろう。
- ・クラス全体で、児童は、別々のレシピを比べて、彼らが発見した同じ部分と異なる部分について議論する。

一般化のテーマに向けて
- ・一般的なフルーツサラダのレシピのテンプレートのためには何の部分が良いかを決めるための議論を指導すること。
- ・グループは、共通の部分を見付け出すために、自分たちのレシピを部分ごとに分けることができるであろう。その後、どこの部分を自分たちはもっていなければならないか、優先順位をつけることができるだろう。
- ・そのレシピの主要なところを捉えるために、ラベルを貼れる図表または記録図を使ってもよい。

第8章 料理のレシピもプログラミング！

OJフルーツサラダ
あなた方が必要とするもの
- リンゴ　1個
- バナナ　1本
- オレンジ　1個
- ぶどう　片手に載るくらい
- まな板　1枚
- 切れるナイフ　1本
- サラダボウル　1個

あなたのすること〔訳注3〕
1. リンゴの皮をむき、全部刻む。
2. バナナを向き、全部刻む。
3. オレンジを半分に切り、絞る。
4. 刻んだリンゴとバナナとぶどうをサラダボウルに入れ、オレンジジュースを上からかける。
5. 食べて楽しむ。

ゴーゴーバナナ
食材
- バナナ　3本
- リンゴ　1個
- ぶどう　片手に載るくらい
- レモンの絞り汁　レモン1個分

用具
- まな板　1枚
- 切れるナイフ　1丁
- サラダボウル　1個

説明文〔訳注3〕
1. バナナの皮をむく。
2. それを全部刻む。
3. ボウルにいれる。
4. リンゴの皮をむく。
5. それを全部刻む。
6. ボウルに入れる。
7. ぶどうを洗う。
8. ボウルに入れる。
9. 果物の上からレモンジュースをかける。

エキゾチック・フルーツ・サラダ
果物
- キウィフルーツ　1個
- メロン（小）　1/2個
- パイナップル（小）　1/2個
- イチゴ　片手にいっぱい

用具
- まな板　1枚
- 切れるナイフ　1丁
- 大皿　1枚
- スプーン　1本

ジュース
- レモン1個分のレモンジュース

飾りつけのための道具
- カリブの旗数枚

説明文〔訳注3〕
1. キウィ、メロン、パイナップルの皮をむく。
2. 果物を1口大に切る。
3. やわらかい果物を洗う。
4. 全ての果物をサラダボウルに入れる。
5. 果物の上にレモンジュースをかけ、注意深く混ぜ合わせる。
6. カリブの旗で飾り、パーティに出す。

秋のフルーツサラダ
食材
- 西洋ナシ　1個
- リンゴ　1個
- レモンの1個分の絞り汁

用具
- まな板　1枚
- 切れるナイフ　1丁
- サラダボウル　1個
- 木製のスプーン　1本

説明文〔訳注3〕
1. 果物を洗う。
2. 1口大に果物を切る。
3. 以上のものをボウルに入れる。
4. 果物の上からレモンジュースをかけて、混ぜ合わせる。

図8.2　1つのレシピの異なるヴァージョン

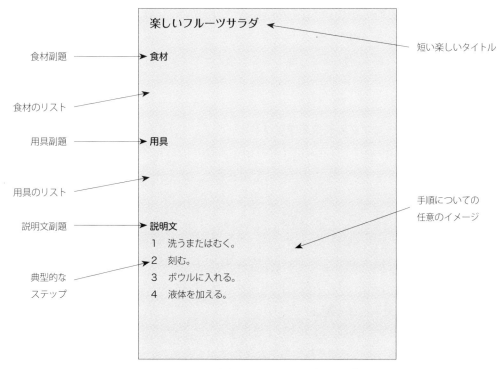

図8.3 一般化したフルーツサラダのレシピ

児童は自分たちが大切だと思う新たな特徴を考えつくかもしれない。

◎ 評価基準

児童は、異なるレシピの間に1～2箇所、相似点と相違点を発見できれば、彼らはパターン学習の成果にすでに出合ったことになる。もし児童がテンプレートレシピに含めることができる何かを提案できれば、彼らは一般化にすでに出合ったことになる。

もしあなたが、主要なタスクから上記のことの根拠がもてなかったら、レシピを改良するように児童に伝えること。そして、彼らのレシピはどのように同じなのか、違うのか、ということについて説明させよう。

◎ 展開と応用への展望

年少の児童、または読み書き能力について特に支援をより必要とする者は、グループで、または大人と一緒に活動する必要があるかもしれない。その場合には、語彙の複雑さを修正して、あなたのクラスに合うようにすること。

各グループは、より広い範囲にわたる異なるレシピからパターンと一般化を探すために、他のタイプの食べ物、例えば、ピリッとした味のサラダを作ること、ケーキを焼くこと、ミルクセーキを作るためのレシピなどを、じっくり見ることができるだろう。

この活動は、どの料理活動計画の中でも使えるよう、手を加えることができる。サラダ、パス

夕あるいはミルクセーキを作るとき、どれをやる場合でも、児童が抽象化について学べるよう、いくつかの間違っているレシピを創ろう。

この活動は、指導付きの読みの授業の一部として、また、理解力を付けるための開始部分や導入部分となる。

◎ 現実世界とコンピューティングの授業をつなげる

児童が自分たち自身で行うプログラミング・プロジェクトとつなげさせるのと同じように、現実世界に一般化の概念を直接つなげさせる機会を以下に示す。

◈ 現実世界

何が同じで何が違うかを見抜くことは、私たちが毎日使う問題解決スキルである。私たちは朝、目が覚めると昨日より寒いことに気づくとき、私たちは現実と予想とを比較しているのだ。

◈ コンピュータ・サイエンスとの関連

解決方法の開発の中ではしばしば、パターンを探すことは、何か再利用できるものを発見する、あるいは1箇所以上のところで使われうる何かを創り出すための1つの踏み石である。

これは時間とお金の節約になる！　例えばあるオンラインショップのためのソフトウェアを開発するなら、その開発者は、すでに似たようなことをしてある他のシステムを探すかもしれないし、これらの製品を再利用したり、適合させる方法を見付けるかもしれない。再利用は、コードのブロックを再利用したり、ユーザのインターフェイス・ガイドラインを適用したり、支払いのセキュリティのための精算ガイドラインに採用したりすることから、全体の為の「オフ・ザ・シェルフ（棚卸し）」パッケージを修正することまで、多くの姿に変わっているかもしれない〔訳注4〕。

◈ プログラミング・プロジェクト

児童がScratchの中に1つのゲームを創っているところを想像してみよう。私たちは彼らに、7～8のゲームを見て比べることから始めるよう、指導するだろう。私たちはゲームの共通点と相違点をリストアップするだろう。そして、ゲームの共通点を決め、何が必要なのか、リストやテンプレートを創るだろう。こうするとき、私たちは一般化を行っているのである。私たちは、グラフィックス、命令、コードを、さらに私たちが再利用できると慎重に調べたゲームがもっているその他の点を見出すかもしれない。それと同時に、自分たちが創ろうとしているゲームに含めるのに最も重要なものは何かを決めながら、抽象化のスキルも使っているのである。

この領域のさらなるアイデアに向けたベアフットの活動「ゲームを作ろう」を、このURLから辿って見てみよう。　http://barefootcs.org.uk/programme-of-student/design-progrms-

Cooks

accomplish-specific-goals/ks2-make-a-game-project-design-write-and-debug-programs/

アンプラグド活動3：コピー・アンド・ペースト・パスタ

◎ 概観

この活動は、単独の（**スタンドアロンの**）授業として行うこともできるし、本章のアンプラグド活動2から続けて行うこともできる。

この活動では、私たちは何かの新しいヴァージョンを創り出すためのテンプレートを用いながら、さらなる一般化を探る。このときアンプラグド活動2から創られたテンプレートを使うこともできるし、新しいテンプレートを創ったりすることもできるだろう。この活動のなかで、私たちはパスタのための新しいテンプレートを創る。そしてその後、児童は、自分たち自身やファンタジーの中の登場する何者かのために、新しい料理を作ることにそれを使う。

児童は、自分たちが再利用している細かい点について心配する必要なく、新しい食事を素早くデザインするにはどうしたらよいのか理解しながら、構成要素を再利用する。

◎ コンピューテーショナル・シンキングがどう育つか

一般化とは、私たちが新しい問題を解くためにすでに見つけ出したパターンを使うことである。ここで、複数のレシピの共通した部分は、テンプレート・レシピを創るために再利用でき、変更できる。つまり、レシピの共通部分は、テンプレートに当てはめるために、すなわち一般化するために利用される。一緒に書くことは、児童にテンプレートとなるパスタのレシピを創るのを手伝うチャンスを与える。そうすると児童は、新しいパスタの料理にそれを採用して、創造力を得る。

児童が「一般化」という言葉の利用を学ぶことは、ここで扱っているプログラムの中では必要条件ではない。より単純化する解釈は次のように使われるかもしれない。

- ・共通部分を見出せ
- ・テンプレートを作れ
- ・あなたが再利用できるブロックを創れ

デザインのパターンは、共通して思い浮かぶテンプレートや、たくさんの異なる状況の中で再利用されうるアプローチである。デザインのパターンをもつことは多くの時間とお金の節約になる。それは車輪を再発明するアイデアではなく、手に負えるタスクのために必要なものとして、一般的な車輪のデザインへと適応させているだけなのである。

料理の中には、私たちが再利用しているデザインのパターンがたくさんある。例えば、同じ基本をもつ具材や方法は、ピザの生地作りや、小さなスウィート・ロールパン、あるいは栄養たっぷりで風味の良いローブパンの生地作りにも使える。どこにでもあるスポンジケーキのレシピは別の砂糖がけのものに利用されることもあるし、1〜2個の簡単なチョウチョ型の丸パン、あるい

179

第8章 ❂ 料理のレシピも
　　　プログラミング！

は誕生日用の「派手な恐竜型のチョコレートケーキ」などなど、形もサイズも変えて焼けるように、再目的化できる(別の目的で利用できる)。

◎ 教科横断的な学習

⟫ デザインとテクノロジー

　　　レシピの文脈は、それをデザインとテクノロジーを学ぶためのプログラムの中で、料理と栄養素に関連させて、この活動に使われている。

⟫ 国語 (読み書き能力)

　　　レシピを読むとき、児童は新しい語彙やテキストの構造と意味を探ることで、ノンフィクションの (作り話ではない) テキストを理解することを学ぶ。

◎ 対象年齢

低学年と高学年。

◎ 授業計画

学習のねらい

・私は、新しいヴァージョンのレシピを創り出すために、テンプレート・レシピを使うことができます。
・私は、1組の例となるレシピから、1つのテンプレートを創り出すことができます。
・私は、あるテンプレートは何のためのものか、それはなぜ役に立つのかを知っています。

◎ キーワードと質問

テンプレート、再利用、再目的化、変化、適用

・私たちは何を再利用できるか？
・私たちはこれをどうやって変化させることができるか？
・あなたが変化させたのは何か？　それはなぜか？
・なぜテンプレートは役に立つのか？

◎ 教材

例：現実世界のパスタのレシピ
1つのテンプレート・パスタ・レシピ

180

Cooks

🔵 活動のアイデア

- クラス全体またはグループ分けして、数枚のパスタレシピから選んで読ませる。レシピの中の共通点が何か、議論する。
- 一般的なパスタ料理のテンプレートを創るための手引きを書くことを指導する。
- トマトソースの具材のところをもっと詳しい別のレシピに置き換えるのはどうすればできるのか、あるいは何もレシピがないところから、パスタを創るための分割されたレシピを、どのようにすれば得られるのか、議論する。
- あなた自身のパスタ料理を作るためには、どうやって一般的なテンプレートを使えばよいか、その方法の手本を作る。

　児童は新しいパスタ料理を1人で、またはグループで創り出すためにそのテンプレートを使う。彼らは、彼ら自身のために、あるいはファンタジーのキャラクターのために、例えばトロル・タリアッテーレ (幅広のパスタ)、スーパーマリオ・スパゲッティ、シンデレラ・シェルといったような料理を創るとき、上記のことができるだろう。

　あなたはそのテンプレート (図8.4) を写真に撮ってコピーできるだろう。そして必要に応じて、他の部分とのギャップまたは変化したところを児童に当てはめさせよう。

- 多くのグループが同じ変更をしたことがわかったら、あなたはそのテンプレート自身を最新の

パスタ料理のタイトル		基本のトマトソース 〔訳注5〕	
具材	**用具**	**具材**	**用具**
〈パスタのタイプ〉	大きな鍋	タマネギ　1個	フライパン
基本のトマトソース	切れるナイフ	トマトペースト　大さじ1	切れるナイフ
〈その他の具材〉	まな板	ニンニク　1片	まな板
〈添える付け合わせ〉	盛り付け皿	砂糖　小さじ1/2	盛り付け皿
	スプーン	トマト缶　1個	スプーン
		きざみバジル　一握り	
説明文		食塩　少々　粉末胡椒　少々	
1　人鍋に水を入れて火が通るまでパスタをゆでる(袋に書いてある説明に従う)。		**説明文**	
2　パスタソースのための〈その他の具材〉を準備する。		1　タマネギの皮をむき刻む。	
3　トマトソースを作る〔訳注5〕。		2　ニンニクの皮をむいてたたきつぶす。	
4　〈その他の具材〉を加える。		3　ニンニクと玉ねぎを中火にかけ、柔らかく、アメ色になるまで炒める。	
5　パスタとソースを合わせ、全体を混ぜる。		4　トマトとトマトペーストと砂糖をいれて10分間火を通す。そのとき、ソースがフライパンに焦げ付かないように確かめながら、時々かき回す。	
6　付け合わせを添えて飾る。		5　ペーストに塩・胡椒を加える。	
7　食べて楽しむ。		6　バジルを加え、全体をかき回す。	

図8.4　パスタのレシピとテンプレート

181

ものにする（アップデートする）とよいかもしれない。

・児童は自分たちの新しい料理を作り、彼らの料理のアルゴリズムをテストすることを続けることができるようになるだろう。児童は、元のテンプレートと、それを彼らが応用して創ったものの両方にある問題を見付け出し直しながら、デバッギングのスキルを練習していくのである。

◉ 評価基準

児童は、もし自分たちが新しいテンプレートを創るといったような、何か新しいものを創り出すために一般化を使うことができれば、彼らは学んだことの成果にすでに出合ったことになる。そして、彼らがそのことを説明することができれば、その児童は時間の節約のためにテンプレートを再利用しているのである。

◉ 展開と応用への展望

年少の児童、または特に読み書きの点でより多くの支援の必要な児童は、グループで、または大人と一緒に活動する必要があるだろう。その場合は、語彙の複雑さを修正して、クラスに合うようにできる。

児童が使った他のテンプレート、例えば、共通した文章の構造、上手くいった綴り（スペリング）へのアプローチ、科学で用いられる方法の計画などといった例についての議論を、導いて行く。

基本のトマトソースを例として取り上げ、コンピューティングにおいてどのようにテンプレートが使われるのか、また、どのようにすれば問題の部分を再利用するために切り出せるのか、ということについて議論する。

ソフトウェアの開発者は、異なるたくさんのシステムで利用可能な、ひとかたまりのコード（コードのブロック）を創り上げる。例えば、スマートフォンのアプリを開発しているすべてのチームが、スマートフォンの基本的な使い方（タップ、スワイプなど）に関するコードを何度も創る必要がないようにするため、スマートフォン上での操作に関する、指の動きを検知する機能をスマホにもたせるためのコードをあらかじめ作っておくという例がある。それは、再利用も変更もできる、前もって創られたコードのブロックなのである。

このような、再利用できるように開発されたコードのブロックは、ファンクション、またはプロシージャと呼ばれる。

◉ 現実世界とコンピューティングの授業をつなげる

児童が自分たち自身で行うプログラミング・プロジェクトに対してだけでなく、現実世界のシナリオに対しても、直接的に一般化の概念をつなげさせる機会を以下に示す。

◈ 現実世界

標準的大きさ、標準的なサイズ、規格化されたデザインとガイドラインおよびテンプレー

トといったものは、私たちが現実世界の中で多くのオブジェクト（対象）、プロセスとシステムを描写するときに、私たちが使う用語である。例えば、もし家の中の電化製品それぞれに付いているすべてのプラグが異なっていたら、また、要求される電圧が違っていたら、さらにもし家を建てた人がどんなサイズや形のコンセントでも壁に埋め込むことができるなら、そのとき私たちにもたらされるであろう困難のことを想像してみよう。

⑨ コンピュータ・サイエンスとの関連

　解決方法の開発の中ではしばしば、パターンを探すことは、何か再利用できるものを発見する、あるいは1箇所以上のところで使われうる何かを創り出すための1つの踏み石である。

　これは時間とお金の節約になる！　例えばあるオンラインショップのためのソフトウェアを開発するなら、その開発者は、すでに似たようなことをしてある他のシステムを探すかもしれないし、これらの製品を再利用したり、適合させる方法を見付けるかもしれない。再利用は、コードのブロックを再利用したり、ユーザのインターフェイス・ガイドラインを適用したり、支払いのセキュリティのための精算ガイドラインに採用したりすることから、全体の為の「オフ・ザ・シェルフ（棚卸し）」パッケージを修正することまで、多くの姿に変わっているかもしれない（訳注4）。

あなたはソフトウェア・デザインパターンについて聞いているかもしれない。これらは、共通する問題のための再利用できる解答法である。それらは異なるシナリオのために開発者たちによって変更されうるテンプレートである。

⑨ プログラミング・プロジェクト

　私たちがクイズを創ろうとしていると考えてみよう。私たちはたくさんのクイズを見て、共通点と相違点のリストを作り（パターン）、私たちの最も重要な点を取り出し（抽象化）、そして複数のクイズのためのテンプレートを創り出す（一般化）。私たちのテンプレートはガイドライン、利用価値のあるコードの断片を含んでいる。それだけでなく、クイズマスターを創るためのガイドライン、質問のタイプと例となるコードに関する情報、タイマーのデザイン、応用できてきちんと動く、得点を付けるためのプログラムといったものの例まで含んでいる。

　ベアフット活動「ゲームを作ろう」を見ること。さらなるアイデアは、次の領域で得られる。
www.barefootcas.org

┃議論

　私たちの議論の中では、「抽象化」と「一般化」という用語は、コンピュータ・サイエンス教育の中でどう解釈されるのか、そして研究者たちは小学校レベルでの学びの進歩を定義することに向けてどう研究しているか、考えてみたい。

第8章 ❂ 料理のレシピも
　　　　プログラミング！

◉ 歴史についてひと言

　誰かがコンピュテーショナル・シンキングについて書くときはいつも、ジャネット・ウイングがしばしば引用される。カーネギー・メロン大学のコンピュータ・サイエンスの教授で現在マイクロソフトで働いている彼女は、抽象化をコンピュテーショナル・シンキングの中心においている。

　「抽象化のプロセス——どの細部に注意を向けるか、そしてどの細部を私たちは無視するかを決定すること——は、コンピュテーショナル・シンキングの基礎となることである」

(Wing, 2008)

　ウイングの「コンピュータ・サイエンスとコンピュテーショナル・シンキングにとって抽象化が重要である」という名言は、国のカリキュラム、学術研究論文、学術協会の記録、そして基礎的概念としての抽象化を含む評価の枠組みとして、コンセンサスを得ているように思われる。

　2013年のコンピューティングのためのイングランドの学習指導要領は、すべての児童に以下のことを確実にできるように狙いを定めた。児童は抽象化、論理、アルゴリズム、そしてデータ表現を含むコンピュータ・サイエンスの基本的原理と概念を理解し、適応できる (DfE, 2013)。

　グローヴァーとピー (Grover & Pea) のコンピュテーショナル・シンキングの評論記事では、抽象化とパターンの一般化を、今やコンピュテーショナル・シンキングを構成するものとして広く受け入れられている要素として含んでいる、とした (Grover & Pea, 2013a,p.39)。

　「アメリカ・カレッジボードのAPコンピュータ・サイエンスの原理のカリキュラム枠組み」は、2016〜17年の間に、「抽象化」をコンピュテーショナル・シンキングの実践の1つとして定義づけ、そして「抽象化」を「7つの大きなアイデア」の1つとして定義している (The College Board, 2014)。

ＣＴ（コンピュテーショナル・シンキング）　語彙と進歩のチャート					
	定義	2学年まで	3〜5学年	6〜8学年	9〜12学年
抽象化	主要な思考を定義するために複雑さを減らす。	「多くの大きさと色をもつ3つの辺のある形」の抽象化は三角形である。	1つの物語を聞き、主要項目を見つけ出し題名を決める。	歴史の、ある時代について学んだ後、象徴、テーマ、出来事、鍵となる人物を発見し、その時期を最も代表するものの価値を確認する（例えば紋章など）。	現代の主要人物を分析することによって、現在の政治と最も似ている政治が行われた時代を選ぶ。

表8.1　コンピュテーショナル・シンキングの進歩チャート

　マーク・ドーリンとマシュー・ウォーカーという2人の教師によって作られた、「進歩の細道」

184

(Progression Pathways) の評価と枠組みは、抽象化を含むコンピュテーショナル・シンキングの概念と相互参照されている (Dorling and Walker, 2014)。

抽象化vs.抽象化すること

「抽象化」(abstraction)という名詞は、1つの物事を意味する。それは地下鉄地図のようなものである。この言葉はまた動詞として、問題を単純化するためにどの詳細を含め、どの詳細は隠すのかを洗い出す能力、という意味になる。

以上のことは、些細な点のように思われるかもしれないが、実は大変重要な点である。

私たちはしばしば新しいものごとを学ぶのだが、私たちはそれらを抽象化された「ものごと」として、単純化された説明を紹介されている。私たちから隠されているずっと複雑なものがあることを、私たちは「知らぬが仏」状態で気づいていないのかもしれない。例えば地下鉄マップを見ているとき、私たちは抽象化されたものを使っているのであり、創り出されたものを使っているのではない。しかしながら、私たちの抽象化の理解力は、もし地下鉄マップを評価せよと問われ、何が含められ、何が省略されたかを考えることで、深められるであろう。そうすれば、私たちは、異なる地図を比較し、別の目的について、また詳しさのレベルについて考えたとすると、抽象化についてもっと多くのことを学ぶかもしれない。

◉ コンピュータ・サイエンスと抽象化

コンピュータ・サイエンスの世界の中に、非常に多くの抽象化が存在する。1つのコンピュータ・シミュレーションは、現実または想像上の場が抽象化されたものである。私たちがコンピュータ内の機能について学ぶとき、1と0について考えるよう問われる。私たちのモバイル機器は、充電することで機能するのだが、その装置の中で走りまわっているような小さな1と0があるわけではない。その2進数の数字は、コンピュータがどうやってデータを貯めたり巧みに扱ったりするのかについて、いくつかの要素を理解するために、かしこく抽象化されたものなのである。

私たちは、上記のことを心に刻んで、抽象化についての学習発達度評価に注意を向けよう。

進歩

2014年のイングランドの小学校のコンピューティングの学習指導要領は、たった2ページの長さしかなかった。そして抽象化は、目的的内容としての記述のうち、最も少ない部分しか与えられなかった。

「コンピュテーショナル・シンキング」――「教師向け案内」の中で、抽象化は、詳細部を隠すことによってより理解できるようになる技術効果を出すプロセスであると書かれている (Csizmadia et al., 2015, p.6)。

抽象化は、重要でないものを無視する一方、何か重要な詳細な部分をあぶり出すことについて述べている。私たちは1つの問題を見るとすぐに、それを現実化しないうちに、抽象化を始めて

第8章 ※ 料理のレシピも
プログラミング！

しまう。私たちは何かについての表現を創り出す。その表現が抽象化なのである。すなわち、私たちはある事柄は扱い、他の事柄は無視することを、このときすでに決定しているのである。

　抽象化についての児童の進歩を評価することは、学びへの道をほぐすように、私たちに要求する。書き取り、算数、あるいは理科で進歩の評価をするときには、私たちは全体の達成目標に向かって、知識やスキル、そして理解力を導くように変化を促す、踏み石を理解する必要がある。私たちの次のステップをやり遂げ、学びの障壁を見付け、介入するものをデザインし、その結果、児童が進歩できるように、私たちは自前の評価を使う。しかしながら、正確に、どの踏み石が抽象化へと向かっているのか知ることは、おそらくまだ解決されていないだろう。

◎ コンピューテーショナル・シンキング──教師たちへのガイド

「コンピューテーショナル・シンキング──教師たちへのガイド」の中にある、学ぶ児童の個別の態度のリストは、抽象化を含むコンピューテーショナル・シンキングの概念のために発見されてきた。おそらくその一連のリストから、進歩の度合いの表し方が示されたのであろう（図8.5を参照）。

　リストに載っていない様々な異なる活動と、多学年で構成されているグループの成果から見ると、これらのリストに載っていることが何を意味しているのかは、まだ例証されていない。が、私たちはこの章の中で、活動への取り組み態度を審査して、リストに載せることができるよう試みている。

- 児童はサンプルのレシピから不必要な細目を取り除いて、複雑さを減らした。
- 児童はまた、目的にあった自前のレシピを手に入れるために、追加の細目を加えた。しかし、態度としては、これについて述べることはしない。
- ある種の図表のような別の方法でそのレシピを表現する手本を作ったとしたら、これは「有効な方法で操作できる、アーティファクトの表現法の1つを選ぶこと」に向けた働きになるだろう。
- 本章のアンプラグド活動3では、私たちは1つの成果物全体の複雑さを隠すとき、「基本のトマトソース」についての「サブレシピ」（下位に位置するレシピ）を一般化して作り出した。

　私たちが小学校の中で、コンピューテーショナル・シンキングを教えるさらなる経験を得るに従って、上記のような態度を表す児童の学んだものを貯めておくバンクを作るために、そして異なるコンピューテーショナル・シンキングとの関係を理解するために、行わなければならない作業が出てくる。

> **抽象化をしていることが明らかな児童のふるまい**
> ・不必要な細目を取り除いて、複雑さを減らす。
> ・有効な方法で、操作できるような成果物を表現する方法を選ぶ。
> ・成果物の複雑さにあふれた状態を隠す（機能の複雑さを隠す）。
> ・例えばデータの構造を利用することによって、データの複雑さを隠す。
> ・抽象化されたもの同士の関係を明確化する。
> ・解決法を開発するときの情報をフィルタリングする。
>
> (Csizmadia et al., 2015)

図8.5　抽象化の進歩

◎ 進歩の筋道

「コンピュテーショナル・シンキングを参照した進歩の筋道」（Dorling & Walker, 2014）は、抽象化に注釈「AB」をつけた評価の枠組みを提供している。そして、もし1人の児童がそのドキュメントの中でリストに挙げられている対象物の1つに出合っているなら、それらの対象物はすでに抽象化を実証したことを示している。それぞれの連続する列や縞模様の色は各主要コラムと小見出しに向かう進歩を意味している。しかし、コンピュテーショナル・シンキングの中での進歩がそれだけ単純化されて解釈されているかどうかについては明確ではない。

　例えば、もし私たちが筋道を書いた文書の小さなサンプルを使い（表8.2を参照）、そしてABと印のつけられた1〜2つの文を、シズマディアら（2015年）によって特定された「抽象化を学ぶ児童の態度」と相互参照しようとするなら、一致点を上手く見出せないかもしれない。

　この文書の中の記述のいくつかはABとマークされているが、それは、その記述が抽象化そのものについての児童の学びであるというより、むしろ、抽象化を使うコンピュータ・サイエンスの一面についての児童の学びに関連しているからである。

　抽象化された何かを用いることによって、私たちが「どのようにして抽象化するか」を学んだのかという質問は、簡単には答えられないものである。このときの私たちの様子は、シズマディアら(Csizmadia et al., 2015)によって同定された「学び手の行為や態度」のうちの1つとしては現れないだろう。私たちはアンダーソンら (Anderson et al., 2001) が発表した、改良されたブルームの分類法 (Bloom's Taxonomy：図8.6を参照のこと) に注目することができるので、「認知すること」を「覚えること」に結び付け、「理解すること」を「使うこと」に結び付けている。

　進歩の筋道のステートメントの各々の要素が意味するものは何か、そして、これは図式化されたコンピュテーショナル・シンキングの概念と学ぶ人の態度に、どう関係しているのかということを例示するために、さらなる研究が必要になってくる。

データとデータ表現	ハードウェアと処理
・デジタルコンテンツは多くのフォームで表現されることが可能である。 （AB）（GE）	・コンピュータは知性をもたないことや、コンピュータはプログラムが実行されなければ何もできないことを理解すること。 （AL）
・これらのフォームのいくつかを見分け、それらが情報交換する様々な方法を説明できる。 （AB）	・デジタルデバイス上に実行されたすべてのソフトウェアはプログラムされたものだ、ということを認識すること。 （AL）（AB）（GE）
・様々なタイプのデータを認識する：テキスト、数字など。 （AB）（GE）	・様々なデジタルデバイスは、コンピュータを考慮に入れていると認識すること。 （AB）（GE）
・プログラムは様々なタイプのデータと共に機能することを正しく理解する。 （GE）	・様々なインプット、アウトプットのためのデバイスを認識し、それを使うことができること。
・データは、それを役立たせるために、表にすることができることを認識する。 （AB）（DE）	・一般化された目的のためのコンピュータの機能を、プログラムはどうやって特定しているかを理解すること。 （AB）

表8.2　進歩の筋道のドキュメント（Dorling and Walker, 2014）

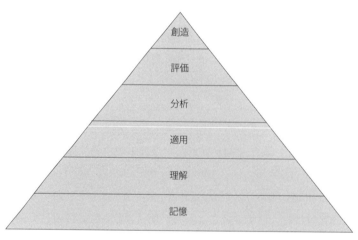

図8.6　改訂されたブルームの分類　（Anderson et al., 2001）

ベアフットの教材

　ベアフットの小学生向けの教材は児童の体験談を聞く機会を与えてくれる。その機会は、抽象化の進歩を示す教科横断的なカリキュラムの中にある。この体験談は理論的でない古い経験主義ではなく、むしろ教師たちの実体験に基づいている。その短い抜粋を以下に記す。

⊚ 乳幼児基礎段階

児童には要約する好機がたくさんあります。児童は出来事について詳細に話すように言われます。そこで、何が重要か、どうやって要約文を作るかを考え始めます。数える場合は、3匹の熊、3個のレンガ、3人の友だち、そして3とは何かという公式で表す抽象化されたものを数えながら、児童は数の抽象化を理解することを感知するのです。

⊚ 小学校低学年で

児童は抽象化を引き続き探索します。彼らは有名な人物をロールプレイすることで、歴史の中の視点を探り始めます。彼らは地理の授業を受け、地図に興味ある場所をどう加えるか、どうやって細かな点を無視するかを学びます。彼らは世界地図を使い、それから地元の地図を創ることから、抽象化の様々なレイヤー（層、重なり）がわかり始めるのです。抽象化の書かれた文はより普通のものとなります。例えば、物語の計画を立てるとき、読み書きの中で児童は抽象化を行います。理科では、特定の目的に合うようにするために、ある材料の最も重要な性質は何かを見極めるようノートやチャートを創るときに、児童は抽象化を行っています。

コンピューティングの授業の中では、コンピュータゲームとシミュレーションを児童は使い始め、自分たちは実際の生活より単純化されたもの、すなわち抽象化されたものに基づいているということを彼らは正しく理解します。

⊚ 小学校高学年で

児童は、さらに単純化と要約をし続けます。そうしているうちに、彼らは抽象化について経験を積んでいきます。彼らは、何を知っているか、何を学んできたのかをじっくりと考え、要約を創ります。例えば、トピックの前の、そしてトピック後の評価の中で、最も重要な事実を記録し、彼らが理解したことを抽象化したものを創り出します。児童は自分たちの創った要約文の詳しさのレベルを熟考し始めるかもしれません。例えば、彼らが書こうとしている1つの物語の計画に、より多くの細部を付け加えるかもしれません。

コンピュータの技術面について学ぶとき、例えばインターネットを学ぶときやデータ表現、そしてアルゴリズムについて学ぶときに、多くの詳細を隠した抽象化を児童は使います。児童はまず要約文のレベルで学びます。それから、その「ブラックボックス」の内側をのぞきながら詳細を加えます。そうするともっと多くのことが見つかります。彼らはコンピュータの内容（コンポーネント）、あるいはシステムを、下側に隠れている複雑さを隠している「ブラックボックス」として学びます。

(Barefoot, 2015)

「コンピュテーショナル・シンキング――教師たちのためのガイド」（Csizmadia et al., 2015）は、分析すること、デザインすること、記号化すること、そして適用することという言葉を取り上げているが、それらのテクニックを使うことによって、進歩を表すベアフットの体験談を、中等教育段階にまで広げることがおそらくできるだろう。児童が要求するものを分析すると、それがアニメー

第8章 ✾ 料理のレシピも
プログラミング！

ション、クイズ、ゲーム、シミュレーション、あるいはアプリのうちのどれに向けられたものであっ
ても、彼らは必要でない細部を無視することによって、自分たちのプロジェクトの複雑さを減らし
ているだろう。

　児童が問題解決法を探り始めるとき、彼らはコンピューテーショナルな抽象化をすることによって、
成果物（アーティファクト）の構造、外見と機能性を創り上げる（Csizmadia et al., 2015）。これらの
抽象化は、ストーリーボードやフローチャート、擬似コードシステム図表、データ構造デザイン、
またはテーブル・レイアウトといったような、形式的モデルと略式のモデルを含んでいる。児童
はデザインからコーディング（プログラム化）へと移行するとき、彼らのデザインしたものを実際に
創っていき、ファンクション（機能）とプロシージャを使うように促される。これらのデザインは、
複雑さを隠してある。それこそが抽象化である。潜在する解答法、デザインパターン、再利用と
再目的化されたアルゴリズム、サブプログラム、コードのライブラリ、といったアイデアを、児童
は、新たな文脈へと適用することを紹介され、彼ら自身の一般化を創り出すことを学ぶだろう。

授業をふり返るための質問

・あなたは抽象化とは何かについて簡単な説明を思いつくことができますか？
・あなたは小学校で、アンプラグド活動を使って、抽象化をどうやって教えるか、その方法の
　例を3つ挙げることができますか？
・あなたは抽象化の中に進歩を含めるために、プログラミングの企画をどう変えたらよいのか、
　その方法を考えることができますか？

要旨とキーポイント

本書の中の活動は、単にプログラミングを教えるというより、児童にコンピューテーショナル・
シンキングのスキルを使って問題を解くことを学んで欲しいと、私たちが思っているという
考えに基づいている。本章では、鍵となる問題解決スキルについて、抽象化、パターン、そ
して一般化に焦点を当てている。
抽象化は手に負えるタスク（例えば細目の多すぎ、少なすぎ）を解決するのに必要な、ちょうど
良いレベルの詳細さを得ることによって問題を単純化するようなことである。
私たちは多くのアンプラグド活動を提案してきた。それらは抽象化のコンピューテーショナル・
シンキングの概念の中で、進歩を児童に促すために使われる。
異なる教科を横断することで、私たちは物語を書くプロジェクトに役立つ、主要場面を描い
たボード（ストーリーボード）から、電気について学ぶときに使われる「たとえ」とモデルまで、
幅の広いアイデアを教えるために抽象化を使う。コンピューティングそのものの範囲内でも、
私たちは、データ、プログラミング、ハードウェア、コミュニケーションについて学ぶために
抽象化を使う。
私たちは特に、初等教育の範囲内では抽象化は言及されることがないが、それが教科全般の

190

Cooks

目指すテーマになっていくことに注目した。コンピューテーショナル・シンキングの中で最も重要な概念の1つとして、抽象化はおそらく、学びの進歩にとっての意義の点からすると、見落とされてきたのである。

初等教育レベルでのコンピューティングにおける抽象化によって、私たちは何を意味しているか、私たちは何を教えるのか、また抽象化する力を児童に育てるにはどうすれば良いのかを正確に定義づけるには、たくさんのなすべき学びが残されたままである。

【訳注】

〔1〕 北欧神話で、ドワーフ（洞窟に住むがっしり体形の小人）やジャイアント（巨人）の大きさの醜い生き物。鬼や妖精のたぐい。

〔2〕 文書やファイルの、事前に用意された形式、様式のこと（「Oxford Dictionary of English」参照）。「テンプレ」は何も、特定の文書の形式に使われるだけではない。もっとずっと広い領域で用いられる言葉である。もとは金型などを指す単語である。

〔3〕 ここでは「説明文」や「説明書」と訳されるべきだが、用いられている英単語は「Instruction」である。つまり、料理を作るステップは、コンピュータで実行するための「命令」に相当する。このことを意識してレシピを読むと、これがコンピュータを動かすプログラムのシーケンスであることがよくわかるだろう。

〔4〕 原書でも、全く同じ文章が繰り返されている。実際、訳者はこの部分の翻訳をコピーアンドペーストで作っている。ここに書いてある文章はテンプレートであり、異なる文脈の中で再利用され、異なる結論へと向かっていっているのがわかる。この文章そのものが、この章で語られていることの好例となっているのだ。

〔5〕 典型的な抽象化である。トマトソースの作り方を別個にプロシージャとして創っておき、必要なときに「トマトソースを作る」という命令で呼び出すのである。こうすれば、トマトソースの作り方を一々書く必要がなくなり、時間と資金、プログラムの長さや手間を省くことができる、というわけである。

第9章

科学者の「頭の中」をのぞいてみよう

Scientists

人は五感によってまわりの世界を探索し、その冒険を科学と呼ぶ
——エドウィン・パウエル・ハッブル (Edwin Powell Hubble, 1929年5月)

序

　科学は、この世界のすべての仕組みを説明する体系的な試みであり、科学者とはこの追究を引き受け、科学的な知識の体系を発展させる者である。世界中の約700万人の科学者と共に、私たちは生物の1種として私たちが住む世界についての知を蓄積してきた。最近の研究の成果であるNASAのケプラー宇宙望遠鏡が地球型惑星（こうした惑星を「Earth2」と呼んでいる）を確認した報告やブルーミントン市にあるインディアナ大学のネコの動画の研究は、本当に、私たちの気分を盛り上げてくれる。

　これまでの知識すべてを系統立てるために、名のないいくつかの領域を除いて、超分子化学、菌学、銀河系外天文学といった膨大な科学の学問分野がある。こうした膨大で深淵な科学の知であるけれども、そうしたことにかかわらず、これまでに打ち立てられてきた一般的な1つのアプローチができる。このアプローチとは、科学的メソッド（方法）である。科学的な知識を知ることと、科学的メソッドを行うことは密接に関係しあっているが、この章では後者の科学的メソッドに焦点を当てる。

● ● ● ● ● ● ● ●

　ナショナル・カリキュラムでは、児童が「科学的に活動する」ことで科学的メソッドの経験がより充実したものになる。科学的メソッドは、論理に根差しており、論理的に理由を付けるスキルの発達は、科学的に活動する児童の力に支えられている。例えば、科学者は有用なデータを得るための実験計画を立てる際、論理的なアプローチをする必要がある。そして、科学的な知を打ち立てるために、データを分析し結論を導くのは論理的な理由付けである。論理によって、これからの研究で何が起こるのか、なぜ起こるのかを言い当てることもできる。要するに、論理的な理由付けは現実世界の問題を解くための基礎なのである。

　論理学はコンピュータやそのほかの電子機器に命令することをも支えている。コンピュータは（現

状では）思考できないし、その都度感じるままに動くこともできない。コンピュータは純粋に論理的な方法で入力された通りに正確に命令を実行する。したがって、このようなテクノロジーと協働するには、科学者や「コンピュータ学者」のような論理的な思考方法を用いなければならない。

　この章では、科学的活動の文脈において、児童の論理的思考と問題解決能力を伸ばす方法について説明する。以下に、3つの活動を提示する。

・霧雨の中のクマ：最も傘に向いている素材は何かを調べることによって、論理的な理由付けを学ぶ。
・不思議な空飛ぶマシン：公正なテストによる紙ヘリコプターの調査によって、論理的な理由付けを学ぶ。
・スパゲッティタワー：問題解決に必要なやり抜く力の大切さを学ぶ。

◎ 授業計画

◈ 到達目標

この章の終わりにあなたができるようになっているもの。
・科学的メソッドにおける論理的な理由付けの役割を理解する。
・コンピュータ・カリキュラムと論理的な理由付けの関連を理解する。
・科学の文脈に必要な児童の論理的な理由付けのスキルを伸ばすアンプラグドな活動を計画できるようになる。

教員育成指標とのつながり

本章は、以下の指標と特に関連している。
　TS1　児童が勇気付けられ、動機をもち、挑戦するという高い期待をもてる。
　TS3　良い主題とカリキュラムの知識を明確に示す。
　TS4　組織化された授業を計画し教える。

低学年

　単純なプログラムの作用を予測するために論理的な理由付けを用いる。

高学年

　小さな部分に分解することによって問題を解く。

アンプラグド活動1：霧雨の中のクマ

◎ 概観

　この活動では、児童に次の問いが提示される。
「傘を作るのに一番ふさわしい素材は何でしょう？」

第9章 ◈ 科学者の「頭の中」を
のぞいてみよう

　児童はこの問題を解くための調査としてアルゴリズムを書くために論理的な理由付けを用いる。
児童はまたどの素材が一番ふさわしいと思うか、またそれはなぜかをあらかじめ示す。調査を実
行し終えて、児童は調査で得られたデータを分析し、一番ふさわしい素材についての問題に答え
るために、論理的な理由付けを用いる。

◎ **コンピューテーショナル・シンキングがどう育つか**

　この活動は、簡単な調査を段階に分けることで、児童の分解のスキルを伸ばす。児童は調査の
ためにアルゴリズムを書くとき、正確な順序で段階を踏んで決定しなければならないので、論理
的な理由付けのスキルが伸びる。この過程は、第1章でロボットをプログラミングすることに関し
て行った議論と似ている。しかし、ここでは現実の問題を解く過程が示されている。児童の論理
的な理由付けのスキルを伸ばすさらなる課題は、どの素材が一番ふさわしいかについて予測し、
理由を考え、そののちにその予測が正しかったかどうかを決定するためにデータを分析すること
である。

◎ **教科横断的な学習**

⊗ **科学（活動）**

・簡単な問いを出し、様々な答え方がありうることを認識すること。

・簡単な装置を使って、綿密に観察をすること。

・簡単なテストを行うこと。

・特定することと分類すること。

・問いの答えを提案するために、観察やアイデアを用いること。

・問いに答えることを支援するためにデータを収集し記録をとること。

⊗ **科学（内容）**

1年生―日常的な素材

・様々な日常的素材を、触ってみた感じによって知った特質（物理的性質）を簡単に述べる。

・様々な日常的素材を、触ってみた感じについて、簡単な特質をもとに比較しグループ分けする。

2年生―日常的な素材を使う

・木、金属、プラスティック、ガラス、石、紙、段ボールなど、生活の様々な場面で使う物
について、それらの素材の使用感を比較し、特定する。

⊗ **国語（読み書き能力）**

　この活動は「書くこと―構成」と「書くこと―語彙、文法、句読点」を含むいくつかの標準的な、
科目としての国語の目標に準じている

Scientists

◎ 対象年齢

この活動は小学校低学年の児童を対象とする。

◎ 授業計画

学習のねらい

▷ コンピューテーショナル・シンキング

・アルゴリズムとは何か理解する。
・簡単な調査についてアルゴリズムを書くために論理的な理由付けを用いる。

▷ 科学

・簡単なテストを行う。
・問いに対する答えを提案するために観察とアイデアを用いる。

◎ キーワードと質問

アルゴリズム――特定の命令のシーケンス、もしくは何かをなし遂げるためのひとまとまりのルール。

分解――より小さく扱いやすい単位に問題を分ける過程。

論理的な理由付け――なぜ何かが生じるのかを説明し、予測を立てるのに役立つ。

・傘を作るのに一番ふさわしい素材をテストするにはどうすればいい？
・どんな準備が必要？　それはなぜ？
・最初、その次、またその次には何をする必要がある？　それはなぜ？
・傘に一番ふさわしい素材はどれだと思う？　それはなぜ？
・何がわかった？　どのようにしてわかった？
・今はどの素材が傘に一番ふさわしいと思う？　それはなぜ？

◎ 活動

時間	教師がすること	児童がすること	教材
10分	調査のきっかけを紹介。 例えばバーナビーベアーは時々冒険をするので、彼に傘を作る必要がある。 どの素材がふさわしいか見付けるために何を調べればよいか話し合う。	一番いい素材を見付けるための簡単な調査をどのように行えばよいのか、シンクペアシェアする。 調査の段階についてペアの人と口々に話し合う。	導入のプレゼンテーション。その他、気分を盛り上げる素材。例）クマを濡らさない（乾いたままにする）素材。 テストのための素材や、水を受け止めることができる器具（ビーカー、トレイなど）を選択する。

195

第9章 ◉ 科学者の「頭の中」を
のぞいてみよう

時間	教師がすること	児童がすること	教材
10分	調査のための最初の段階のアルゴリズムを模範的に書く。 正確で論理的な順序に焦点を当てる－模範的推理の段階を声に出して考える。	児童は調査の段階についてさらに思い描く。 児童は調査のためのアルゴリズムを完成させる。 児童はお互いのアルゴリズムをチェックし合う。 それらはきちんと順序立てられているか？ どのようにして知るか？ 児童は予測を立てる。	フリップチャート,紙とペン。もしリクエストがあれば、ライティングフレーム。後述する「支援」の項目を参照。
30分	模範的な実験を行う。 アルゴリズムの論理的な順序の重要性を強調する。	児童は、ペア、小さなグループなどクラスの規模にあった集団で実験を行う。	実験器具。 グループの規模にあったもの。
10分	クラスの議論をリードし、結果を分析させる。	児童は、どの素材が最もふさわしいと理由付けられるか、結論を書き上げ、それはなぜかを説明するために、伸びつつある科学的な理解力を用いる。	

◉ 評価基準

もし、次のようなことが見られたならば、児童が学習の成果を得られていると言えるだろう。

・アルゴリズムの中で、ステップの順序が重要であると理解する。

・調査のために、正確で順序立てられたアルゴリズムを書くために論理的な理由付けを用いる。

・調査を行うためにアルゴリズムに正確に従う。

・傘に最も適した素材は何かについて結果を描くために、論理的な理由付けを用いる。

質問によって、正確で順序立てられたアルゴリズムの重要性への児童の理解を引き出すことができる。児童が書いたアルゴリズムと結論が成功の基準点に至っているという証拠になる。加えて、調査を実行する児童を観察することで、彼らの論理的に段階を踏む能力が養われていることが実証される。

◉ 展開と応用への展望

◈ 支援

児童は、簡単な調査の段階を順序立てる際の支援を必要としている。予測を立てるときに、テストされた素材が、その他の水を通さない素材とどのように似ているのかを考えるよう促す支援が、児童には必要である。

もし可能であれば、TA（ティーチング・アシスタント。副担任でもよいだろう）によるさらなる支援があると良い。

Scientists

⨠ 発展

　児童は、自分たちのアルゴリズムに付け加えるとすればさらにどのような項目があるかを、論理的に考えることに挑戦できる。例として以下のようなことが挙げられる。

1) テストされる素材のサイズについての項目を含めているか？
2) なぜそのことが重要なのか？　どのくらいの量の水を使うか考えているか？
3) それを同じにする必要があるか？

　「公正なテスト」はここでは焦点を当てられていないが、このことを利用する準備ができている児童が、科学的な調査において公正なテストをすることの重要性について議論する方向へと、導くことができる。

　異なる目的で素材の適性を調査することによって、例えば以下のような科目を横断した提示ができる。

・日光を遮断するカーテンに最もふさわしい素材は何か？
・体操選手のレオタードに最もふさわしい素材は何か？
・砂場にかける橋に最もふさわしい素材は何か？

アンプラグド活動2：不思議な空飛ぶマシン

◎ 概観

　公正なテストによる調査は現実世界の問題を解くために有用である。論理的な理由付けによって科学者は、公正なテストによる調査で見つかる2つの変数の関係を上手く取り扱うことができる。例えば、ある肥料（独立変数）の作物の成長に与える効果（従属変数）がどのくらいのものかを知りたいとする。ここで、肥料のタイプを変えて作物の栽培における違いを測定すれば、公正なテストの実験を遂行することができる。その他のすべての変数を同じ値に保つ（固定する）限り、データから得られるどの肥料が最も効果的かについての結論を導くために、論理的な理由付けを用いることができる。

　この活動では、公正なテストによる調査の文脈において、論理的な理由付けのスキルを伸ばす。調査では図9.1で児童が見せているような紙ヘリコプターを用いる。児童は自分たちが答えたい科学的な質問、例えば、「ヘリコプターが落ちるまでの時間に羽根の長さは影響するか？」などを明確に述べる。児童は、最小限の材料を使って効果的にこの問題を解くにはどうすればよいのかを考えるために、論理的な理由付けを用いる。調査を終えた後、児童は記録したデータのグラフを描くために統計の数字に関する知識を利用する。そして、結論を出すためデータを解釈するのに論理的な理由付けを用いる。

第9章 ◈ 科学者の「頭の中」を
　　　　 のぞいてみよう

図9.1　児童と紙ヘリコプター

◉ コンピューテーショナル・シンキングがどう育つか

　この活動では論理的な理由付けが非常に大きな役割を占める。児童は問題を解くに当たって、ステップのシーケンス（アルゴリズム）について論理的に考えなければならない。彼らはヘリコプターを分析しなければならない。また、公正なテストを行うために、調査において何を一定に保たなければならないか、その理由も分析しなければならない。

　これらの分析は、「現実世界」の科学者が行っている過程と同じである。実験における段階が導きだされる過程とヘリコプターによって変化する変数のすべてを考える過程において、児童は分解を行う。児童は調査においてパターンに注目するだろう。例えば、テストXの羽根の長さをテストYのものよりも短くして試してみる。児童は問題を解決するために、時間や材料に関して最も効果的な解答を見つけるようチャレンジできる。例えば、「それぞれ羽根の長さが違う新しいヘリコプターを作るのが実際に最も効果的なアプローチであるか？」「これをよりよく行うためにはどのようなことができるか？」などである。

　児童は論理的な予測を行うよう努力できる。例えば、彼らはあらかじめ行った調査で得たパラシュートのサイズと、羽根が大きいと空気抵抗が増加してヘリコプターがゆっくりと落ちる、という理由に関する知識を参考にするかもしれない。もし彼らはこうした予測が事実であると発見すれば、調査から結論に至るまでのパターンをグラフにすることは、科学的理解を高めるのに役立ち、

Scientists

将来的にさらに予測をたてるスキルを高めていく。私は、正方形のフロントガラスの車は風洞の中でよりゆっくりと動くと思う。なぜならば、空気抵抗のことを考えると、そのフロントガラスは広いからだ――まるで私たちがヘリコプターとパラシュートについて行った調査のようだ！

◉ 教科横断的な学習
◈ 科学（活動）
- 問いに答えるために、必要な変数を認識し制御することを含め、様々なタイプの科学的な調査を行う。
- 科学的な器具のセットを使って、より確実で精密な測定方法を使って、適切なときに数値を読むことを繰り返す。
- 複雑になっていくデータと結果を記録するために、科学的な図、ラベル、分類するための手がかり、表、分布図、棒グラフ、折れ線グラフを用いる。
- 調査から得られたことについて報告書を作成し、ディスプレイその他のプレゼンテーション方法を使って、口頭で、または記述により発表する。報告書には、結果から得られる結論、因果関係、理由、信頼性の程度とその解説を含める。

◈ 科学（内容）
5年生－力
- 支えられていない物が地面に、つまり地球に落ちるのは、地球と落ちている物の間に重力が働くからだと説明する。
- 空気抵抗の影響を確認する。

◈ 数学
　この活動は、次のような（イングランドの）学習指導要領の統計の要素にある、児童のグラフを描く、理解するというスキルを伸ばす機会となる。
- 折れ線グラフを理解して作図する。そして、問題を解くために使う。
- 広義の「平均」として、あるいは「代表値」として、数学における「平均」を計算し、解釈する〔訳注1〕。

◈ 国語（English）
　この活動が作文のスキルを伸ばす機会につながるかどうかは、児童が結論を提示するために、彼らに対してどのように質問をされるかによる。

◉ 対象年齢
この活動は高学年以上の児童向けである。

◉ 授業計画
学習のねらい

199

第9章 ◈ 科学者の「頭の中」を
　　　　のぞいてみよう

> ◎ コンピューテーショナル・シンキング
- 効果的、効率的に公正なテストの調査を計画するために論理的な理由付けを用いる。
- 予測を立てるために論理的な理由付けを用いる。
- 因果関係を推論するために論理を用いる。

> ◎ 科学
- 公正なテストによる調査の計画を立て、実行し、熟考する。

◎ キーワードと質問

アルゴリズム——指示の正確な順序、もしくは何かを成し遂げるためのひとまとまりのルール。

分解——より小さく扱いやすい単位に問題を分ける過程。

論理的な理由付け——なぜ何かが生じるのかを説明し予測を立てるのに役立つ。

パターン——類似性に注目し、それを使う。

- ヘリコプターの何を変えられる？
- 何を測定することができる？
- 何を同じにしておかなければならない？　それはなぜ？
- あなたの科学的質問は何？
- あなたはどんな予測を立てる？　なぜそのように考えるか理由を説明して。前に似たようなことがあったか？
- どのようにして調査を行おうとしている？　なぜそのような方法でしようとしている？
- どのような材料が必要？
- より早い方法はある？　もっと少ない材料でできる効果的な方法はない？
- どのようにデータを記録し提示しようとしている？
- 調査の問いに対する答えは何？　どのようにして知った？　その答えがこれだとどうしてわかった？
- 次の機会にはどのように変えてみる？　それはなぜ？

◎ 活動

時間	教師がすること	児童がすること	教材
10分	導入。 刺激として紙ヘリコプターを見せる。児童が触れてみる時間を設ける。	紙ヘリコプターを使って確かめてみる。シンクペアシェアを行い、すべての可能な変数について考え、測定できるものを全て出し合う。	紙ヘリコプター（「紙ヘリコプター」の型紙をインターネットで探す）。

時間	教師がすること	児童がすること	教材
5分	調査の模範的な問いを述べる。 注:典型例として、落ちるまでにかかる時間を変数として、それに影響する変数を探ることが挙げられる。 科学的な理解を促すために論理的な予測の立て方の見本を示す。	調査の問いを決めて理由をもって予測を立てる。それらを記録する。 注：この活動は異なる変数を調査するために何回か繰り返し行う。	
20分	調査に関する質問の内容に応じて、児童をグループ分けする。論理的で効果的なアプローチに焦点を当てて調査の計画の書き方の見本を示す。	児童は調査の計画を立てる。グループは最も効果的なアプローチを確実に発見するよう挑戦する。 児童の計画には、測定方法の詳細と、どのようにデータを記録するかを含める。	
25分		児童は実験を行い、データを記録する。	
15分	どの児童のグループがデータを共有できるかのディスカッションをリードする。データを用いて論理的な結論の導き方の見本を示す。	児童はデータを分析し、自分たちの科学的な問いに答えるための論理的な結論を導きだす。児童はなぜそれが生じるかを説明するためにこれまでに培った科学的理解を利用する。例；「大きなサイズの羽根には空気の抵抗が加わるため、ゆっくりと落ちる」	
15分	調査の熟考と評価の見本を示す。以前の調査との類似点に気が付き、どのような実験が将来につながるのかに考えをめぐらせるよう促す。	児童は自分たちの調査の質を評価する。次にはどのように変えてできる？ 自分たちの結果に自信がある？ それはなぜ？ 児童は今回の実験の結果と以前の実験との類似点に着目できるか？ 彼らは将来的にどのようにこの情報を使えるかを考えられるか？ この調査で科学的理解の力を伸ばしているか？ どのように伸ばしているか？	

◉ 評価基準

　もし、次のようなことが見られたならば、児童が学習の成果を得られていると言える。

・科学的調査の問いを立てた。
・問いに答えるために論理的で効果的な公正なテストを計画した。
・正確に公正なテストを実行し、データを記録した。
・問いに対する論理的結論を描くために結果をグラフに書き、分析した。

　児童の調査の記録、クラスでの議論、授業中の児童の様子の観察、狙いをもった質問を通して、

第9章 ✿ 科学者の「頭の中」を
のぞいてみよう

成功の基準をクリアしたかどうかの証拠を集められる。

◎ 展開と応用への展望

◎ 支援

　　何を測定すればいいのかを特定することによって研究のための質問への足場を作ることは、研究の過程における鍵となるステップを提供するので、児童への支援となるだろう。支援を必要としている児童が、より自信をもっている児童と仲間になれるようにグループを組んでおけば、研究の過程において、またデータを分析するときに、彼らを支援することができる。ティーチング・アシスタント（副担任でもよいだろう）による支援が、必要に応じて提供されるべきである。

◎ 発展

　　児童は結果を分析する際、独立変数と従属変数との関係に気が付くはずである。これらのことは、パターンの発見である。一度でも児童がそのパターンを発見したら、まだ試していない独立変数を測定するための論理的な予測を立てるように、児童にチャレンジさせ、それらがどれだけ近接しているかをみる。例えば、もし彼らが1センチから5センチまでの羽根幅のものを落として、落ちるまでの時間を測定して羽根幅の影響をテストしたとすれば、0.5センチか7センチの羽根幅では、紙ヘリコプターが落ちるまでにどのくらいの時間がかかるか、ということについて予測を立てるためにデータを解釈する際、論理的な理由付けを用いられるのではないか？

　　公正なテストの調査につながる様々な事項の領域は夥しいほどに広い。例えば以下のようなものである。

・凍結した日にどの靴が最も滑らないかという調査。
・体重が重い人は、バンジージャンプするとき、どこまで落ちるのか。
・回線を変えるとき、電球の明るさにどれほどの影響があるのか。

▐ アンプラグド活動3：スパゲッティタワー

◎ 概観

　この活動において、児童がグループを作ってタワーを創る挑戦に着手することに合わせて、私たちは工学技術の領域に踏み込む。このタワーを造る材料は、スパゲティとマシュマロである。この活動の狙いは単純なものである。一定時間内にできる限り高いタワーを創るのである。図9.2は、典型的なタワーの作り方の写真である。この活動では、児童のやり抜く力を育む。この特質は、現実世界での問題解決に重要なものである。

Scientists

図9.2　スパゲッティタワー

◎ コンピューテーショナル・シンキングがどう育つか

　この活動はいくつかのコンピューテーショナル・シンキングのスキルを培う。特に、問題解決のためのやり抜く力の重要性に関係している。児童が道具を受け取ったら仕事を渡されたも同じである。このタスクは非常に扱いにくく、しつこいものだ。児童は、このタスクの中で行き詰まるのは間違いなく、与えられた素材を用いて違う方法や構造を試すことになるだろう。

　ここでは、パターンの発見が非常に重要である。児童が、スパゲッティの梁をつなげる最も良い方法を認識し始めたときから、彼らはより強い構造を作るこの方法を繰り返し使うことができるからだ。タワーのどの部分の構造が十分に強い部分がわかった児童にとってみれば、彼らは自分たちの仕事を規則的に熟考し、見極めなければならないのだ。チームで作業する場合、児童は自然に仕事を分解する。例えば、タワーの構造の違った部分を、分担して作業するのである。

◎ 教科横断的な学習

▷ 科学

5年生―性質と素材の変化

　性質の基礎に基づいて、日常的な素材を比較する。

第9章 ◈ 科学者の「頭の中」を
のぞいてみよう

⟫ デザインとテクノロジー

高学年

- ・スパゲッティタワーを創るにあたって、それを強く、堅く、複雑な構造を使って頑丈な
  ものとするとき、どうすればよいかということについて、自分たちの理解を適用する。

◎ 対象年齢

高学年。

◎ 授業計画

学習のねらい

⟫ コンピューテーショナル・シンキング

- ・使用できる道具を使ってタワーの組み立てをやり抜く。
- ・どのような構造が機能するか否かを説明することで、児童が作った構造をそれぞれが評価する。
- ・パターンを発見し、機能するアイデアを再利用する。

⟫ デザインとテクノロジー

- ・強く、堅く、複雑な構造を使って頑丈なものとするとき、どうすればよいかということにつ
  いて、自分たちの理解を適用する。

◎ キーワードと質問

やり抜く力──決して諦めないこと、意思を強くもつこと、早く立ち直ること、粘り強いこと。

評価──判断をしようとすること、できるだけ客観的で体系的であること。

パターン──類似性を発見し、利用すること。

- ・どのようにして、あなたはこのカタチ(構造)を創り出したの？
- ・なぜこの方法を使っているの？　別の方法でも行ってみた？　何が上手く行く／上手く行
  かないの？
- ・別の方法でも行ってみない？
- ・どのようにしてやり抜く力を見せたの？
- ・次は何を試してみる？　なぜそうするの？
- ・何が上手く行ったか、見付けられた？　どのようにそれをもう一度使ったの／使うの？

204

Scientists

◉ 活動

時間	教師がすること	児童がすること	教材
10分		いじくり回す時間：児童は材料であるスパゲティとマシュマロをいじくり回す時間を与えられる。何かを創るためにそれらをどのように使う？どのようにすればスパゲティとマシュマロをくっ付けられる？	それぞれのグループにスパゲティとマシュマロのパックを用意する。
5分	タワーを建てる挑戦への導入。多くの問題が起こること、例えばこんな問題があること、それが扱いにくいものであるかもしれないことを見せる。学ぶ目的を紹介する。やり抜く力の意味を話し合う。例えば、頑張ること、異なるアイデアを試すこと、など。	児童にこの課題に取り組む十分な時間を与える。	
30分	児童が課題に取り組んでいるかどうか、グループを見て回る。やり抜く力の特質を見付け出す。例えば、様々なアプローチで試していること、頑張っていること、など。この例に着目させるとき、短時間(mini-plenary)全体の授業の流れを止める。	児童は学びの成果を熟考する。彼らはやり抜く力を示したか？	
5分	一番高いタワーを建てた勝利チームを決定する。	成功するために役立った方策を児童に訊ね、共有する。グループを作り、何が機能したか／しなかったかを分かち合う。また、再びこの課題に挑むときは、どのようなことを変えられるか、ということについて分かち合う。	

◉ 評価基準

もし次のようなことが見られたならば、児童が学習の成果を得られていると言える。

・タスクの過程において深く関わっていた。
・どのようにこの挑戦に取り組むのが最適か、タスクの過程を通して好奇心を保っていた。
・タスクを行う間、自分たちが作っているものに対する評価に基づいて、アプローチを変化させていた。

この作業は、成果以上に過程に注目するためのものである。それは、それなりのタワーを創る

ことにも失敗していながら、最も「やり抜く力」を見せたグループのためのものでもある。このように、このタスクの評価のための根拠は、成果に対する評価ではない。評価の根拠は、活動をしている間ずっと児童を観察し続けることで得られるものである。

◎ 展開と応用への展望

◎ 支援

・一部の児童には、追加の支援が必要かもしれない。こうした児童には、補助的な大人による支援があるグループで作業をするとよいだろう。補助に入った大人は、試すためのアイデアをそのグループから引き出すとよいだろう。それが、彼らのやり抜く力に対する手助けになる。あるいは、そのグループに対しては、三角形の構造の重要性といった、タワーの組み立てを成功させるのに役立つアイデアを提供することもできる。

◎ 拡張

このタスクは、グループに配られる材料を制限することによってもっと難しくすることができる。より作業を難しくするにあたって、この注文には、児童のより強いやり抜く力が必要になる。あるいは、児童が作業を開始しタワーを組み立てる方法を一度でも見つけたら、重要な材料を取り除く、という方法がある。こうした「不具合」によって、新たな解決策を見つける弾力性ややり抜く力が児童に求められる。

挑戦のバリエーション

——道路を運ぶための橋を創る。

——最も長い距離、荷物を運ぶ飛行機を創る。

議論

◎ 鍵となる概念：科学における論理

論理学はギリシャ、インド、中国の古代文明までさかのぼることができる。紀元前350年あたりに生きていたアリストテレスは、初期の論理学の形式的なルールの発展に寄与している。

アリストテレスの仕事は、すでにわかっている情報からの結論を推論によって導くこと、つまり、新たな知を得ることに焦点をあてることであった。古典的な例は次のようなものである。

すべての人は死ぬ。

ソクラテスは人である。

よって、ソクラテスは死ぬ。

この例において、私たちは「すべての人は死ぬ」そして「ソクラテスは人である」ということを

知っている。これは前提と呼ばれるものである。そして、こうした前提から「ソクラテスは死ぬ」という新たな情報を推論することができる。これがいわゆる演繹的推論であり、私たちは自分が知っている情報から結論を推理するのである。

　論理学の別の形として帰納的推論がある。ここでは、間違っている可能性をもちつつも、前提が正しいという強い根拠をもつことによって結論は正しいものだとされる。例えば、かつて、観察されていた白鳥はすべて白かったため、白鳥はすべて白いに違いないと考えられていた。「黒い白鳥」(black swans：黒鳥) (Cygnus atratus) が後になって発見されたため、かつての認識は偽りだったと証明された。

　科学者は、学校にいる小さな科学者たちも含めて、「科学する」とき、演繹的推論と帰納的推論の両方がからまった方法を用いている。例えば、私たちは演繹的推論を用いた一般的な理論から予測を行っている。NASAはアポロ計画においてこうした予測を立てただろう。

　　重力は質量に比例する。そして、月は地球よりも質量が小さい。だから、物体は月では地
　　球よりもゆっくりと月面に落ちるだろう。

　NASAの予測が重力についての理解に基づいているように、児童の予測は自分の周りの世界がどのように動いているかについての自身の理論に基づいている。しかし、ありがちではあるが、こういった理論には思い違いも含まれているだろう。児童が自分の理論を試したり、必要であれば磨いていく機会を得るのは、科学的探究の過程を通してである。例えば、児童が以下のようなことを信じ、イメージして磁石を調べるとする。

　　金属は磁石にくっ付く。そしてこのトレイにあるすべての物は金属でできている。だから、
　　このトレイにある物はすべて磁石にくっ付く。

　トレイに置かれている金属製の物にはアルミニウムでできている物が含まれているので，児童はすぐに自説を適応させるのに集中することになるだろう！　そうすることで、自分たちが観察結果に応じて自説をどれほどに変える必要があるかを決めるために、論理的な理由付けを使うようになる。今や児童は帰納的推論を通し、必ずしも完璧に合っている必要はないが、新たな、より完全な説を体得するのである。

　児童と科学者の両者における科学的方法と科学的理解の向上は、演繹的推論と帰納的推論のたゆまぬ相互作用によっている。

◉ なぜ論理的な理由付けが重要なのか

　序論で議論したように、コンピュータは純粋に論理的な装置である。コンピュータは感じるま

図9.3 磁石について探る児童

まに動くことができない。もしコンピュータが同じ命令（プログラム）を与えられ、全く同じ入力がなされたら、おそらく同じ出力が得られるだろう。そうしたことからコンピュータは予測可能であり、コンピュータがどのように動くか、論理的な理由付けができるのである。反対に、コンピュータが予測通りに動かないとき、間違いを見付けて直すためにアルゴリズムかプログラムを使って考えるときに用いることができるのが、論理的な理由付けである——この、間違いを直す過程をデバッグという。

　科学とコンピュータに加えて、その他の多くの科目が論理的な理由付けに支えられている。例えば「デザインとテクノロジー」の教科において、児童はどの素材を使うか推論する。
「英語」（英語圏での「国語」に当たる）の教科では、登場人物やテキストタイプの理解に基づいて、物語において何が起こるかを予測する。
　歴史では、児童は、原因と結果の論理的なつながりに対する理解力を向上させ、それらがどのように歴史を形成してきたかということに関する理解力をも伸ばしている。

論理的な理由付けの発展

　ベアフットコンピューティングプロジェクト（www.barefootcas.org.uk）によって、コンピュテーショナル・シンキングとコンピュータ・サイエンスの概念それぞれが、コンピュータ教育をどれほ

Scientists

どカバーしているのかということについて議論され、様々な教材が作られた。これは、小学生の時期を通じて発達する、それぞれのコンピュテーショナル・シンキングの概念の説明も含んでいる。論理的な理由付けの発達についてのベアフットコンピューティングの進展は以下のようなものである。

◈ **乳幼児基礎段階**

　　児童は、自分の身体を取り囲む物理的な世界を、感覚によって探索できるので、彼らは経験したことについて推論する。教師はこの経験を高めていくために、多様な経験ができるようにする。それは、水場、砂場、小さな空間、さらにはiPad、コンピュータ、フロアータートルのような厳選したデジタル機器を提供することによってなされる。児童はそれらがどのようにして機能しているかについての理解を身に付けながら、それらデジタル機器で遊ぶことに時間を費やす。

◈ **小学校低学年**

　　コンピューティングの教科の一部では、簡単なプログラムの動きを予測するために論理的な理由付けを用いることを児童に要求する。これは、フロアータートルはどのように動くのか、また、ScratchJrのような単純なプログラミング言語におけるスプライトはコードの実行中にどのように動くのかを予測することを含む。アンプラグドなアプローチで、児童はアルゴリズムの出力を予測できる。例えば、アルゴリズムが何を描くか、どんなゲームがルールから描き出されるのかを見付け出すことができる。

◈ **小学校高学年**

　　児童は調査するための様々なアルゴリズムを与えられ、論理的な理由付けを用いて、そのアルゴリズムの出力は何か予測するために、それぞれのステップを「考え抜く」。重要なことには、児童は自分たちの予測を説明できなければならないということだ。数独ゲーム、三目並べ、バトルシップのようなゲームとパズルは、児童に推理力を発達させるための多くの機会を与える。こうしたゲームで遊ぶことで児童は、これらのゲームやパズルのステップの背後にある理由付けを説明し、対戦相手は次にどう出るか予測し、そしてここが重要なのだが、なぜそうなるかを説明することを促す。子ども向けの論理的パズルをオンラインでさっと検索すれば、児童の推理スキルを育てるための、ありとあらゆる多様なパズルがデザインされていることがわかる。

　アルゴリズムかプログラムがバグを含むとき、児童はエラーの場所を見付けるために、それぞれのステップを論理的に「考え抜く」ために論理的な理由付けを用いるよう促される。プログラムは多くの場合、極めて複雑に、そして極めて速くなりうるので、児童はまずプログラムをより小さい要素に分解するだろう。

　次に彼らはデバッグする過程で手助けとなるように、それぞれの順番に沿って、分解したプログラムをテストする。この分解の過程はまた、児童にプログラムを切り分けるのに最もふさわしい

第9章 ✺ 科学者の「頭の中」を
のぞいてみよう

場所について論理的に考えることを求める。児童は、エラーの原因を突き止めたらすぐに、どの
ようにすればこれを修理できるか、また、どうすれば彼らが行った修正を説明できるのか、その
方法を見付け出すために論理的な理由付けを使うことができる。

授業をふり返るための質問

・論理的な理由付けを、どのように記述する？
・科学の探求において論理的な理由付けはどのように使える？
・教科を横断して見えてきた論理的な理由付けとは、例えばどのようなものか？　例えば、数
　学では？　「デザインとテクノロジー」の教科では？
・児童の論理的な理由付けのスキルを伸ばすためにどのように彼らを励ます？
・コンピューティングにおいて、論理的な理由付けはどのように用いられている？

要旨とキーポイント

本書は児童のコンピュテーショナル・シンキングのスキルを伸ばすのに役立つ多様な活動を
提示している。本章では論理に焦点を当ててきた。論理的な理由付けは、なぜ何がしかのこ
とが起きるのか説明し、予測を立てるのに役立つ。

本章では、科学的方法の核心において、論理的な理由付けとは何かということについて、ま
た論理的な理由付けが、科学者（そして児童）に対して、この世界についての推測を作り、テ
ストすることを可能にしてきたかを説明してきた。科学と工学の活動は児童の論理的な理由
付けのスキルを伸ばし、同様に彼らのやり抜く力を伸ばすのに役立つということが示されてきた。
コンピューティングにおける論理的な理由付けの重要性が議論されてきた。また、その他の
多様な科目の教育課程を横断する論理的な理由付けの価値が強調されてきた。

乳幼児基礎段階から小学校高学年にわたる、論理的な理由付けにおける発展は、小学生の時
期を通してコンピュテーショナル・シンキングのスキルがどのような形を成しているのか、と
いうアイデアと、さらにこれから先の発達のアイデアを含め、提供されてきた。

【訳注】

〔1〕Averageとは、データとしての数の集合の特徴を表す、中央にある数や典型的な数を指す言
　　葉である（「Oxford Dictionary of English」参照）。それは、数学的な意味での「平均（mean）」
　　は当然含まれており、Averageの意味として最もよく使われる値であるが、それ以外にも中央値、
　　最頻値もAverageの意味に含まれている。
　　ここでの英文は以下の通り。

210

Calculate and interpret the mean as an average.

直訳すれば、「中央にある、または典型的な数値としての平均を計算し解釈する」となる。

この一文から読み取れるのは、小学5年生の段階で、統計としての代表値の考え方と、一般的に広まった、数の集合の性質を表す値とされやすい「平均」という数が意味するところが異なるのだという統計学の基本が、この段階で意識されているということだ。「平均」以外の「代表値」があるのだ。

参考文献ほか

☙序章❧

資料

Computing in the national curriculum: a guide for primary teachers. **www.computingatschool.org.uk/data/uploads/CASPrimaryComputing.pdf**

Computing in the national curriculum: a guide for secondary teachers. **www.computingatschool.org.uk/data/uploads/cas_secondary.pdf**

Computer Science in a Box: Unplug your curriculum. A set of seven unplugged lesson ideas from the National Center for Women and Information Technology (ncwit.org) **www.ncwit.org/sites/default/files/resources/computerscience-in-a-box.pdf**

参考文献

Ackermann, E (2001). Piaget's constructivism, Papert's constructionism. What's the difference. *Future of learning group publication,* 5(3), 438.

Gardner, H (2011). Frames of mind: The theory of multiple intelligences. Basic Books.

Kolb, DA (2014). *Experiential Learning: Experience as the source of learning and development.* FT Press.

Vygotsky, LS (1980). *Mind in Society: The development of higher psychological processes.* Harvard University Press.

☙第1章❧

資料および発展的な参考書

The Barefoot Programme-supporting teachers with computer science **http://barefootcas.org.uk**

CAS computational thinking-A Guide for teachers **http://community.computingatschool.org.uk/resources/2324**

Computational Thinking teacher resources from the International Society for Technology in Education(ISTE) and the Computer Science Teachers Association (CSTA) **https://csta.acm.org/Curriculum/sub/CurrFiles/472.11CTTeacherResources_2ed-SP-vF.pdf**

Computing resources produced by Phil Bagge **http://code-it.co.uk**

Computer science fundamentals for elementary school from Code.org **https://code.org/educate/curriculum/elementary-school**

参考文献

Allsop, Y and Sedman, B (2015). *Primary Computing in Action.* Woodbridge. John Catt.

Bird, J, Caldwell, H and Mayne, P (eds) (2014). *Lessons in Teaching Computing in Primary Schools.* London: Learning Matters/SAGE.

Caldwell, H and Bird, J (eds) (2015). *Teaching with Tablets.* London: Learning Matters/SAGE,

Curzon, P, Dorling, M, Ng, T, Selby, C and Wbollard, J (2014). *Developing Computational Thinking in the Classroom: a Framework.* Swindon: Computing at School.

Curzon, P, McOwan, PW, Plant, N and Meagher, LR (2014, November). Introducing teachers to computational thinking using unplugged storytelling. In *Proceedings of the 9th Workshop in Primary and Secondary Computing Education* (89-92). ACM.

Department for Education (DfE) (2011). *Teachers' Standards.* Available from **https://www.gov.uk/government/uploads/system/uploads/attachment_data/file/283566/Teachers_standard_information.pdf** (accessed 23 December 2015).

National Curriculum in England: *Computing programmes of study, Department for Education* (11 September 2013).

National Curriculum in England. *English programmes of study-key stages 1 and 2,* Department for Education (16 July 2014).

Selby, C, Dorling, M and Woollard, J (2014). Evidence of assessing computational thinking. *Author's original* (1-11).

☙第2章❧

資料および発展的な参考書

Incredibox is a beatbox-making website. **www.incredibox.com/v4/**

Music Research Institute-a place with lots of information about the benefits of music. **www.mri.ac.uk**

Sonic Pi is a way of programming music which can link nicely with the transition from the concept to using it in a computer-based context. **http://sonic-pi.net/**

TED Ed: How playing an instrument benefits your brain. **http://ed.ted.com/lessons/how-playing-an-instrument-benefits-your-brain-anita-collins**

参考文献

Alluri, V, Toiviainen, P, Jääskeläinen, IP, Glerean, E, Sams, M and Brattico, E (2012). Large-scale brain networks emerge from dynamic processing of musical timbre, key and rhythm. *Neuroimage,* 59(4), 3677-3689.

Almstrum, VL (2003). What is the attraction to computing? *Communications of the ACM,* 46(9), 51-55.

Barab, SA, Gresalfi, M and Ingram-Goble, A (2010). Transformational play: Using games to position person, content, and context. *Educational Researcher,* 39(7), 525-536.

Bell, T and Newton, H (2013). Using Computer Science Unplugged as a Teaching Tool. Distributed under a Creative Commons Attribution-NonCommercial-NoDerivatives license.

Bell, T, Rosamond, F and Casey, N (2012). Computer science unplugged and related projects in math and computer science popularization. In Bodlaender, HL, Downey, R, Fomin, FV, Marx, D. *The Multivariate Algorithmic Revolution and Beyond* (pp.398-456). Berlin/Heidelberg: Springer.

Brennan, K and Resnick, M (2012, April). New frameworks for studying and assessing the development of computational thinking. In *Proceedings of the 2012 annual meeting of the American Educational Research Association,* Vancouver, Canada.

Degé, F, Wehrum, S, Stark, R and Schwarzer, G (2011). The influence of two years of school music training in secondary school on visual and auditory memory. *European Journal of Developmental Psychology,* 8(5), 608-623.

Department for Education (DfE) (2011). *Teachers' Standards.* Available from **www.gov.uk/government/uploads/system/upIoads/attachment_data/file/283566/Teachers_standard_information.pdf** (accessed 23 December 2015).

Gaser, C and Schlaug, G (2003). Brain structures differ between musicians and non-musicians. *The Journal of Neuroscience,* 23(27), 9240-9245.

Ho, YC, Cheung, MC and Chan, AS (2003). Music training improves verbal but not visual memory: Cross-sectional and longitudinal explorations in children. *Neuropsychology,* 17(3), 439.

Kraus, N and Chandrasekaran, B (2010). Music training for the development of auditory skills. *Nature Reviews Neuroscience,* 11(8), 599-605.

McCormack, J and d'Inverno, M (2012). Computers and Creativity: the Road Ahead. In McCormack, J and d'Inverno, M (eds) *Computers and Creativity.* Berlin: Springer.

Repenning, A, Webb, D and Ioannidou, A (2010). Scalable game design and the development of a checklist for getting computational thinking into public schools. In Proceedings of the 41st ACM Technical Symposium on Computer Science Education (SIGCSE '10), 265-269. New York: ACM Press.

Saavedra, AR and Opfer, VD (2012). Learning 21st-century skills requires 21st-century teaching. *Phi Delta Kappan,* 94(2), 8-13.

Settle, A, Franke, B, Hansen, R, Spaltro, F, Jurisson, C, Rennett-May, C and Wildeman, D (2012). Infusing computational thinking into the middle-and high-school curriculum. Proceedings of the 17th ACM annual conference on innovation and technology in computer science education, 3-5 July 2012, Haifa, Israel.

Tinari, FD and Khandke, K (2000). From rhythm and blues to Broadway: Using music to teach economics. *The Journal of Economic Education,* 31(3), 253-270.

Wing, JM (2008). Computational thinking and thinking about computing. *Philosophical Transactions of the Royal Society of London A: Mathematical, Physical and Engineering Sciences,* 366(1881), 3717-3725.

❦第3章❦

発展的な参考書

Liukas, L (2015). Activity 7 The Robots. In *Hello Ruby Adventures in Coding.* New York: Feiwel and Friends, 94-97.

Schofield, S (2016). Generative Artworks. Available from: **www.simonschofield.net**

Turner, S (2016). 3 'Art' Scratch Projects. Available from: **http://computationalthinking.blogspot.co.uk/2016/03/3-of-my-**

✳ 参考文献ほか

scratch-projects-for-week.html accessed on: 12/3/2016.

参考文献

Barr, D, Harrion, J and Conery, L (2011). *Computational Thinking: A Digital Age Skill for Everyone.* Leading and Learning with Technology, ISTE, March/April 2011. Available from **www.csta.acm.org/Curriculum/sub/CurrFiles/LLCTArticle.pdf** (accessed 26 December 2015).

Barr, V and Stephenson, C (2011). Bringing computational thinking to K-12. *ACM Inroads,* 2 (1), 48-54. Available from **http://csta.acm.org/Curriculum/sub/CurrFiles/BarrStephensonInroadsArticle.pdf** (accessed 26 December 2015).

Computing at School (2013). *Computing in the National Curriculum: A guide for primary teachers.* Available from www.computingatschool.org.uk/data/uploads/CASPrimaryComputing.pdf (accessed 13 March 2016).

Denning, Peter J (2009). Beyond computational thinking. *Communications of the ACM,* 52 (6), 28-30. Available from **http://sgd.cs.colorado.edu/wiki/images/7/71/Denning.pdf** (accessed 26 December 2015).

Department for Education (DfE) (2011). *Teachers' Standards.* Available from **www.gov.uk/government/uploads/system/uploads/attachment_data/file/283566/Teachers_standard_information.pdf** (accessed 23 December 2015).

Department for Education (DfE) (2013). *National Curriculum in England: Computing programmes of study.* London: Department for Education.

Freedman, J (2015). Cycloid Drawing Machine. Available from **www.kickstarter.com/projects/1765367532/cycloid-drawing-machine** (accessed 3 March 2016).

Google (2016). Project Jacquard. Available from **https://www.google.com/atap/project-jacquard/** (accessed 1 March 2016).

Knuth, D (1968). Preface, *The Art of Programming,* volume 1. Boston, MA: Addison-Wesley.

Knuth, D (1996). Foreword In Petkovsek, M, Wilf, H and, Zeilberger, D, A=B. Natick, MA: A K Peters/CRC Press, vii.

Koetsier, T (2001). On the prehistory of programmable machines: Musical automata, looms, calculators. *Mechanism and Machine Theory,* 36(5), 589-603.

Menegus, B (2016). CDMS: Built with processing. Available from **http://wheelof.com/sketch/** (accessed 4 March 2016).

MoMA(2012). *MoMA| Video Games.* Available from **www.moma.org/explore/inside_out/2012/11/29/video-games-14-in-the-collection-for-starters/** (accessed 1 March 2016).

National Curriculum in England: *Art and design programmes of study-key stages 1 and 2,* Department for Education (11 September 2013).

Papert, S (1993). *The Children's Machine: Rethinking schools in the age of the computer.* New York: Basic Books.

Pearson, M (2011). *Generative Art: A practical guide using Processing.* New York: Manning, 3-12.

Selby, C and Woollard, J (2013). *Computational Thinking: The developing definition.* University of Southampton. Available from **http://eprints.soton.ac.uk/356481/7/Selby_Woollard_bg_soton_eprints.pdf** (accessed 26 December 2015).

The Art Story (2016). *Sol LeWitt.* Available from www.theartstory.org/artist-lewitt-sol.htm (accessed on 6 March 2016).

Wing, J (2006). Computational thinking. *Communications of the ACM,* 49, 33-35. Available from www.cs.cmu.edu/~15110-s13/Wing06-ct.pdf (accessed 26 December 2015).

Wing, J (2011). Computational thinking-What and why. *The Link-News from the School of Computer Science,* Issue 6.0, Spring 2011. Available from www.cs.cmu.edu/sites/default/files/11-399_The_Link_Newsletter-3.pdf (accessed on 26 December 2015).

⚜第4章⚜

参照すべきURLと発展的な参考書

DataGenetics on Amidakuji (using sorting networks backwards to scramble items) **www.datagenetics.com/blog/may42014/index.html**

TED Ed: How the Internet works in 5 minutes **http://ed.ted.com/on/tdUFCocK**

YouTube video explaining the role of IP address, URL, ISP, DNS www.youtube.com/watch?v=C3sr7_0FyPA

YouTube video explaining the use of packets when transferring information across the Internet **www.youtube.com/watch?v=WwyJGzZmBe8**

A definitive explanation of all things relating to the Internet **http://computer.howstuffworks.com/internet/basics/internet.htm**

参考文献

Department for Education (DfE) (2011). *Teachers' Standards.* Available from **www.gov.uk/government/uploads/system/uploads/attachment_data/file/283566/Teachers_standard_information.pdf** (accessed 23 December 2015).

EMC (2014). The Digital Universe of Opportunities: Rich Data and the Increasing Value of the Internet of Things **www.emc.com/leadership/digital-universe/** (accessed 3 March 2016).

❦第5章❦

資料

Non-commercial

Crypto Corner (2016). Downloadable resources. Available from: **http://crypto.interactive-maths.com/downloadable-resources.html** (accessed 1 January 2016).

CS Unplugged (2015). Public Key Encryption. Available from: **http://csunplugged.org/public-key-encryption/** (accessed 1 January 2016).

CS Unplugged (2015). Cryptographic Protocols. Available from: **http://csunplugged.org/cryptographic-protocols/** (accessed 1 January 2016).

CS Unplugged (2015). Scout Patrol (Encryption). Available from: **http://csunplugged.org/scout-patrol-encryption/** (accessed 1 January 2016).

Digital Schoolhouse (2013). Cryptography: Secrets, secrets, secrets. Everyone has them! Available here: **www.digitalschoolhouse.org.uk/workshops/cryptography-secrets-secrets-secrets-everyone-has-them** (accessed 1 January 2016).

Digital Schoolhouse (2013). Step by step tutorials for modeling ciphers in a spreadsheet software. Available from: **www.youtube.com/results?search_query=mark+dorling+encryption** (accessed 1 January 2016).

Digital Schoolhouse (2014). Networks and communications unplugged. Available from: **http://community.computingatschool.org.uk/resources/2528** (accessed 1 January 2016).

Simkin. M (2006). Using spreadsheets to teach data encryption techniques. Available from: **www.aisej.com/doi/pdf/10.3194/aise.2006.1.1.27** (accessed 1 January 2016).

Commercial

Berry, M (2015). *Switched On Computing-Year 5 Unit 2: We are cryptographers.* Loudon: Rising Stars.

Dorling, M and Rouse, G (eds) (2014). Compute-IT series (Teacher and Student books): Book 3 Unit 1: *Cracking the code.* London: Hodder Education.

発展的な参考書

BBC (2013). Code breakers: Bletchley Park's Lost heroes. Details at: **www.bbc.co.uk/programmes/b0l6ltm0** (accessed 1 January 2016).

BBC (2013). Megabits: How computers changed the Second World War and all future digital communications. Available from: **www.bbc.co.uk/programmes/p011lptc** (accessed 1 January 2016).

Bletchley Park (2016). Learning at Bletchley Park. Available from: **www.bletchleypark.org.uk/edu/** (accessed 1 January 2016).

Brennan, K and Resnick, M (2012). *New Frameworks for Studying and Assessing the Development of Computational Thinking.* Available from: **http://web.media.mit.edu/~kbrennan/files/Brennan Resnick_AERA2012_CT.pdf** (accessed 1 January 2016).

Computing At School (2016). *Computational Thinking A guide for teachers.* Available from: **http://community.computingatschool.org.uk/resources/2324** (accessed 1 January 2016).

Computing At School (2016). QuickStart Computing, Section 4 Teaching. Available from: **www.quickstartcomputing.org/secondary/section4.html** (accessed 1 January 2016).

CSTA (2015). What does Computational Thinking develop in learners? Available from: **www.csta.acm.org/Curriculum/sub/CurrFiles/CompThinkingFlyer.pdf**

Department for Educacion (DfE) (2013). *National Curriculum in England: Computing programme of study.* Available from:

www.gov.uk/government/publications/national-curriculum-in-england-computing-programmes-of-study/national-curriculum-in-england-computing-programmes-of-study (accessed 1 January 2016).

Department for Education (DfE) (2015). *Commission on Assessment Without Levels.* Available from: **www.gov.uk/government/publications/commission-on-assessment-without-levels-final-report** (accessed 1 January 2016).

Department for Education (DfE) (2015). *Government Response to the Commission on Assessment Without Levels.* Available from: **https://www.gov.uk/government/publications/commission-on-assessment-without-levels-government-response** (accessed 1 January 2016).

Dorling, M (2015). Networks and communications. In Williams, M (ed.) *Introducing Computing: A guide for teachers.* Oxford: Routledge, pp.107-120.

Dorling, M and Woollard, J (2015). Planning and assessing computing and computational thinking. In Allsop,Y and Sedman, B (eds) *Primary Computing in Action.* Woodbridge: John Catt Education, pp.163-184.

Landman, Tanya (2013). *Murder Mysteries 6: Certain Death.* London: Walker Books. **www.walker.co.uk/Murder-Mysteries-6-Certain-Death-9781406347432.aspx** (though you might have to go hunting for second-hand copies).

Ofsted (2015). *School Inspection Handbook from September 2015.* Available from: **https://www.gov.uk/government/publications/school-inspection-handbook-from-september-2015** (accessed 1 January 2016).

Papert, S and Harel, J (1991). Situating constructionism. Available from: **www.papert.org/articles/SituatingConstructionism.html** (accessed 1 January 2016).

Royal Society (2012). Shut down or restart? Available from: **https://royalsociety.org/topics-policy/projects/computing-in-schools/report/** (accessed 1 January 2016).

ScratchEd, How do I assess the development of computational thinking? Available from: **http://scratched.gse.harvard.edu/ct/assessing.html** (accessed 1 January 2016).

ScratchEd, Assessing development of computational practices. Available from: **http://scratched.gse.harvard.edu/ct/files/Student_Assessment_Rubric.pdf** (accessed 1 January 2016).

Selby, C and Woollard, J (2013). *Computational Thinking: The developing definition.* University of Southampton. Available from: **http://eprints.soton.ac.uk/356481/** (accessed 1 January 2016).

Selby, C, Dorling. M and Woollard, J (2014). *Evidence of Assessing Computational Thinking.* Available from **http://eprints.soton.ac.uk/372409/1/372409EvidAssessCT.pdf** (last accessed 1 January 2016).

Wing, J (2006). Computational thinking, *Communications of the ACM.* Available from: **www.cs.cmu.edu/-15110-s13/Wing06-ct.pdf** (accessed 1 January 2016).

Wing, J (2011). Research notebook: Computational thinking-what and why? Available from: **www.cs.cmu.edu/link/research-notebook-computational-thinking-what-and-why** (accessed 1 January 2016).

参考文献

Department for Education (DfE) (2011). *Teachers' Standards.* Available from **www.gov.uk/government/uploads/system/uploads/attachment_data/file/283566/Teachers_standard_information.pdf** (accessed 23 December 2015).

Landman, Tanya (2013). *Murder Mysteries 6: Certain Death.* London: Walker Books. **www.walker.co.uk/Murder-Mysteries-6-Certain-Death-9781406347432.aspx** (though you might have to go hunting for second-hand copies).

❦第6章❦

資料および発展的な参考書

Resources for teachers around magic and other unplugged activities are available from Teaching London Computing (**www.TeachingLondonComputing.org**) funded by the UK Department for Education, Mayor of London and support from Google.

Resources for students including three computer science magic books are available from Computer Science for Fun: (www.cs4fn.org/magic/) with support from EPSRC.

参考文献

Baum, Frank L (1900). *The Wonderful Wizard of Oz.* London: Wordsworth Classics.

Computational Thinking: Magical Book Magic. Available from **http://teachinglondoncomputing.org/resources/**

computational-thinking-magical-book-magic/

Creating a vanishing creature puzzle. Available from **www.cs4fn.org/magic/drawingcreatures.php**

Curzon, P and McOwan, PW (2008). Engaging with Computer Science through Magic Shows. In Proceedings of the 13th ACM SIGCSE Annual Conference on Innovation and Technology in Computer Science Education, pp.l79-183. ACM. 2008.

Department for Education (DfE) (2011). *Teachers' Standards.* Available from **www.gov.uk/government/uploads/system/uploads/attachment_data/file/283566/Teachers_standard_information.pdf** (accessed 23 December 2015).

Dr Seuss (1957). *The Cat in the Hat.* London: HarperCollins.

Microwave Racing Video: Available from **http://teachinglondoncomputing.org/resources/inspiring-unplugged-classroom-activities/microwave-racing-video/**

Shakespeare, William *Macbeth.* London: Wordsworth Classics.

The Invisible Palming Activity. Available from **http://teachinglondoncomputing.org/resources/inspiring-unplugged-classroom-activities/the-invisible-palming-activity/**

The Teleporting Robot: Available from **http://teachinglondoncomputing.org/resources/inspiring-unplugged-classroom-activities/the-teleporting-robot-activity/**

☙第7章❧

資料および発展的な参考書

The Barefoot Project **www.barefootcas.org.uk** A Department for Education project created to demystify computational thinking for primary teachers. Includes teach yourself concept resources, and exemplar classroom activities.

BBC Bitesize Algorithms **www.bbc.co.uk/guides/z3whpv4** An overview of what algorithms are, aimed at primary pupils. It is a useful resource for teachers.

The George Boole project by University College Cork **http://georgeboole.com/boole2school/** Provided information about George Boole and has activity ideas to teach Boolean logic.

Quickstart Primary Handbook **www.quickstartcomputing.org** A Department for Education and Microsoft project helping teachers deliver CPD for primary and secondary computing.

参考文献

Department for Education (DfE) (2011). *Teachers' Standards.* Available from **www.gov.uk/government/uploads/system/uploads/attachment_data/file/283566/Teachers_standard_information.pdf** (accessed 23 December 2015).

Department for Education (2013). *Computing Programmes of Study: Key Stages: 1 and 2.* Available from **www.gov.uk/government/uploads/system/uploads/attachment_data/file/239033/PRIMARY_national curriculum _- _Computing.pdf**

Dewey, J (1938). *Experience and Education.* New York: Simon & Schuster.

Piaget, J (1954). *The Construction of Reality in the Child.* New York: Ballantine.

Piaget, J (1970). *Logic and Psychology.* New York: Basic Books.

Piaget, J and Inhelder, B (1969). *The Psychology of the Child.* New York: Basic Books.

Vygotsky, S (1978). Interaction between learning and development. *Mind in Society,* 79-91. Available from **www.psy.cmu.edu/~siegler/vygotsky78.pdf**

☙第8章❧

資料

Barefoot Project **www.barefootcas.org.uk** A Department for Education project created to demystify computational thinking for primary teachers. Includes teach yourself concept resources and exemplar classroom activities.

Thinking Myself Kiki Pottsman (2011). **www.games.thinkingmyself.com/** A set of online games to learn about abstraction and other computational thinking concepts.

BBC Bitesize Abstraction **www.bbc.co.uk/education/guides/zttrcdm/revision** Overview of what abstraction is, aimed at Secondary pupils but a useful resource for teachers.

217

参考文献ほか

Berry, M (2014). Computational Thinking in Primary Schools Available online **http://milesberry.net/2014/03/computational-thinking-in-primary-schools** (accessed 23 December 2015).

Brennan, K. and Resnick, M (2012). New frameworks for studying and assessing the development of computational thinking. Proceedings of the 2012 Annual Meeting of the American Educational Research Association, Vancouver, Canada.

Blockly Game **https://blockly-games.appspot.com/puzzle?lang=en** An online puzzle showing a generalisation of the features of animals.

Code.org Function lesson plan **http://learn.code.org/s/l/level/46** A lesson plan to learn about abstraction by making a suncatcher out of beads and string.

Committee for the Workshops on Computational Thinking; National Research Council. Report of a Workshop on the Pedagogical Aspects of Computational Thinking. The National Academies Press, 2011.

Computational thinking teacher resources from ISTE: **www.iste.org/explore/articledetail?articleid = 152**

Deborah Seehorn, editor. K-12 Computer Science Standards-Revised 2011: The CSTA Standards Task Force. ACM, October 2011. Deborah Seehorn, Chair; CSTA-Computer Science Teachers Association.

Report of a Workshop on the Pedagogical Aspects of Computational Thinking. The National Academies Press, 2011. **www.nap.edu/catalog/13170/report-of-a-workshop-on-the-pedagogical-aspects-of-computational thinking**

発展的な参考書

Armoni, M (2013). On Teaching Abstraction in Computer Science to Novices. Journal of Computers in Mathematics and Science Teaching.

Barr, V and Stephenson, C (2011). Bringing computational thinking to K-12: What is involved and what is the role of the computer science education community? *ACM Inroads,* 2(1), 48-54.

Google, (n.d.). Exploring computational thinking. Available from **www.google.com/edu/computational-thinking/**

Grover, S and Pea, R (2013b). Using Discourse Intensive Pedagogy and Android's App Inventor for Introducing Computational Concepts to Middle School Students. Proceeding of the 44th ACM technical symposium on Computer science education SIGCE. **http://dl.acm.org/citation.cfm?id=2445404**

Sentance, S and Selby, C (2015). What's been done? An initial classification of research into computer science education in school from 2005-2014: Initial report (Draft).

Taub, Armoni and Ben-Ari (2012). CS Unplugged and Middle-School Students' Views, Attitudes, and Intentions Regarding CS TOCE 2011

Wing, JM (2008). Computational thinking and thinking about computing. *Philosophical Transactions of the Royal Society A: Mathematical, Physical and Engineering Sciences,* 366(1881), 3717-3725. doi: 10.1098/rsta.2008.0118 Available from **www.cs.cmu.edu/~wing/publications/Wing08a.pdf** (accessed 23 December 2015).

Wing, JM (2010). Computational Thinking: What and Why. Available from **www.cs.cmu.edu/~CompThink/resources/TheLinkWing.pdf** (accessed 23 December 2015).

Yadav, A, Mayfield, C, Zhou, N, Hambrusch, S and Korb, JT (2014). Computational thinking in elementary and secondary teacher education. *ACM Transactions on Computing Education (TOCE),* 14(1), 5. Available from **https://w3.cs.jmu.edu/mayfiecs/pubs/20l4_Yadav_CT.pdf**

参考文献

Anderson, LW and Krathwohl, DR (eds) (2001). *A Taxonomy for Learning, Teaching, and Assessing: A Revision of Bloom's Taxonomy of Educational Objectives.* New York: Longman.

Barefoot (2015). Abstraction. Available from: **http://barefootcas.org.uk/barefoot-primary-computing-resources/concepts/abstraction/** (accessed 23 December 2015).

Beeton, I (1861). *Book of Household Management.* Available from **www.mrsbeeton.com/04-chapter4.html** (accessed 23 December 2015).

CSTA **www.csta.acm.org/Curriculum/sub/CurrFiles/CSTA_K-12_CSS.pdf**

CSTA **http://csta.acm.org/** (2014)

Csizmadia, A, Curzon, P, Dorling, M, Humphreys, S, Ng, T, Selby, C and Woollard, J (2015). *Computational Thinking A guide for teachers.* Available from **www. computingatschool.org.uk/computationalthinking** (accessed 23 December 2015).

Department for Education (DfE) (2011). *Teachers' Standards.* Available from **https://www.gov.uk/government/uploads/system/uploads/attachment_data/file/283566/Teachers_standard_information.pdf** (accessed 23 December 2015).

Department for Education (DfE) (2013). *Computing Programmes of Study: key stages 1 and 2.* Available from **www.gov.uk/government/uploads/system/uploads/attachment_data/file/239033/PRIMARY_national_curriculum_-_Computing.pdf** (accessed 23 December 2015).

Department for Education (DfE) (2013). *Design & Technology Programmes of Study: key stages 1 and 2.* Available from **https://www.gov.uk/government/uploads/system/uploads/attachment_data/file/23904l/PRIMARY_national_curriculum_-_Design_and_technology.pdf** (accessed 23 December 2015).

Department for Education (DfE) (2013). *English Programmes of Study: Key Stages 1 and 2.* Available from **www.gov.uk/government/uploads/system/uploads/attachment_data/file/335186/PRIMARY_national_curriculum_-_English_2207l4.pdf** (accessed 23 December 2015).

Dorling, M and Walker, M (2014). *Computing Progression Pathways with Computational Thinking.* References available from **http://community.computingatschool.org.uk/resources/2324** (accessed 23 December 2015).

The College Board (2014). *AP Computer Science Principles Curriculum Framework 2016-17.* Available from **https://secure-media.collegeboard.org/ digitalServices/pdf/ap/ap-computer-science-principles-curriculum-framework.pdf** (accessed 23 December 2015).

Grover, S and Pea, R (2013a). Computational thinking in K-12: A review of the state of the field. *Educational Researcher,* 42(1), 38-43. doi: 10.3102/0013189x12463051.

❦第9章❦

資料および発展的な参考書

Barefoot Project **www.barefootcas.org.uk**

A Department for Education project created to demystify computational thinking for primary teachers. Includes teach yourself concept resources and exemplar classroom activities.

BBC Bitesize Key Stage 2 on Computer Science **www.bbc.co.uk/guides/zxgdwmn**

A set of short videos explaining critical thinking: **http://io9.gizmodo.com/5888322/critical-thinking-explained-in-six-kid-friendly-animations   www.quora.com/How-many-academic-scientists-are-there-in-the-world-Said-another-way-what-is-the-total-number-of-scientists-worldwide-who-publish-their-work**

Berry, M (2014). Computational Thinking in Primary Schools. Available online. **http://milesberry.net/2014/03/computational-thinking-in-primary-schools**

Quickstart Primary Handbook **www.quickstartcomputing.org**

A Department for Education and Microsoft project helping teachers deliver CPD for primary and secondary computing.

参考文献

Department for Education (DfE) (2011). *Teachers' Standards.* Available from **www.gov.uk/government/uploads/system/uploads/attachment_data/file/283566/Teachers_standard_information.pdf**

Department for Education (DfE) (2013). *Computing Programmes of Study: key stages 1 and 2.* Available from **www.gov.uk/govemment/uploads/system/uploads/attachment_data/file/239033/PRIMARY_national_curriculum_-_Computing.pdf**

Department for Education (DfE) (2013). *Science: Key Stages 1 and 2.* Available from **https://www.gov.uk/government/uploads/system/uploads/attachment_data/file/425618/PRIMARY_national_curriculum_-_Science.pdf**

キーワード解説

アルゴリズム：コンピュータのプログラムに適用可能な手続きや手段（『スーパー大辞林』より）。

アンプラグド：「プラグをコンセントに差さない」というのが本来の意味。コンピュータを用いない、ということを強調するために使われている単語である。

一般化：本章で解説されている通り。再利用、再目的化できるひな形（テンプレート）を作り、様々なプログラムに応用すること。

擬似コード：アルゴリズムなどを架空の、非常に高水準なプログラミング言語で記述したもの（「ウィキペディア」を参照）。

コンピュテーショナル・シンキング（computational thinking）：日本語版序文の第2節「プログラミング的思考とコンピュテーショナル・シンキング」を参照のこと。

シーケンス：順番に並んでいること。または、並んでいる順番で処理を行うこと。処理の順番の並びやデータの順番の並びなどもこれに当たる。対義語はランダム（『ASCII.jpデジタル用語辞典』より）。

シナリオ：コンピュータ用語で、「コンピュータの利用者の役割と、ハードとソフトを備えた技術システムとの、予見できる相互作用を記したもの」といった意味をもつ用語。一言で言える訳語はないようである。定義についても解釈が様々である。

小学校低学年（Key Stage 1：5〜7歳児）／小学校高学年（Key Stage 2：7〜11歳児）：低学年（Key Stage 1）、高学年（Key Stage 2）、およびPrimary Schoolの定義については、以下を参照。
http://www.theeducationwebsite.co.uk/index.php?page=primary
同サイトの冒頭では以下のことが述べられている。

「本ページではイングランドとウェールズにおける初等教育の概観の全てについての情報を提示する。

序文：Primary Schoolでは5歳から11歳の子どもたちを受け入れている。いくつかのPrimary schoolでは、Infant（幼児）とJunior（ジュニア）レベルに分けている。これらは普通、同じ敷地に別々の学校を作ってある。Key Stage 1は5〜7歳児である。Key Stage 2は7歳〜11歳児である。

Primary Schoolでは、学年の分け方は以下の通りである。

Year R（Reception〔ブリテンにおけるInfantまたはPrimary Schoolの最初のクラス〕）　4〜5歳

Year 1（1年生）　5〜6歳

Year 2（2年生）　6〜7歳　Key Stage 1のSATテストが行われる

Year 3（3年生）　7〜8歳

Year 4（4年生）　8〜9歳

Year 5（5年生）　9〜10歳

Year 6（6年生）　10〜11歳　Key Stage 2のSATテストが行われる」

シンクペアシェア (Think-pair-share)：まず1人で考え、次いでペアになり、考えたことを共有あるいは議論し、意見交換すること。アクティブ・ラーニングの技法の1つ。

シンタックス・エラー：プログラミング言語の構文上の誤りのこと。コンピュータにとって「意味が分かりません」というようなエラーである。あるいはコマンドで指定した内容に矛盾や誤りがあるときに発生するエラー。セマンティック・エラーとも言う。

スタンドアロン (stand-alone)：「単独の」という意味で用いられているが、コンピュータを使う上ではより重要なことを指す言葉である。

　コンピュータを「スタンドアロンで用いる」というのは、そのコンピュータをインターネットに繋がず、その1台だけで動かして使うことを意味する。このとき、一切の外部記録媒体も（できる限り）使わないことも重要である。このようにすると、メールのやり取りも、ネット上のサイトを閲覧することもできないが、代わりに強力なセキュリティを得られる。多くのウイルスやハッキングなどの脅威は、ネットに繋いでいる、あるいは外部記憶媒体を用いているからこそ存在するリスクだからだ。特に重要な、秘匿しなければならないデータを扱うときには、いかなるネットワークにもつながずにデータを扱うことが必要不可欠であり、それを実現させるのが、コンピュータを単独で、つまりスタンドアロンで使うことなのである。

　教師にとっては、児童生徒の個人情報、健康診断の結果や住所氏名、成績などの情報をコンピュータで扱うときは、このスタンドアロンのコンピュータで行うことが非常に重要であり、基本中の基本である。このとき、データをUSBメモリなどにコピーする行為は許されない。そのメモリを再びスタンドアロンのコンピュータに差した瞬間、そのコンピュータはスタンドアロンではなくなり、情報の防波堤は決壊し、児童生徒全員の個人情報が危機にさらされる。自宅にもち帰って仕事することなどもってのほかである。増してネットカフェのコンピュータで仕事をするなど言語道断、即時懲戒免職に値する。

　外部につながない組織内ネットワーク、すなわちイントラネットにだけつないである コンピュータもあるが、それでもウイルスの脅威から完全には逃れられないこともある。イントラネットにつないでいる場合、そのうちの1台で外部記録媒体を使ったとき、それにつないであるすべてのコンピュータがそのリスクにさらされるため、その管理が難しいのである。それゆえに，何ともつながない、単独で用いるスタンドアロンという状態にあるコンピュータは必要なのである。

ステップ (step)：プログラム、アルゴリズムは、一文ごとに何かが行われているわけではない。数行の文が1つの命令群となり、1つの出力になっていることも多い。そのため、stepをそのまま「1段階」「1歩」とは訳せないと判断し、ここではそのまま「ステップ」とした。

ステートメント：プログラム上の用語としての文。命令である文と、命令ではない文がある。命令ではない文は意味がないと思われるかもしれないが、プログラムを組む上で、プログラマやデバッガ（デバッグを行う者）が確認するために目的や宣言を書き込んでいることも多い。命令としてコンピュータが解釈してしまわないように、「この文は命令ではない」ことを示すための型がある。これを用いないと、文法上のエラー（シンタックスエラー）と判定される。

✻ キーワード解説

スプライト：固定された背景から独立して動く図形を作成する手順で作られた、動く画像。

成果物（artifact）：英語ではArtefact。通常、「人工物」「遺物」と訳されることがほとんどだろう。だが、それだけを意味しているのではない。自然科学の研究において、観測装置で観測された画像や実験データに、レンズの特性や装置の特性によって混じってしまう情報があり、これは単なるノイズではなく、人工的な装置によって生じるものと捉え、これをartefactと呼ぶようである。本書においては、さらにそれの意味ではなく、プログラミングによって得られたデータや、児童生徒が作り出したアルゴリズムやその成果のことをartefactと呼んでいるようであり、そのため、ここでは「成果物」という訳語を採用した。一般的にどう言われているかについては、翻訳者では辿り着けなかった。この本での独特な言い方なのかもしれない。

セキュリティ：危険にさらされていないこと。安全であること。よく使われる単語だが、コンピュータおよびそれに準じる機器にも重要である。ネット、通信におけるセキュリティは、それを伝ってくる「コンピュータウイルス」など、コンピュータに悪影響を及ぼすプログラムや、ハッキングによる情報の剽窃などから端末を守ることが、「セキュリティを守る」ことである。

　コンピュータウイルスなどにコンピュータが感染すると、いたずらをしかけられたり、操作不能にされたり、データを消されたり、他のより大きなコンピュータ（サーバなど）への攻撃に強制的に参加させられたり（「踏み台にされる」とも）、データを特定のアドレスに勝手に送信されるなど、様々な悪影響が出る。

　統合セキュリティソフトは、ウイルスなどを発見し駆除する「ウィルスチェック」「ワクチン」、不正アクセスを防ぐ「ファイアウォール」、ウェブサイトを通じて情報を抜き取る「フィッシング」対策ソフト、子どもに必要以上のアクセス権を制御する「ペアレンタルコントロール」などの対策ソフトウェアなどを備えている、パソコンやスマートフォンを危機から守るソフトウェアをまとめたものである。これがどの機体にも必要な理由がわかるだろう。

　情報の剽窃の場合、ネットを介したハッキング以上に、コンピュータから直接情報を引き出して、フラッシュメモリなどでもち出すことの方が、犯罪者にとっては確実な上に、数も多い。だからこそ、情報の漏えいがあったときに探らなければならないのは、ネットからの侵入以上に内部犯がいるかどうかである。

　最近の事例では、企業ぐるみで、スマートフォンのハード（機械）そのものに細工し、情報を垂れ流しにさせるという豪快かつ非常に危険な犯行が起きた。また（比較的）安全であるとされていたiOS向けのアプリを制作するためのソフトウェアにウイルスを仕込み、iOSに送り込んでいた事例もある。

　教師が、児童や生徒の個人情報（成績など）を、何らかの理由で自宅にもち帰り、自分のコンピュータで仕事をすることがどれほどデータを危険にさらす行為か、ということがよく分かるだろう。そのようなデータはスタンドアロンの機体で行うのが基本である。

　ハッキングという言葉は、元は全く違う意味で使われていたが、現在では専らネットを介して情報を抜き取ろうとするなど、犯罪行為として認知されている。重要なことは、このような場合でも、

ハッキングの知識能力があるからといって即犯罪者であるということはなく、むしろ、セキュリティを強固なものにするために働くハッカーも非常に多くいる。今ではハッカーを、犯罪目的の「ブラックハット」と、セキュリティ強化を目標とする「ホワイトハット」というような呼び分けもされている。

抽象化：問題の不必要な詳細部分を省き、簡単にすること。これも各章に説明があるので、それを参照のこと。

デバッグ：コンピュータのプログラム上の間違いは「バグ (Bug)」と呼ばれており、それら致命的な間違いにもなりうるプログラム上の間違い、「バグ」を「取り除く」という意味で「Debug (デバッグ)」という用語が生まれた。これは英語では動詞である。「デバッグ」という名詞があるわけではないので注意が必要である。第1章の記述にもあった通り、コンピュータの中から蛾が見付かったことにその名前の由来がある。

テンプレート (template)：文書やファイルの、事前に用意された形式、様式のこと (『Oxford Dictionary of English』参照)。「ひな形」とも呼ばれる。「テンプレ」は何も、特定の文書の形式に使われるだけではない。もっとずっと広い領域で用いられる言葉である。もとは金型などを指す単語である。

バグ：プログラム上の間違いのこと。由来については第1章の「知っておくべきこと」に詳しい記述がある。

パケット：データ通信で、データを一定の単位に分割し、それぞれに伝送・交換に必要な情報を付したもの。

ピクコラージュ (PicCollage)：Cardinal Blue Software, Incが提供している、写真加工コラージュアプリのこと。iOS用、Android用、Win10用がある。

ブーリアン型：特定の条件に対し、「真 (True)」または「偽 (False)」の2つの結果を得る処理のこと。条件文に使われる、プログラミングでは極めて重要な判断規準。2つのブーリアン型を用いることで、「AND」「OR」「NOT」という条件分けもできる。第7章「ブール論理とは何か？」に詳しく記述されているので、そこを参照してほしい。

　ちなみに、AND、ORは、Google検索でも指定が可能である。Googleトップページの最下部右端「設定」から「検索オプション」を選ぶと、AND条件、OR条件の検索ができる。そこには、検索ボックスから直接、AND条件、OR条件の検索を行う方法も記してあるので、試してみるのもよいだろう。

プロシージャ：複数の処理を1つにまとめたもの。手続き。

フローチャート：プログラムの構造を図に表し、分かりやすく表したもの。コンピュータ上の作業の流れ図。

分解：取り組んでいる問題を、扱いやすいよう各部分に分けること。各章に記述があるので、それを参照のこと。

ベアフット・コンピューティング (Barefoot Computing)：ベアフット (Barefoot) とは、CAS (学校でのコンピュータ教育) や企業、大学が集まって運営されている組織で、コンピュータ教育につ

※ キーワード解説

いて、教師に様々な知識や授業計画を提供している。教師自身の専門性の育成と、教師が利用できる様々な支援が提供されている。

ベアフット（https://barefootcas.org.uk）より、紹介文を引用する。

【原文】

Today's teachers are key to the next generation's success. Barefoot supports primary educators with the confidence, knowledge, skills and resources to teach computer science. Resources aligned to the curricular for all UK nations. This includes FREE high-quality lesson plans and local CPD（Continuing Professional Development）Workshops, all designed to help teachers gain confidence in bringing computer science to life in the classroom.

【翻訳】

今日の教師は次世代の成功の鍵です。ベアフットは、小学校の教師に対し、コンピュータ・サイエンスを教えるための自信、知識、技術、教材といった側面から支援します。教材はイギリスのすべての地域（連合する各国）の教育課程に沿ったものになっています。これには、無料の、高品質な授業計画と地域のCPDワークショップ（専門家がさらにその知識や技能を向上させるための事業）が含まれており、全てが、教室の日々の生活の中にコンピュータ・サイエンスをもちこむために、教師が自信を付けることを支援するようにデザインされています。

並列処理：コンピュータで同時に2つ以上のことを行う（問題を処理する）こと。中央演算装置（CPU）や基盤、一時記憶装置としてのRAMなど、ハードの能力が向上したため、パソコンやスマートフォンでもできるようになった。

やり抜く力（persevere）：非認知能力の1つとして注目される言葉だが、プログラミングをするときには付き物であり、プログラマ、デバッガ（デバッグを行う者）などに要求される能力と言えるだろう。特にデバッグは「言うは易く行うは難し」の代表格と言ってもいいくらいに、退屈な地道な作業を繰り返し（ゲームで言えば、ひたすら壁に向かってジャンプし続ける、など）、バグを取り除かなければならないため、根気強さ、やり抜く力が必要になる。

ユーザ・インターフェイス：機械、特にコンピュータとその機械の利用者の間での情報をやりとりするための、機械と使用者を繋ぐ境界面のこと。

キーボード、マウス、タッチパッド、スマートフォンの画面（タッチパネル）、ゲーム機のコントローラー、テレビやエアコンのリモコン、銀行やコンビニのATM、紙（コピー用紙、フォトプリント用紙、ボール紙、和紙など）と筆（鉛筆、ペン、ボールペン、フェルトペンなど）、椅子の座面と尻、ベッドのマットレス、ドアの取っ手など、これらはすべてユーザ・インターフェイスである。道具（機械）とユーザ（人）との境界にあり、道具を操作するためのものは、挙げればきりがない。そして、これをどのようにデザインするかによって、使い勝手は全く違うものになる。

例えば、ドアの取っ手は、丸いもの、棒になっているものなどあるが、ネコを飼っていると、棒状の取っ手は厄介なものになる。ネコが取っ手に取り付いて、ドアを開けることを覚えてしま

うのだ。ふすまや障子も同じで、ネコは前脚をわずかな隙間に差し入れて、引き戸を開けてしまう。ネコが脱走しやすくなるのだ。これを防ぐための工夫がある。ドアの取っ手の棒を、水平ではなく、垂直に立ててしまうのだ。人にとってもやや使いにくいが、ネコにとっては、取っ手に取り付いて回すことができなくなり、脱走できなくなるのだ。これは「不便益」の１つでもあろう。

　トイレの手すりは、水平に付いていることがほとんどだが、実は縦の手すりが使いやすい。この使い勝手は、確かめてみるに値する。そのような意味で、ユーザ・インターフェイスはユニバーサルデザインとも相性がいい。

　テレビのリモコンについては、本文で触れられている通りである。これを解決する１つの方法として、「シンプルリモコン」がある。各社で製造され売られているが、これらはボタンの数を極力減らし、使い勝手をよくしてある。様々な機能を使いこなせる人にとっては不要なものだが、付属品のリモコンでは操作できない人にとってはなくてはならないものである。試しにGoogleで「シンプルリモコン」で検索すると、続々と商品が引っかかってくる。それほどまで、使い勝手のよい「分かりやすい・簡単なユーザ・インターフェイス」には価値があるのだ。

　スマートフォンのユーザ・インターフェイスも同様で、覚えられれば多くの機能を使いこなせるが、直感的にわかる部分は実際のところ少なく、全ての機能を駆使できるユーザはなかなかいないのではなかろうか。例えば、iOSやAndroidで、複数のアプリを使っているとき、機械に負担をかけないためには余計なアプリを閉じることが必要なのだが、果たしてどれほどの人が「アプリのとじ方」を知っているだろうか。覚えれば非常に単純であり、電池のもちもよくなるのだが。

　GUI（Graphical User Interface：グラフィカル・ユーザ・インターフェイス）も、非常によく使われるようになった。これは、「画面上のボタンや画像などを選択することでリアクションを発生させる仕組みを総称したもの（ウィキペディア参照）」で、ユーザ・インターフェイスをグラフィカルに作ってしまおうという、デザインと技術の融合した例と言える。現在のパソコンやTVゲーム、そして何よりスマートフォンはこの技術なしにありえない。

ルーチン：コンピューターのプログラムの部分をなし、ある機能をもった一連の命令群（『スーパー大辞林』より）。

ループ（反復文）：プログラム上で、一定の条件下において一定の処理を繰り返すこと。日本語の表記では「繰り返し」とも呼ぶ。一定の条件下で機能を繰り返させるときなどに用いる。目的に応じて「WHILE文」「FOR文」などがある。プログラミング言語によって文の形が違うため、呼ばれ方も変わってくる。第2章に詳しい記述があるので、それを参照のこと。

論理的な理由付け（logical reasoning）：様々な課題に対して、感情で理由を付けたり、好き嫌いで判断するのではなく、あくまでも「論理的に」「理屈を並べて」理由を付けるということ。これができなければ、プログラム（アルゴリズム）の改良も、デバッグもままならない。

　JST科学技術用語日英対訳辞書を参照すると、「logical reasoning」には「論理的推論」という定訳がある。しかし、この本では「論理的な理由付け」という訳語を採用した。今、アンプラグド活動をしている児童や、コンピュータの前に座ってプログラミングをしている児童にとって、プ

＊ キーワード解説

ログラムが動かないなどの出来事に出合ってしまったとき、児童が必要としているのは推し量って予想するだけでなく、「なぜこのようなことが起きるのか」に対する理由付けであり、デバッグや動きの改善に必要なのはその原因や理由を探ることだからである。児童は確かにここで「推論」しているだろうが、その前に「ものごとの理由を考える」必要があるのではないかと訳者は考えている。

2進法（バイナリ）：0と1だけで数を数える捉え方。2ずつで1桁増えていくので表記しにくそうだが、コンピュータには欠かせない数え方であり、思ったよりもずっと多くの数を数えられる。例えば、指を立てるのを1，折り曲げるのを0として、片手で数えると、31まで数えられる。両手の指を使えば、1023まで数えられる。参照；

http://www2.nhk.or.jp/school/movie/clip.cgi?das_id=D0005440025_00000

http://www2.nhk.or.jp/school/movie/clip.cgi?das_id=D0005440028_00000

　私たちが主に使っているのは十で位が1つ上がる10進法で、0,1,2,3,4,5,6,7,8,9の数字を使って表記できる。それ以外に身近な数え方として、時間を表すとき用いられる60進法などがある。コンピュータで用いるには、本文にもあるように、電気回線でスイッチがオンになるときを1、オフになるときを0として、1と0だけを使った2進法を用いるのが最も適した数え方である。この数え方には様々な応用や拡張があり、8進数や16進数なども用いられる。

Computing at school（CAS）：特にイギリス国内向けに、初等教育用のプログラミング言語およびその支援をしている団体が提供しているウェブサービスの1つ。

If-then文（条件文）：条件が変化するとき、その変化に応じて命令を行ったり、別の命令を行ったり、何もしなかったりと、処理が分岐する文。プログラミング言語によっては「If-else文」と呼ばれることもある。このとき、条件の分岐を判定する方法として「ブール型」あるいは「ブーリアン」とよばれるものがある。第1章の「知っておくべきこと」に詳しい説明がある。

Scratch（スクラッチ）：https://scratch.mit.edu/educators/ やhttps://scratch.mit.edu/parents/（未翻訳）、ウィキペディアのScratch（プログラミング言語）を参照。NHK教育（Eテレ）のプログラミング教育を指向した番組「Why!?プログラミング」http://www.nhk.or.jp/sougou/programming/ でも、Scratchを用いたプログラミングの活動例や授業計画書を入手できる。特に「Why!?プログラミングの歩き方」最下方にある「ジェイソンをプログラミング」シリーズ（http://www.nhk.or.jp/sougou/programming/teacher/2017_010_01_shidou.html）は「プログラミング的思考育成コース」というアンプラグドな実践であり、非常に役立つだろう。Scratchのホームページには、この番組向けの「スタジオ」が用意されている。また、試しに作ってみるだけならサインインする必要がないのもScratchの特長の1つ。

Scratch環境下で使いやすいヘルプカード：Scratchの日本語環境に対応しているヘルプカードは、2018年5月27日時点では「初心者向けカード」のみ。

訳者あとがき

AIがすごい、人の仕事がコンピュータに取られるといった話がしきりと聞こえてきます。2045年には人工知能が人間の脳を超える「シンギュラリティ」（技術的特異点）に到達するとも言われています。ではそこまでAIが優秀なら、ポナンザに子育てを任せられるのか。教師の仕事をAIに任せられるのか。「彼ら」は人よりも優れた頭脳をもっているのだから……。

実は、この本に書いてある通りですが、基本的にコンピュータは「命令されたことしかできない」機械です。AIもその基本は同じです。

例えば、ロボットに「右に曲がる」ことをやらせるにはどうすればいいか。私たち人間は実に簡単に「右に曲がる」をしていますが、ロボットはそうはいかないのです。

右に曲がるとき、私たちが何をしているのか「分解」してみましょう。まず多くの場合、目で見て「ここで右に曲がることができるか」を確かめます。その中身も様々で、「自分が通れる隙間はあるか」「地面が続いていて、移動できる場所になっているか」「水たまりがあるかどうか」「その水たまりは何とかして通り抜けられるか」「前から来る自転車や自動車はないか」など、多くの情報を「右に曲がれるか」のひと言に「抽象化」しているのです。右に曲がるときに「どう」動くのかも様々です。「だんだんと右に曲がる」なんて難しいことは、ロボットには簡単にはできないのです。

ロボットに「右に曲がる」を実行させるときには、以下のようなシーケンスを使います。

　　　　前へ進む／止まる／X度回転する／止まる／前へ進む

「X度」としているのは、コンピュータに指示する語彙を少なくし、システムを軽くするためです。メモリーやCPUに余裕があるなら「右回転する」と「左回転する」の両方を入れておくこともできますが、入れられる語彙が限られているときは回転方向を1つに絞り、「どこまで回転するか」だけを入れれば良いように「経済的」にしておくわけです。左へ曲がることが多いのならば、最初から回転方向を左回りにしておく。そうすれば「90度回転する」という命令を文（ステートメント）にしてプログラムすれば、ロボットは左に曲がります。右回りしかできないなら、「270度回転」と命令すると左に向き、そこから前進させれば左に曲がります。

例えば、宇宙に飛ばす超小型衛星をプログラミングしようとするとき、載せられるコンピュータの重さのことを考えると、考えられるプログラムをすべて載せることはできないでしょう。プログラムの「ダイエット」が必要なのです。大ヒットしたファミコンゲーム『ドラゴンクエスト』が1986年に出たときの記憶容量は、たった64キロバイトでした。小さな画像1枚分もないのです。そこに、「広大なフィールド」「深いダンジョン」「様々な敵」「色々な道具、武

器」「色々な魔法」「経験値システム」等々を詰め込み、プレイヤーたちを１ヶ月、やり込めばそれ以上の時間、楽しませたのです。これもプログラムの「ダイエット」によって可能になったことです。

　本書の中にはコンピュータ関連の用語が頻出します。その中でも重要と思われる語彙をピックアップし、「キーワード」として巻末にまとめました。

　翻訳をしながら私自身が深く納得したのは「論理的な理由付け」「やり抜く力」の重要性です。

　日本は災害大国です。毎年どこかで甚大な被害をもたらす災害が起き、そのたびに誰かが被災者になります。そのとき、どこにどんな物資を送るのか。非常に寒いとき、あるいは暑いとき、おなかが空いているとき、お風呂に入れないとき、トイレがなくて困っているとき……このときに重要なのが「論理的な理由付け」という想像力、いわば「論理的な想像力」です。「今、何を送ればいいか」「何が足りないか」「何があれば一息つけるか」を、理屈を付けて合理的に考えることこそが相手の心を満たすのだろうと思うのです。人の気持ちを考えることが大切なのは言うまでもないことですが、「緊急時、避難時の心理状態を、論理的に理由を付けてシミュレーションする」ことから得られる予想をする。それが論理的な理由付けだと訳者は感じました。

　また、本書でも繰り返し登場する「やり抜く力」「根気強さ」。コンピュータはデバッグにしろプログラミングにしろ、なかなか上手くいきません。できないから飽きてしまった、自分には到底扱えない……。コンピュータと付き合っていくには根気強さが必要になります。あきらめなければわかることもあるかもしれない、できるはず、いやきっとできる！　これからの新しいＡＩ時代を生きてゆく子どもたちを励ましたいという強い願いも本書には込められています。

　本書の翻訳にあたっては、５章と７章を柏木恭典先生（千葉経済大学短期大学部・准教授）、９章を小倉定枝先生（同）に初訳を作っていただき、その他の章はすべて佐分利が担当しました。全章に佐分利が目を通して訳文を検討し、修正いたしました。お力添えを下さった柏木、小倉両先生に厚く御礼を申し上げます。

　また、監修者の谷和樹先生（玉川大学教職大学院教授）からは、訳語の選定を初めとして数多くのご示唆をいただきました。ご多忙のなか、懇親のご指導を下さいました谷先生に心より感謝申し上げます。

2018年7月

訳者を代表して　**佐分利敏晴**

監修者プロフィール

谷和樹（たに・かずき）

玉川大学教職大学院教授。北海道札幌市生まれ。神戸大学教育学部初等教育学科卒業。兵庫県の加東市立東条西小、滝野東小、滝野南小、米田小にて22年間勤務。その間、兵庫教育大学修士課程学校教育研究科にて教科領域教育を専攻し、修了。教育技術法則化運動に参加。TOSSの関西中央事務局を経て、現職。国語、社会科をはじめ各科目全般における生徒指導の手本として、教師の授業力育成に力を注いでいる。

単著に『子どもを社会科好きにする授業』（学芸みらい社、2011年）、『みるみる子どもが変化する「プロ教師が使いこなす指導技術」』（同、2012年）など多数。また監修した書籍に『若手なのにプロ教師！新学習指導要領をプラスオン　新・授業づくり&学級経営　365日サポートBOOK』（全6巻）（同、2018年）がある。

訳者プロフィール

佐分利敏晴（さぶり・としはる）

東京大学薬学部薬学科卒業。薬剤師免許取得。薬剤師として勤務しながら、東京大学大学院教育学研究科修了。博士（教育学）。専門は生態心理学とアニメーション。工学院大学教職特別課程にて中学校・高等学校教諭免許（理科）取得。プログラミングについては、教職特別課程で単位を修得。共著に『アート／表現する身体──アフォーダンスの現場』（佐々木正人編、東京大学出版会、2006年）がある。

柏木恭典（かしわぎ・やすのり）

千葉経済大学短期大学部こども学科准教授。東京大学大学院教育学研究科博士課程中退。専門は教育学、児童福祉、母子支援論。単著に『赤ちゃんポストと緊急下の女性──未完の母子救済プロジェクト』（北大路書房、2013年）、『学びの実践学』（一莖書房、2015年）、共著に『学校という対話空間』（北大路書房、2011年）、『名前のない母子をみつめて──日本のこうのとりのゆりかご、ドイツの赤ちゃんポスト』（北大路書房、2016年）などがある。

小倉定枝（おぐら・さだえ）

千葉経済大学短期大学部こども学科准教授。お茶の水女子大学家政学部児童学科卒業、お茶の水女子大学大学院家政学研究科児童学専攻修了、洗足学園短期大学（現：洗足こども短期大学）幼児教育科専任講師、洗足学園大学附属幼稚園教諭などを経て現在に至る。専門は保育学、乳幼児教育学。共著に『生活事例からはじめる─保育内容─環境』（徳安敦編、青踏社、2013年）などがある。

Teaching Computing Unplugged in Primary Schools
by Helen Caldwell, Neil Smith
Copyright ©2018 Helen Caldwell, Neil Smith
Japanese translation rights arranged with SAGE Publishing
through The English Agency (Japan) Ltd.,

ある日、クラスメイトがロボットになったら!?
イギリスの小学生が夢中になった
「コンピュータを使わない」プログラミングの授業

2018年9月15日　初版発行

著　者	ヘレン・コールドウェル＋ニール・スミス
監修者	谷 和樹
訳　者	佐分利敏晴＋柏木恭典＋小倉定枝
発行者	小島直人
発行所	株式会社 学芸みらい社
	〒162-0833 東京都新宿区箪笥町31 箪笥町SKビル3F
	電話番号：03-5227-1266
	FAX番号：03-5227-1267
	HP：http://www.gakugeimirai.jp/
	E-mail：info@gakugeimirai.jp
印刷所・製本所	藤原印刷株式会社
ブックデザイン	吉久隆志・古川美佐（エディプレッション）

落丁・乱丁本は弊社宛お送りください。送料弊社負担でお取り替えいたします。
©Kazuki TANI, Toshiharu SABURI, Yasunori KASHIWAGI,
　Sadae OGURA 2018 Printed in Japan
ISBN978-4-908637-88-9 C3037

学芸みらい社の好評既刊

日本全国の書店や、アマゾン他のネット書店で注文・購入できます！

若手なのにプロ教師！新指導要領をプラスオン
新・授業づくり&学級経営
365日サポートBOOK

監修：谷和樹（玉川大学教職大学院教授）

学年別全6巻

「子どもに尊敬される教師になろう！」

いかなる時代の教育にも必須のスキルに加え、新指導要領が示す新しい提案をプラスオンする本シリーズで、教室の365日が輝く学習の場になり、子どもの姿が頼もしく眩しい存在となるだろう。

——向山洋一氏（日本教育技術学会会長／TOSS代表）、推薦！——

巻頭マンガをはじめカラーページも充実！

―――― 谷和樹氏「刊行の言葉」より ――――

新採の先生が1年もたずに退職。ベテランでさえ安定したクラスを1年間継続するのが難しい時代。

指導力上達の道筋を「具体的なコツ」で辞典風に編集！
プロとしての資質・能力が身につく「教師のための教科書」。

【本書の内容】「グラビア①：まんがで読む！各学年担任のスクールライフ」「グラビア②：各学年のバイタルデータ＝身体・心・行動」「グラビア③：教室レイアウト・環境づくり」「グラビア④：1年間の生活習慣・学習習慣づくりの見通し」「1章：新指導要領の発想でつくる学期別年間計画」「2章：学級経営＝学期&月別プラン・ドゥ・シー」「3章：若い教師＝得意分野で貢献する」「4章：実力年代教師＝得意分野で貢献する」「5章：新指導要領が明確にした発達障害児への対応」「6章：1年間の特別活動・学級レクリエーション」「7章：保護者会・配布資料　実物資料付き」「8章：対話でつくる教科別・月別・学期別　学習指導ポイント」「9章：参観授業&特別支援の校内研修に使えるFAX教材・資料」「10章：通知表・要録に悩まないヒントと文例集」「11章：SOS！いじめ、不登校、保護者の苦情」「附章：プログラミング思考を鍛える＝「あの授業」をフローチャート化する」

パッと見れば、どのページもすぐ使える。
365日の授業、完全ナビ！

B5判並製
各巻208〜240ページ
定価：本体2800円+税